Von Darwin Bis Nietzsche: Ein Buch Entwicklungsethik

Alexander Tille

Von Darwin bis Nietzsche.

Ein Buch Entwicklungsethik.

Von

Alexander Tille.

LEIPZIG
Druck und Verlag von C. G. Naumann
1895.

INHALT.

	Seite
Vorwort	VII
Entwicklungslehre und Entwicklungsethik	1
Die Überwindung des Glücksutilitarismus	41
Der physiologische Utilitarismus	72
Nächstenmoral und Gattungsmoral	109
Die deutsche Entwicklungsethik	151
Humanität und Darwinismus	180
Das neue Ideal	206

VORWORT.

Mit diesem Buche unternehme ich das Wagnis, eine noch keineswegs zu ihrem Abschluss gelangte geistige Bewegung der Gegenwart in ihren Hauptumrissen geschichtlich darzustellen. Der Versuch dieser geschichtlichen Zeichnung ist nicht bis zur unmittelbaren Gegenwart geführt, sondern nur bis zu Friedrich Nietzsche. Ein paar bedeutsame Kundgebungen, die nicht nur zeitlich, sondern auch inhaltlich jenseits von Nietzsche fallen, sind absichtlich ausgeschlossen worden. Mit der Ethik Nietzsches, wie sie in „Also sprach Zarathustra" vorliegt, scheint mir die Entwicklungsethik an dem ersten Markstein ihrer Entfaltung angelangt zu sein. Mit diesem Buche Nietzsches ist der grosse leitende Gedanke der Entwicklungslehre Darwins zum ersten Male rein und ungetrübt durch herrschende sittliche Vorstellungen auf die heutige Menschheit und die künftige Menschheitsentwicklung angewandt. Mit dem Augenblick, wo diese Anwendung gefunden ist, tritt die Entwicklungsethik wie die darwinistische Sozialwissenschaft aus der Zeit des Tappens und Tastens heraus und setzt die wissenschaftliche Einzelarbeit ein. Denn noch gilt es die beiden

Grundsätze der sozialen Auslese und sozialen Ausscheidung auf alle Gebiete des sittlichen Lebens wie auf das Völkerdasein anzuwenden, die ethischen wie die sozialen Theorien in all ihren Einzelheiten durch sie umzubilden. Der Nationalökonom, der Arzt, der Lehrer, der Gesetzgeber, sie alle haben hier mitzuarbeiten, und dabei wird sich zeigen, dass noch manches sittliche und soziale Dogma von heute fallen und beide Wissenschaften mit ihrem theoretischen Teile ebenso ins Gericht gehen müssen wie mit ihrer praktischen Lehre, ehe eine ausgebaute darwinistische Sozialethik geschaffen ist, deren Einrichtungen der Ausdruck der naturgegebenen Verhältnisse der Menschen zu einander sind und die als praktische Wirtschaftskunst des Volksstandes lebendige Früchte trägt.

Im Ganzen gilt von der Entwicklungsethik, dass selten ein Arbeiter unmittelbar an die Leistung seines Vorgängers anknüpft und noch seltener einer sie in gerader Linie fortsetzt. Sie stellt sich also nicht als eine fortlaufende Kette, sondern als eine Reihe paralleler Strecken dar, unter denen allerdings die später dazukommenden immer länger werden, während die ersten die kürzesten sind. Das hat die rasche glückliche Lösung des Problems: was sind die unmittelbaren Folgen der Entwicklungslehre für die praktische Ethik? leider in noch höherem Masse erschwert als die geschichtliche Darstellung der Versuche dieser Lösung. In die Anbauung dieses Feldes teilen sich ausschliesslich Deutsche und Engländer. Nur in der naturwissenschaftlichen Statistik, die für die darwinistische Sozialethik dereinst noch von Bedeutung werden wird, haben Franzosen mitgearbeitet. Aber Alphonse de Candolle und Georges de Lapouge in den Kreis meiner Betrachtungen einzuschliessen, schien mir eben so wenig rätlich wie ausführlich Francis Galton, Albert Schäffle oder Otto Ammon heranzuziehen. Die Verknüpfung ihrer Leistungen mit der Entwicklungsethik fällt mindestens erst jenseits von Nietzsche. Die darwinistische Sozialwissenschaft aber ist ein selbständiges Gebiet, das wohl hie und da berührt werden musste, von dem aber nicht einmal die wesentlichste Literatur angeführt werden konnte. Trotz seiner engen Berührung mit der Entwicklungsethik ist sein Gegenstand doch so sehr ein anderer, dass eine einigermassen angemessene Darstellung dieser Strömung einen Band wie diesen füllen würde.

Wenn ich hier einen Dank für Förderung aussprechen soll, die ich bei diesem Buche erfahren habe, so teilt sich derselbe zwischen einem Deutschen und einem Engländer. Was ich an Kenntnis den Werken Ernst Häckels verdanke, das steht auf jeder Seite meines Buches geschrieben. Und dass ich ebenso, wie jeder künftige Arbeiter auf dem Gebiete der Entwicklungsethik zu thun haben wird, dankbaren Gebrauch von zahlreichen Hinweisen einer trefflichen Materialsammlung für das entwicklungsethische Gebiet, der "Review of the Systems of Ethics founded on the Theory of Evolution" von C. M. Williams gemacht habe, das sei hier noch ausdrücklich ausgesprochen. Dass sich das sachliche Gebiet meines Buches und dasjenige des Williamsschen nur zu einem Drittel decken, mag als Beweis für die Bedeutung und Ausdehnung gelten, die die Entwicklungsethik in Deutschland und Evolutional Ethics in Grossbritannien bereits gewonnen haben; zugleich aber auch als ein Beweis dafür, in welchem Masse der Arbeiter hier kritische Auslese zu halten hat. Dass ich mich im Wesentlichen auf die Betrachtung der sittlichen Ziele, Ideale und Normen beschränkt habe, hat seinen Grund nicht nur darin, dass gerade dieser praktische Teil der Ethik von der modernen Wissenschaft mit Ausnahme Nietzsches ganz ungebührlich vernachlässigt worden ist, sondern vor allem darin, dass er die weittragendste Bedeutung für die Weiterentwicklung der sittlichen Anschauungen der Gegenwart hat. Dass ich in der Behandlung des Gegenstandes einen anderen Weg eingeschlagen habe als Williams, mag sich selbst rechtfertigen.

Auch wo die Kritik fremder Anschauungen für mich das Mittel geworden ist, hie und da einen Punkt selbständig fortzubilden, habe ich die Grenzen innegehalten, die ich mir gesteckt hatte, drüben Darwin und hüben Nietzsche.

Meinen Eltern bringe dieses Buch einen herzlichen Frühlingsgruss in das stille, weinumblühte Pfarrhaus im sächsischen Muldenhochland.

Glasgow, den 30. März 1895.

Dr. Alexander Tille.

Von Darwin bis Nietzsche.

Entwicklungslehre und Entwicklungsethik.

Bis zum siebzehnten Jahrhundert ist die allgemeine Weltanschauung eine rein mythologische gewesen, und noch heute ist sie dies in vielen Teilen der Erde, auch mitten unter den Kulturvölkern. Die mythologische Weltanschauung ist eine Stillstandsanschauung. Dereinst von Göttern oder von einem Gotte gebildet, hat die Erde wie das Weltall eine feste Form, sind allen Lebewesen, Pflanzen wie Tieren, feste Normen gegeben, Typen, von denen sich das einzelne Individuum wohl hie und da um ein minimales Stückchen entfernen kann, die sich selbst aber niemals ändern können. Einen Fortschritt aus eigener Kraft giebt es nicht; höchstens ein Anstoss von aussen vermöchte den Typus auf eine höhere Stufe zu heben, natürlich mit einem Schlage, durch einen „Schöpfungsakt". Obwohl der Mensch sich selbst in komischer Überhebung zum Zwecke und zum Mittelpunkt des Weltalls setzt und seiner Erde die stolze Mittelstellung in diesem anweist, obwohl er das ganze Denken und Thun seiner Gottheiten um Menschenwohl und Menschenwehe sich drehen lässt, fühlt er sich dennoch von der hypostasierten persönlichen Gewalt ausser ihm, über ihm, abhängig und erhebt seine kühnen Spekulationen über sein Kommen und Gehen auf seiner Erde zu Offenbarungen seiner Gottheiten. Seit Plato denkt er sich aus einer Ideenwelt herabgeschneit, um dereinst wieder aus dem Erdendasein in diese hinauszuschmelzen. Das Christentum baut diese mythologische Idee an und legt sie seinem ganzen wagehalsigen Gebäude der Einbildungskraft zugrunde. Da der Mensch seinen natürlichen Ursprung nicht kennt, spinnt er sich einen mythologischen aus, und mit diesem ist zugleich ein mythologisches Ende, ein mythologisches Ziel des Einzeldaseins wie des Gattungsdaseins, gegeben. Das ist der Rahmen seiner Weltanschauung.

Mit dem Erwachen des individuellen Geisteslebens im sechzehnten Jahrhundert, das sich in der subjektiven Glaubensgewissheit deutlich spiegelt, beginnt die Naturwissenschaft zu entstehen. Im sechzehnten Jahrhundert entdeckten Köpernick und Kepler die Stellung der Erde im Sonnensystem und die Gesetze der Planetenbewegung, im siebzehnten Newton das Gravitationsgesetz und die Wellentheorie des Lichtes, Harvey den Blutkreislauf im Menschen, und im Laufe der beiden folgenden Jahrhunderte fügt sich Baustein an Baustein, die Kant-Laplacesche Weltentwicklungstheorie löst zahlreiche Rätsel, bis 1859 Darwin mit seiner Entwicklungslehre dem gewaltigen Bau endgiltig einen festen Stil giebt, der sich schwerlich mehr verrücken dürfte. Seitdem giebt uns die Naturwissenschaft die Antwort auf all die grossen Fragen nach der Entstehung unseres Planetensystems, der Erde, des Lebens auf ihr, der Verwandtschaft und Entwicklungsgeschichte der Lebewesen, des Menschen, über die Stellung des Menschen in der Natur und die wahrscheinliche Zukunft unseres Sternes. Noch liegen nicht alle Einzelheiten dieses Riesengebäudes der Erkenntnis deutlich vor unseren Augen, aber die Umrisse stehen unwiderruflich fest. Anstelle der mythologischen Willkür ist die Naturkausalität, anstelle des Stillstandes ewiger Wechsel, anstelle des Abfalls von ewig giltiger Norm der unaufhaltsame Fortschritt getreten, anstelle des Dualismus der Monismus, anstelle des Friedens und der Harmonie der unermüdliche Kampf, anstelle der weisen Vorsehung die Anpassung an die Daseinsbedingungen, anstelle des göttlichen Ursprungs der Menschheit der tierische, anstelle des Mittelpunktes im Weltensystem ein bescheidener Planet, der seine Ellipse um die Sonne zieht. Die meisten dieser Umschwünge hat erst die Entwicklungslehre Darwins vollzogen.

Für den, der mit den geistigen Bewegungen innerhalb der Wissenschaften der Gegenwart vertraut ist und vor allem innerhalb derer, die in irgend einer Beziehung zu den organischen Naturwissenschaften stehen, kann es schon heute keine Frage mehr sein, dass die Entwicklungslehre noch weit mehr halten wird, als sich selbst die kühnsten Köpfe im ersten Ansturm der Begeisterung von ihr versprachen, nachdem sie in Tagesklarheit Darwins Haupte entstiegen war. Eine Anzahl Wissenschaften ist sie schon beschäftigt völlig umzubilden; in anderen zeigen sich die ersten Merkmale. In der allgemeinen Weltanschauung wird sie wahrscheinlich den gewaltigsten Umschwung hervorrufen, der je stattgefunden hat. Von heute auf morgen geschehen solche Dinge freilich nicht. Vor allem müssen erst die Denker kommen, welche die einzelnen Gedanken den Gebildeten vordenken, und diese kommen auch nicht über Nacht. Wahrscheinlich wird im Ganzen — von ein paar führenden Geistern wie Darwin, Wallace, Huxley, Häckel, Weismann abgesehen — erst die junge Generation, die bereits mit der Entwicklungslehre aufgewachsen ist, imstande sein eine grössere Menge Folgerungen für die allgemeine Weltanschauung daraus zu ziehen. Auch da werden Fehlgriffe in Richtung und

Intensität nicht ausbleiben; aber das Endergebnis wird doch ein sicheres und einheitliches sein.

Auch das Menschenleben ist ein Teil des Naturlebens; auch die menschlichen Anschauungen über das Leben des Menschen und seine Stellung zu seinen Mitmenschen müssen jenem Wandel unterliegen, und dies um so mehr, als alles, was bis zur Gegenwart über sie gedacht worden ist, mehr einseitigen Forderungen des Menschen an sich selbst als der Beobachtung eines gegebenen Thatbestandes entsprungen ist.

Seit zweiundzwanzig Jahrhunderten hat der Buddhismus, sei achtzehn Jahrhunderten das Christentum, seit drei Jahrhunderten das recipierte römische Recht und seit einem Jahrhundert Rousseau den Glauben gepredigt, dass alle Menschen gleich seien. Buddhismus und Christentum haben dem noch die Mahnung angefügt, dass alle Menschen sich lieben und sich eventuell für einander opfern sollen. Das ist eine Lehre gewesen, und eine Lehre geblieben. An den Sonntagen haben sich das die Leute predigen lassen, an den Wochentagen haben sie mit einander in wildem Wettbewerb um die Daseinsmittel gerungen und sich jeden Bissen Brot streitig gemacht. Und da die Woche sechs Arbeitstage enthält, und nur einen Sonntag, so hat die L e h r e nur sehr langsame Fortschritte gemacht. Diese Lehre ist keineswegs eine Zusammenfassung der Thatsachen des Lebens, sondern eine Behauptung und eine Ermahnung, die diesen Thatsachen ins Gesicht schlägt. Obgleich sie nun im Laufe der Jahrhunderte die Thatsachen, d. h. die Gestaltung der Gesellschaftsordnung, nur ganz verschwindend beeinflusst hat, so hat sie dieselben doch aus dem Bewusstsein verdrängt, und zwar so vollständig, dass Darwin den Wettbewerb um die Daseins mittel, kurz auch den Kampf ums

Dasein genannt, erst von neuem entdecken musste, obgleich ihn die allermeisten Menschen ihr ganzes Leben hindurch kämpfen. Dagegen hat jenes Predigen den Erfolg gehabt, die Menschen wirklich glauben zu machen, Gleichheit, Liebe und Friede seien die Kernpunkte des Lebens; sie sind zu den Ideen geworden, bei denen man Erhebung suchte, an die man glaubte, bei denen man schwor und bei denen man fluchte. Sie sind als das ewig menschliche Evangelium, als das höchste und heiligste Gut der Menschheit betrachtet worden, ja zur allbeherrschenden Lebenstheorie aufgestiegen. Ihnen ist dann das soziale Ideal oder soziale Zukunftsziel entsprossen, das seit Thomas Morus den Denkenden Westeuropas vorgeschwebt hat, und die Erkenntnis, dass es eine Utopie im modernen Sinne des Wortes einschliesst, ist erst ganz jungen Ursprungs. Noch durch Hegel hat das Bild der glücklichen, friedlichen, liebenden Menschheit eine neue Stütze erhalten: — Alle Interessengegensätze sind ausgeglichen, jeder arbeitet für die anderen. Wechselseitige Liebe und Aufopferung herrscht. Der allgemeine Gerechtigkeitssinn duldet keine Ungleichheit; Not, Elend, Hunger, Krieg haben aufgehört. Friede und Eintracht sind die dauernden Grundlagen des allgemeinen Glücks geworden. Dieses Ideal steht unerschütterlich fest. Es ist das einzig wahre menschliche Ideal, und wenn die Entwicklungslehre Wahrheit ist, dann muss sie ihm die denkbar stärkste Stütze bieten.

Wird sie das thun? Wird das möglich sein?

So bereitwillig die Naturforschung, oder allgemein die monistische Weltanschauung von Anfang an alle Fragen nach dem beantwortet hat, was ist, so gern ist sie vom Beginn die Antwort auf die andere Frage schuldig geblieben: was sollen wir thun? wie müssen wir handeln, um recht zu handeln? oder was ist für uns sittlich gut und was sittlich schlecht? was hat unser sittliches Ideal zu sein? Ohne eine bündige Antwort auf diese Fragen ist keine Weltanschauung vollständig. Nicht als ob, wie Kant meinte und nach ihm noch Wundt meint, das Ethische ein selbständiges Gebiet wäre, das sogar unsere Anschauungen über das, was ist, beeinflussen, unsere Ansicht über die objektive Beschaffenheit des Alls mitbestimmen helfen könnte, sondern in dem Sinne, dass die Normen für das menschliche Handeln mit der theoretischen Überzeugung im Einklang stehen müssen, dass sie umzubilden sind, wenn dieser Einklang fehlt, dass die theoretische Überzeugung in allen Fällen die Richterin des ethischen Ideals sein muss und durch dieses die Richterin des ethischen Empfindens. Nur mittels eines seltsamen Zufalls könnten die sittlichen Ideale, welche sich aus der Entwicklungslehre ableiten lassen, identisch sein mit denen des Christentums; denn diese dualistische Lehre hat mit jener monistischen in ihrem theoretischen Teile auch nicht einen Zug gemein. Wie sich der Frieden vom Kriege, der Sklave vom freien Bürger, der Kranke vom Gesunden, der Schwache vom Starken unterscheiden, so unterscheidet sich die alte Weltanschauung von der des Darwinismus. Es ist nicht zu viel behauptet, dass alle die Angaben, die uns jene Weltanschauung apodiktisch über die Natur und die Stellung des Menschen in ihr macht, über das Stillstehen der Sonne und die Formung der Erde durch einen Gott, über die Formung des Menschen und die soziale Urgeschichte der Menschheit in einem Lustgarten, über die Thätigkeit ihres Gottes in der Natur und die physiologisch-psychologische Zusammensetzung des Menschen, über den Vorgang Seele und dessen persönliche Unvernichtbarkeit, über das Ende der

Erde und die Bevölkerung des Luftmeeres mit Geistern aller Art, — dass alle diese Angaben als von der Naturwissenschaft endgiltig widerlegt zu betrachten sind. Ihre theoretische Seite ist eben nicht die stärkste Seite der herrschenden Weltanschauung.

Dagegen wölbt die moderne Naturforschung dem Riesenbau, an dem sie arbeitet, jedes Jahr stolzere Bogen, setzt ihm jedes Jahr ragendere Pfeiler, und all die Tausende von fleissigen Steinbrechern, Behauern, Zeichnern, Maurern und Zimmerleuten, die an diesem Baue arbeiten, haben die Genugthuung, jedes Jahr die Zahl derer wachsen zu sehen, die ihn bewundern. Schon gilt das Wasser, das rein und lauter in seinem innersten Heiligtum quillt, als gesund machend und als besonders kräftig zur Beseitigung von Nebelwolken. Noch ist bei allem Fleiss des Baues Ende nicht abzusehen. Wahrscheinlich werden noch Generationen an ihm meisseln und messen, setzen und richten, mauern und wölben, wahrscheinlich wird er sich in die Breite dehnen wie in die Höhe und niemals vollendet werden. —

Und die Grundlage für unser sittliches Handeln sollen wir immer noch in jener auf Abbruch verkauften Kirche sehen, von der ein Balken nach dem anderen nieder bricht, ein Pfeiler nach dem anderen sich zum Sturze neigt, von der es erwiesen ist, dass sie nur aus dem Holz menschlicher Einbildungskraft gezimmert war? Diese Frage ist bereits vor einem Menschenalter aufgeworfen worden. Ihre Verschiebung und endgiltige Beantwortung gehören zu den bedeutsamsten geistigen Vorgängen unserer Tage. Ihre Geschichte wird erst eine Zukunft, die über sie hinausgewachsen ist, in ihrer vollen Tragweite beurteilen können. Ernst Häckel beantwortet sie, wenn er sagt*):

*) Die Zukunft 1892 Nr. 7 in einem Aufsatze „Ethik und Weltanschauung.“

„Ich halte es für unmöglich, die ethische Frage ohne die religiöse zu lösen oder auch nur zu fördern; denn beide hängen auf das Innigste zusammen; beide wurzeln in jenem innersten Heiligtum des denkenden Menschen, welches er seine Weltanschauung nennt. Die grossartige Reform unserer vernünftigen Weltanschauung, welche wir der fortgeschrittenen Natur-Erkenntnis der letzten drei Decennien verdanken, kann unmöglich ohne Rückwirkung auf unsere sittliche Überzeugung und auf unser daraus entspringendes moralisches Verhalten sein. Notwendig muss dann diese reformierte Ethik früher oder später in prinzipielle Konflikte mit den konfessionellen Traditionen der verschiedenen Kirchen-Religionen kommen; denn diese letzteren gründen sich ja auf mythologische Dichtungen oder angebliche Offenbarungen; jene erstere hingegen, im Widerspruch dazu, auf die vernünftigen Erkenntnisse der monistischen Wissenschaft."

Dem Wissenden scheint heute diese Antwort nicht nur einleuchtend, sondern selbstverständlich. Aber vor einem Menschenalter dachte man anders, und noch vor kurzem bestritt man, dass es diese Frage überhaupt gäbe. Unter schweren Kämpfen hat die Existenz dieser Frage bewiesen werden müssen. Unter schweren Kämpfen hat man sich gemüht, eine das Denken befriedigende Antwort auf sie zu finden. Unter schweren Kämpfen ist dann diejenige Antwort hervorgetreten, die die endgiltige Absage an die Kirchenethik bedeutet.

Es hat eine Zeit gegeben, in der die Ethiker der alten Schule erklärt haben, die Entwicklungslehre habe mit der Ethik nichts zu thun und die Ethik gehöre einer weit höheren Region an. Dann hat es geheissen, selbst auf dem ethischen Gebiete möge es eine Entwicklung geben, aber diese habe keinerlei Bedeutung, denn das Ewig-Sittliche und Allgemein-Menschliche sei dem Menschen unverbrüchlich als Ideal eingeboren. Dann erst hat die Einwirkung der Entwicklungslehre auf die Ethik begonnen.

Es ist eine wunderbare Erscheinung. Wie die Denker zweier Kulturvölker sich an die Arbeit machen in heller Begeisterung darüber, dass sie endlich, endlich ein Mittel gefunden zu haben glauben, um die überlieferte Sittlichkeit der Gegenwart, der der Kirchenglaube keine Stütze mehr zu bieten vermag, fest auf die Wissenschaft zu gründen; wie man es als ganz selbstverständlich betrachtet, dass die neue grosse Entdeckung die herkömmliche Sittlichkeit, die man für die Sittlichkeit schlechthin hält, nur stützen könne; wie ihr Entdecker selbst das als ihren Vorzug hinstellt, wie sich dann allmählich eine gezwungenere Auslegung der Kardinalsätze aller organischen Entwicklung nötig macht; wie ein bedeutender Philosoph sie alle schlankweg verdreht, um sie auf das anwenden zu können, was er sich als die künftige ethische Entwicklung der Menschheit vorstellt; wie ein anderer Ethiker eine ganze Reihe alter ethischer Gebote darwinistisch umbildet, und ein Naturforscher, Darwins Rivale, endlich das Gesetz der Auslese, wiewohl höchst gemildert und eingeschränkt, auf die menschliche Gesellschaft anwendet, während Andere erklären, mit der Kultur trete ein neuer Faktor in die Entwicklung der Menschheit ein, der die Naturgesetze ausser Kraft setze; wie der grösste systematische Philosoph der Zeit an all diesen Keimen achtlos vorüber geht und im Kulturfortschritt allein den weiteren Menschheitsfortschritt sehen will; wie die kühnsten Gedankenbrücken geschlagen werden, Bogenbrücken, Hängebrücken, fliegende Brücken; wie das Denken immer nur zwei Punkte sieht: hüben die Thatsache der Entwicklungslehre, drüben die Forderungen der christlich-demokratischen Ethik; wie man nur daran denkt, die beiden zu verbinden, ohne sich die Frage vorzulegen, ob das überhaupt möglich ist; wie man es immer wieder versucht, es dann auf ein engeres, ein immer engeres Feld einschränkt, entschlossen, es doch nicht ganz aufzugeben; wie trotzdem das Bewusstsein der Unmöglichkeit leise aufdämmert und die Versuchenden immer mehr entmutigt; wie sich daran langsam, ganz langsam, die Entdeckung emporbildet, dass die Entwicklungslehre doch zu etwas ganz Anderem hinführe, und wie der Denker, der das neue Ideal in seiner Schärfe und Reinheit endlich findet, trunken von seiner Entdeckung, ganz unbewusst, dass es nun vor allem gelte, aus diesem neuen Ziel des Sittlichen im Menschen Normen für das Leben zu gewinnen, berauscht von seinem neuen Ideal ein dickes Buch schreibt, ein Buch in vier Teilen, in dem er die Herrlichkeit des neuen Ideals predigt, und immer wieder seine Herrlichkeit, wie er sich an dem Klang eines Satzes entzückt: „Ich aber lehre Euch den Übermenschen" —: das alles ist sicherlich eines der wunderbarsten Kapitel in der ganzen menschlichen Geistesgeschichte.

Ob die moderne christlich-human-demokratische Ethik sich ohne Weiteres mit dem Weltbilde, das die Naturforschung entworfen hat, vertragen würde, war nicht vorauszusehen. Thatsächlich bedeuten die verschiedenen ethischen Systeme, die den Darwinismus berücksichtigen, zunächst eine Antwort auf diese Frage, und zwar eine sehr wechselnde oder vielmehr sich langsam in derselben Richtung verändernde. Aus dem entschiedenen Ja wird ein entschiedener Zweifel und dann ein entschiedenes Nein. Darwin sagte Ja, Nietzsche sagt Nein. Von

Darwin bis Nietzsche reicht das Stück moderner Geistesgeschichte, das sich mit diesem Problem beschäftigt. Obgleich schon vorher einzelne Bausteine dazu geliefert worden sind, so beginnt doch erst jenseits von Friedrich Nietzsche die Zeit des Ausbauens dieses [illegible], die vermutlich noch ein Menschenalter, vielleicht noch das ganze zwanzigste Jahrhundert, währen, vielleicht auch nie zuende gehen wird.

Wie die Natur in ihren Bildungen immer erst alle vorhandenen Möglichkeiten erschöpft, ehe sie das Wesen schafft, das sich als den Daseinsbedingungen am besten angepasst erweist, so ists auch im Geistesleben der Menschheit. Ehe aus einem Satze eine unmittelbare Folgerung gezogen wird, die seine geradlinige Fortsetzung, seine direkte Anwendung, ist, da werden erst alle Irrtumsmöglichkeiten erschöpft, und erst, nachdem jede von diesen eine Weile als ein Triumph des Geistes gegolten hat, zeigt sichs, dass sie alle falsch waren, dass das Ziel ein anderes war, ein einfacheres; und nun wundert sich jedermann, wie es nur möglich war, dass er das nicht zuerst gleich gesehen hat. Schliesslich strebt jede solche Entwicklung der Einheit zu. Es ist unmöglich, dass in einem Volke dauernd ein Zwiespalt erhalten bleiben sollte über das, was recht und was unrecht ist. Selbst wo es anfangs scheint, als ob eine Einigung ausgeschlossen wäre, kommt sie endlich doch zustande, und zwar in der Weise, dass der neue in die Entwicklung eingetretene Grundsatz den leitenden Ton geltender Sittlichkeit besiegt. Aber die Kämpfe, die das neue sittliche Prinzip schliesslich zum Siege führen, sind heftiger und greifen tiefer in die Volksentwicklung ein als Kämpfe über die theoretische Hälfte der Weltanschauung. Die Thatsache, ob die Sonne sich dreht oder feststeht, die

Erde eine Kugel ist oder eine Scheibe, berührt das Wohl und Wehe des einzelnen nicht unmittelbar. Die Frage des Gut und Schlecht hingegen rührt sofort an die Verteilung des Besitzes, an die Schranken der Eheschliessung, an die Gesammtgestaltung des sozialen Lebens, und trifft damit die Interessen jedes einzelnen an den Stellen, wo er am empfindlichsten ist. Denn dass sich die Ethik nicht nur auf das Thun und Lassen des einzelnen, sondern ebenso auf die Gestaltung der sozialen Verhältnisse bezieht, sollte in einer Zeit, die das Wort „Sozial" auf ihre Fahne geschrieben hat, nicht mehr der Erwähnung bedürfen.

Harald Höffding, einer der feinsten modernen Selbstbeobachter, hat einmal darauf hingewiesen, dass sich Anschauungen weit rascher weiter entwickeln als Gefühle, dass aber diese fortentwickelten Anschauungen erst dann auf das Handeln des Menschen Einfluss gewinnen, wenn sie mit den vorhandenen Gefühlen in Beziehung treten. Daraus entpringen tausend Widersprüche und Konflikte, die nicht selten ein Lebensglück vernichten; daraus entspringen die Gegensätze in der sittlichen Überzeugung, die, von einer Neigung, von der Leidenschaft getragen, im Schosse der Familien ausgefochten werden und sich in Spaltungen, Trennungen und Opferungen äussern. Daraus entspringt auch die verschiedene Stellungnahme zu den grossen leitenden sozialen Reformideen, die die Zeit aus sich heraus gebiert, und die in der Gestaltung des Parteilebens, in Abfall und Neugründung, in Teilung und Vereinigung von Gruppen zum Ausdruck kommt.

Für den assertierenden Teil der Weltanschauung kann der einzelne immerhin einige Subjektivität beanspruchen — wenigstens solange er seine Anschauungen für sich behält. Freilich haben sie dann nicht besonderen

Wert. Für den postulierenden Teil ist dies der bare Unsinn. Sobald sich die sittliche Anschauung in Handlungen äussert (und erst damit erhält sie doch wohl ihren Sinn), muss das Individuum in Konflikt mit anderen kommen, die andere Anschauungen haben, ja selbst mit den Staatsgesetzen. Nun ist freilich die geistige Selbständigkeit des einzelnen niemals so gross, wie er denkt. Gewisse fundamentale Voraussetzungen sind ihm immer, ja sind vielfach sogar noch dem Irren mit seiner Zeit gemein. Aber der Spielraum für das Handeln ist immer noch zu weit, immer noch viel weiter, als praktisch ihn jemand für sich beansprucht, ausser dem theoretischen Anarchisten, und darum fehlt ihm der Sinn. Das sittliche Handeln ist den Denkoperationen sehr wohl zugänglich, wenigstens beim überdurchschnittlich begabten Menschen, und die Voraussicht unheilvoller Folgen kann jemandem eine Handlung sehr wohl verabscheuenswert machen.

Es wäre ein ganz vergebliches Beginnen, mit dialektischer Kunst aus dem Entwicklungsgedanken ein neues ethisches System deduktiv heraus zu taschenspielern, obgleich die Aufgabe eine sehr verlockende ist. Mehr wird leisten, wem es gelingen sollte, die sittlichen Anschauungen der gebildeten Gegenwartsmenschen zugrunde legend, mit sachlichen Gründen zu zeigen, in welcher Richtung und in welcher Weise sie eine Umbildung durch die Evolutionstheorie erfahren werden, zu scheiden, was von ihnen sich auch vor dem Richterstuhl der neuen Erkenntnis halten lässt, und was neuen sittlichen Normen Platz zu machen hat.

S. Alexander ist derjenige moderne Ethiker, der die relative Gültigkeit aller Ethik, aller Pflichten, aller Ideale, aller höchsten sittlichen Prinzipien oder Gefühle am tiefsten erfasst hat. Widmete er doch einen ganzen

Teil seines Buches über sittliche Ordnung und Fortschritt*) der Darstellung, wie die Weiterentwicklung sittlicher Ideale sich in der Menschheit vollzieht. Er steht jenseits des Wahnes, dass die geltende Sittlichkeit einen absoluten Wert habe, oder irgend eine Ausnahmestellung unter den in geschichtlicher Zeit belegten Moralen einnehme.

Auch ein konservativer Ethiker wie Harald Höffding spricht es klar aus, die innere Weihe bei einer Handlung bestehe allein in dem Gefühl des Einklangs und der Einheit mit den höchsten eigenen Überzeugungen, in der Übereinstimmung der eigenen Ideen mit dem eigenen Wollen. So entsteht jener innere Friede, der unter Umständen stärker sein kann als aller äussere Widerstand und Widerspruch. Welcher Art jene höchsten eigenen Ideen sind, darauf kommt es zunächst gar nicht an. Jenes Gefühl der Weihe kann sich mit Überzeugungen sehr verschiedener Art verbinden. Als Aristoteles die Sklaverei verteidigte und Calvin mit Melanchthons Zustimmung den Unitarier Servete auf den Scheiterhaufen sandte, handelten beide aus heiliger Überzeugung, und die Geschichte der thatsächlichen Sittlichkeit auf dem Erdball weiss noch von anderen Dingen zu berichten, die als ethische Gebote gegolten haben und noch gelten, auf denen heute bei uns jedoch Zuchthausstrafe steht.

Einer Handlung mit der Tendenz, die Menschheit von heute glücklicher zu machen, kann sehr wohl eine andere, mit der Tendenz, die Menschheit von morgen stärker und klüger zu machen, direkt entgegengesetzt sein. Von verschiedenen Gesichtspunkten aus sind beide sittlich — die eine christlich-demokratisch-human-sittlich, die andere entwicklungs-sittlich.

*) Moral Order and Progress, 1889.

„Wenn ein neues Ideal endgiltig anerkannt ist", sagt S. Alexander, „so sind die, welche nicht nach ihm handeln, schlecht, die, die nach ihm handeln, gut." Wer unter der Herrschaft des alten Ideals gut war, kann sehr wohl unter der Herrschaft des neuen schlecht sein und umgekehrt.

Die alte Weltanschauung hat gegen die Ehe eines Schwindsüchtigen nichts einzuwenden. Sie hält sie für sittlich, und betont sogar gelegentlich die sittliche Aufgabe, die in ihr für das Weib entsteht, die Aufgabe treuer, hingebender Pflege. Wer, mit einer modernen Bildung aufgewachsen, mit offenen Augen ins Leben hinausblickt, der wird sehen, dass Schwindsüchtige meist Kinder mit sehr starker Anlage zur Schwindsucht haben, die früh sterben und ihren Eltern damit Herzeleid verursachen, wie es ohne ihre Verehelichung nicht möglich gewesen wäre. Er gelangt also zunächst dazu, mit Hilfe eines Schlusses eine Schwindsüchtigen-Ehe für unklug, für töricht zu halten. Während er sie früher mittelst seines unmittelbaren Gefühles schätzte, verwirft seine Überlegung sie jetzt. Sie gilt ihm für sittlich, für schön, — aber für unklug. Primäres und sekundäres Werturteil widersprechen sich also. Unser Bewusstsein ist aber ein einheitliches, und mittels der Apperzeption reiht sich jede neue Vorstellung dem System der alten ein. Auf die Dauer kann sich solch ein Widerspruch in der Schätzung nicht halten. Beide Werturteile stehen in Kampf. Das stärkere, oder dasjenige, das durch äussere Unterstützung das stärkere wird, wird siegen; damit wird ein Ausgleich stattfinden, in dem das eine von ihnen verschwindet. In dem Augenblicke, wo mit der Vorstellung der Schwindsüchtigenehe zugleich das Gefühl der Verwerflichkeit derselben eintritt, ohne dass ein darauf hinzielender Schluss erst nötig wäre, ist dies Überlegungs-Urteil zum unmittelbaren Gefühlsurteil geworden, ist es in das sittliche Bewusstsein übergegangen. Damit ist noch keineswegs gesagt, dass es damit auch schon Einfluss auf das sittliche Handeln des Menschen gewonnen habe. Bei vielen Gegenwartsmenschen tritt dies nie ein, bei manchen erst nach geraumer Zeit. Immer aber kostet es den einzelnen noch einen harten Kampf mit sich selbst, ehe er das erste Mal darnach handelt. Erst nachdem er ein oder mehrere Male darnach gethan hat, steht es für sein Bewusstsein dem sittlichen Satze gleich: Du sollst nicht stehlen. — — —

Gewiss ist es leichter, die Sittlichkeit von heute für abgeschlossen zu erklären und sich in luftigen Spekulationen über Willensfreiheit, Gewissen, Ursprung der Sittlichkeit und Entstehung des Altruismus zu ergehen, als dem Herzschlag der Zeit zu lauschen und all die kleinen Verschiebungen zu beobachten, denen das sittliche Bewusstsein der Gegenwart in einem Jahrzehnt sich unterzieht, und die in dem gewöhnlichen Gespräch, in der kurzen Zeitungsnotiz, in der novellistischen Skizze, dem Zeitdrama und der populären Litteratur in gleichem Masse zum Ausdruck kommen. Vielleicht ist die Beobachtung dieser kleinen Thatsachen eine bessere Schulung für den wissenschaftlichen Ethiker als das Studium von Reiseschilderungen aus dem inneren Afrika oder das Experimentieren im physiologisch-psychologischen Institut. Die Richtung dieser Verschiebung ist bereits nicht mehr zu verkennen: sie läuft unleugbar auf eine Überwindung des Traumes von der Gleichheit aller Menschen und auf die Berücksichtigung der Thatsachen der Vererbung hinaus. Im ganzen ist sie bestimmt durch die Naturwissenschaft und insonderheit wieder durch die Entwicklungslehre.

Ist schon die Verfolgung der ethischen Entwicklung der Gegenwart von der wissenschaftlichen Ethik lange Zeit ungebührlich vernachlässigt worden, so hat sie noch länger versäumt, dieser Entwicklung Führer zu sein. In ihren Theorien hat sie sie eher zurückgehalten als gefördert und sich damit eines Teiles ihrer Macht begeben. „Ein System der Ethik", sagt Williams*), „ist ein Teil der Umwelt, die auf den einzelnen einwirkt; seine Macht ist so wenig verloren wie die eines anderen Teiles der Umwelt, obgleich das Ergebnis in dem besonderen Falle auch von dem Charakter des Individuums abhängen wird, an das es sich wendet."

Friedrich Albert Lange verstand unter ethischem Materialismus eine Sittenlehre, welche das sittliche Handeln der Menschen aus den einzelnen Regungen seines Gemüts erwachsen lässt und welche das Ziel des Handelns nicht durch eine unbedingt gebietende Idee bestimmt, sondern durch das Streben nach einem erwünschten Zustande. Demnach wäre die gesammte wissenschaftliche Ethik der Gegenwart ethischer Materialismus, wenn man einen derartig veralteten schiefen Ausdruck gelten lassen will. Insofern man aber das Bild von jenem erwünschten Zustande als Ideal in sich trägt, und die Richtung des eigenen Handelns durch dasselbe bestimmt sein lässt, ist man schon nicht mehr weit von einer „unbedingt geltenden Idee" entfernt, und es bedarf nur noch eines kleinen Schrittes bis zum Idealismus. Es ist ein Wortstreit, und man braucht ihm keinerlei Bedeutung beizumessen. Aus derartigen Erörterungen ist nicht einmal eine leidliche Definition des Sittlichen zu gewinnen, die sich auf dem Erfahrungswege viel leichter

*) Evolutional Ethics. 1893.

erreichen lässt. Unter herrschender Sittlichkeit, den sittlichen Geboten, verstehen wir die Summe der Einschränkungen, welche das Bewusstsein einer gewissen Zeit der schrankenlosen Bethätigung des Selbsttriebes zieht. Das ist alles. Über die Stelle, an welche diese Schranken bindend zu setzen sind, sagt dies nichts aus, und kann es nichts aussagen, denn gerade in der unaufhörlichen Verschiebung dieser Schranken besteht ja die Geschichte der sittlichen Entwicklung. Die sittliche Entwicklung einer Gemeinschaft, die nicht durch äussere Einflüsse gestört wird, führt teils zu einer Erweiterung, teils zu einer Verengerung der Schranken. Durch Berührung mit anderen solchen Gemeinschaften oder geistigen Produkten solcher, wie z. B. der römischen Rechtswelt, werden die Schranken gebrochen, jedoch nur, um sofort in anderer Form neu zu erstehen, mit derselben Tendenz der ewigen Verschiebung.

Apriorische sittliche Normen, d. h. solche, die wie unsere Triebe in unserer Organisation ausgesprochen lägen, giebt es nicht, und die Geschichte der sittlichen Anschauungen — die übrigens ganz und gar nicht identisch ist mit der Geschichte der wissenschaftlichen Ethik, einer nicht gerade rühmlichen Geschichte — zeigt, dass jede denkbare menschliche Handlung als sittlich gelten kann: das Menschenfressen, die Prostitution und die Lüge. In vergangenen Jahrhunderten hielten die Menschen ihre sittlichen Normen für Gebote ihrer Gottheiten und gaben ihnen dadurch stärkere Autorität. Die Frage, warum eine Handlung sittlicher sei als die andere, wurde damit beantwortet, dass ein Gott sie geboten habe. Der moderne Mensch, der sich mit dieser Antwort nicht mehr bescheidet, hat genau soviel Recht wie der Mensch von ehedem, diese Frage zu stellen. Wenn das Sittliche vor dem Denken bestehen soll, dann „muss dem sittlich Guten sein Wert ohne Streifzüge in das Übersinnliche gegründet werden". Die Schranken, welche die sittliche Zeitanschauung dem Handeln des Menschen zieht, sind in mancher Hinsicht ganz wesentlich engere als vor 10000, vor 1000 und 100 Jahren, und in anderen Punkten wieder weitere. Jedes in das geistige Leben neu eintretende Prinzip vermag die überlieferten Formen des Sittlichen zu erschüttern. So hat das Christenthum und der Humanismus tief auf die Sittlichkeit der germanischen Stämme eingewirkt. So muss die geltende Moral neue, naturwissenschaftlich haltbare sittliche Ziele empfangen, und aus diesen Zielen muss sich wieder eine hundertfache Umbildung einzelner sittlicher Gebote der Gegenwart ergeben. Wenn die geltende Moral keine Begründung erfahren kann, die den denkenden Köpfen genügt, wenn der Versuch, ihr eine solche zu geben, nur das Ergebnis hat, dass sie als von den Zielen, die der Lauf ihrer natürlichen Entwicklung der Menschheit setzt, abführend erkannt wird, dann muss sie bedingungslos fallen, und zwar um so rascher und sicherer, je einfacher sich aus den durch die Naturwissenschaft aufgezeigten Entwicklungszielen der Menschheit neue sittliche Gebote erkennen lassen, die durch ihre eigene Wucht und Erhabenheit binnen Kurzem das Eigentum des Gewissens der Gegenwart werden.

Es ist ein grosses Glück für die Kulturmenschheit, dass die Entdeckung der Entwicklung durch natürliche Auslese im Wettbewerb um die Daseinsmittel noch rechtzeitig in die Welt trat, ehe man die vollen praktischen Folgen aus dem Ideal des Liberalismus, dem Ideal der allgemeinen Menschengleichheit, gezogen hatte. So ist der Schaden, den dieses Ideal angerichtet hat, wenigstens nur ein teilweise wirklicher. Vor weiterem Schaden dadurch aber kann nur die Entwicklungslehre die Menschheit bewahren. Eins aber ist klar, und darüber muss man sich gar keiner Täuschung hingeben: der grösste Stein, der dem Siegeszuge einer auf den Darwinismus gegründeten Sozialökonomie und Ethik im Wege liegt, ist die Thatsache, dass sie der herrschenden Demokratie, dem Liberalismus, der in Cobdens Lehre auf der Spitze seiner Entwicklung steht, klar und bündig zuwiderläuft. Mit dem Königthum von Gottes Gnaden verträgt sie sich noch immer eher als mit dem allgemeinen Stimmrecht, mit der Heroenanbetung noch immer eher als mit dem Massenkultus, mit dem Individualismus noch immer eher als mit der Sozialdemokratie.

Das Wort „Entwicklungs-Ethik" ist nicht eindeutig. Noch ist nicht in allen Volksschichten, noch nicht bei allen Völkern, völlig die Anschauung überwunden, die sittlichen Gebote seien den Menschen von einer aussermenschlichen Macht zudiktiert worden. So lange diese Auffassung noch nicht völlig ausgetilgt ist, wird auch die Wiederholung des Satzes ihr Recht haben, dass alle Ethik sich entwickelt habe so gut wie die modernen Produktionszustände oder die Kenntnis der Sternenbahnen, und die Entwicklungs-Ethik wird den Gegensatz zur mythologischen Ethik bilden. Mit der Entwicklungslehre oder Evolutionstheorie Darwins und Häckels hat diese Bezeichnung aber nichts zu thun. Die Einsicht, dass auch das sittliche Leben sich entwickelt habe und nicht als etwas Fertiges an die Menschheit herangebracht worden sei, zu verbreiten, zu verallgemeinern, kann getrost der fortschreitenden Bildung überlassen werden, und den Determinismus noch weiterhin nach allen Seiten hin zu begründen und auszubauen, muss der psychologischen Einzelforschung aufbehalten bleiben.

Seit das Gesammtgebäude des naturwissenschaftlichen Wissens durch die Idee der Entwicklung des organischen Lebens wohl seinen endgiltigen Stil erhalten hat, erscheint auch das psychologische Leben des Menschen in einem ganz neuen Lichte. Die Biologie, und speziell die Anthropogenie, haben der Psychologie neues Leben eingehaucht. Alle Zweckbegriffe in ihr sind, wenn auch noch nicht ausgestorben, so doch in stetigem Rückzug begriffen, und die Vergleichung des menschlichen Willens mit dem Tierwillen, des menschlichen Handelns mit dem Handeln des Tieres, hat tiefer in das Verständnis des Wollens und Thuns des Menschen eingeführt. Die Verneinung der Willensfreiheit, an die die mythologische Ethik glaubte, die Verneinung der Verantwortlichkeit des Verbrechers, auf die sich grausame Strafen wie Verstümmelungen gründeten, sind die direkten Folgen des Eindringens der Entwicklungslehre in die Grundprobleme der Ethik gewesen.

Aus der Lehre, dass alle Menschen eines Gottes Kinder und vor ihm gleich sind, ist in letzter Linie das Ideal der Humanität und des Sozialismus erwachsen, dass alle Menschen das gleiche Daseinsrecht, den gleichen Daseinswert, haben, und dieses Ideal hat das Handeln in letztem und in diesem Jahrhundert ganz wesentlich beeinflusst. *Mit der Entwicklungslehre ist dieses Ideal unvereinbar.* Sie muss mit ihm brechen, sobald sie sich ihrer unmittelbarsten Folgerungen bewusst wird. Sie kennt nur Tüchtige und Untüchtige, Gesunde und Kranke, Genies und Atavisten. An die Stelle des Wohles *aller* Menschen, die heute auf der Erde wohnen, muss ihr eine glänzende Zukunft der am höchsten entwickelten Rasse treten. Und wie Humanität und Sozialismus versucht haben, aus der Gleichberechtigung aller Menschen Normen für das individuelle Handeln abzuleiten, so wird eine Ethik, die völlig auf dem Boden der Entwicklungslehre steht, das Gleiche mit ihrem Ideal der Rassenzukunft zu thun versuchen. Eine solche Ethik aber ist im höchsten Sinne Entwicklungs-Ethik, und in diesem Sinne allein sollte das Wort Entwicklungs-Ethik gebraucht werden. Dem Manne aber, dem es gelingt diese Normen zu finden und sie in die Formel zu kleiden, welche die Massen hinreisst und für das neue Ideal begeistert, das die Entwicklungslehre aufgezeigt hat, wird die Geschichte des geistigen Lebens, die Geschichte der Sittlichkeit, seinen Platz neben Moses, Buddha und Jesus anweisen.

Die Natur kennt keine bewussten Zwecke, keine bewussten Ziele. Erst der Mensch als denkendes Wesen setzt sich solche, ja er setzt auch der Menschheit ein Ziel in seinem Ideal. Nach der herrschenden Anschauung besteht dieses Ideal entweder in der Zivilisation oder Kultur oder (was manchmal mit diesem Ausdruck identifiziert wird) in einem sozialen Zustand, in dem alle Menschen ihr gutes Auskommen haben und sich lieben. Was ist Kultur? fragte Rousseau und so fragt auch Nietzsche. Wir antworten darauf: jener Anhäufungsprozess geistiger und materieller Güter, der dem heutigen Leben seine Formen gegeben hat, ohne darum dem Menschenwesen neue Fähigkeiten anzuzüchten, oder es auf eine höhere Kraft- und Organisationsstufe zu heben, ja der in mancher Hinsicht, wie inbezug auf Lebensbehagen, Gesicht, Gehör, in Folge der Sistierung der natürlichen Auslese aus religiösem Vorurteil, vielleicht sogar eine Schwächung des Durchschnittsmenschen hervorgerufen hat. Ist dieses „Ziel der Kultur" aber mit dem Ziele identisch, bei dem der Entwicklungsprozess ohne Eintritt der „Kultur" angelangt sein würde, d. h. ohne dass sich der Mensch die Fähigkeit erworben hätte, die geistigen Resultate seiner Thätigkeit und schliesslich auch die Methoden zu ihrer Gewinnung mittels einer ausserhalb des Zeugungsprozesses sich vollziehenden Tradition fortzupflanzen? Wenn von einem Ziel der Entwicklung die Rede ist, so soll das natürlich nicht heissen, dass die Natur ein denkendes Wesen sei und einen bestimmten Plan verfolge, den sie im Laufe der Jahrtausende durch bestimmte gewählte Mittel zur Verwirklichung führe, sondern es heisst nur: die in der Vergangenheit beobachteten Kräfte, die erfahrungsmässig in der menschlichen Entwicklung wirksam gewesen sind und sie auf eine so hohe Stufe gehoben haben, haben bisher diesen bestimmten Erfolg gehabt. Wenn sie, wie uns der Augenschein lehrt, noch fortbestehen, so ist anzunehmen, dass auch künftig ihr Erfolg derselbe sein wird. Diesen Erfolg, den wir durch Wahrscheinlichkeitsschlüsse so ziemlich sicher voraus sagen können, nennen wir unter einem menschlichen Bilde das Ziel der Entwicklung.

In diesem Sinne ist das Ziel der Entwicklung die Hebung und Herrlichergestaltung der menschlichen Rasse. Und nichts Anderes kann auch das letzte sittliche Ideal sein. Mit Aufstellung jedes anderen Ideals tritt der Mensch ausserhalb der natürlichen Entwicklung und lehnt sich gegen die Natur auf. Giebt es auch keine sittlichen Normen, die uns eingeboren sind wie unsere Triebe, so giebt es doch dieses sittliche Ideal, das das Fortschreiten der Naturerkenntnis uns hat enthüllen müssen, und aus ihm lassen sich leicht klare und einfache Normen für das menschliche Handeln gewinnen. Von der Familie zum Stamme, vom Stamme zum Volke, vom Volke zu des Glaubens Genossen, zu den Kulturnationen, von den Kulturvölkern zur Menschheit —: das ist die Entwicklung des ethischen Gesichtskreises bis heute in kurzen Zügen gewesen. Eine weitere Erweiterung dieses Kreises scheint auf den ersten Blick nicht mehr möglich, und doch ist sie es: von den heute lebenden Gliedern der Menschheit, zu den ungezählten Tausenden von Millionen der Zukunft. Das ist heute nach menschlichem Ermessen der letzte und höchste Schritt. Wer die Interessen der kommenden Generation über die der gehenden stellt, dem gebührt schon heute nach den herrschenden Anschauungen höhere Achtung. Das Elternpaar, das schwitzt und sich plagt, um die Kinder zu tüchtigen Menschen zu erziehen, die sich dereinst auf höherer Gesellschaftsstufe ihr Brot erwerben, steht sittlich höher als das andere, das den eigenen Verdienst selbst verbraucht. Und was vom Kleinen gilt, sollte nicht vom Grossen gelten?

Eine Handlung, die dem Wohle der Rasse, der Höherentwicklung des Typus Mensch, entgegen ist, kann nicht mehr als sittlich gelten, und wenn sie von allen bisherigen Ethiken der Menschheit für sittlich gepriesen würde und das oberste Gebot der christlichen Sittenlehre darstellte. Wenn die Ehe mit einem siechen Weibe sieche Krüppel erzeugt, dann ist sie eine fluchwürdige Handlung, ein unsittlicher Akt, und wenn die herrschende Ethik sie zehnmal als eine heroische That altruistischen Opfermutes preist. Was künftig noch sittlich heissen soll, darf dem Rassenwohle nicht zuwiderlaufen, und die normalen Handlungen, die es fördern, werden künftig als in besonders hohem Grade sittlich zu gelten haben.

Die direkte Anregung für seine Theorie der natürlichen Auslese und Zuchtwahl ist Darwin nicht von den Naturwissenschaften, sondern von der Soziologie gekommen. Thomas Robert Malthus war es, der mit seiner sozialökonomischen Weisheit Darwins Denken befruchtete. Im Mittelpunkt von Malthus' Lehre steht die Thatsache des fortwährenden Überschiessens der Zahl der Esser über den Nahrungspielraum. Es werden mehr Menschen und mehr Antilopen geboren, als die vorhandene Nahrung erhalten kann, und da die Antilopen ihre Nahrungsmenge gar nicht und die Menschen sie nur sehr langsam vermehren können, so müssen in früher Jugend viele Menschen und Antilopen sterben, und nur so viele können gross werden, wie Nahrung finden. So viel erhielt Darwin von Malthus; aber nun gehen die Wege auch bereits auseinander.

In der Einleitung zur Entstehung der Arten sagt Darwin von dem dritten Kapitel des Buches, in ihm soll „der Kampf ums Dasein unter den organischen Wesen der ganzen Welt inbetracht gezogen werden, der unvermeidlich der hohen geometrischen Vermehrung folgt. Es ist dies die Lehre von Malthus auf das ganze animalische und vegetabilische Reich angewendet. Da viel mehr Einzelwesen jeder Art geboren werden, als fortleben können, und da infolgedessen der Kampf um die Existenz von Dauer ist, so folgt daraus, dass jedes Wesen, das in einer für es nützlichen Weise von den anderen abweicht, unter den komplizierten, oft veränderlichen Lebensbedingungen eine günstigere Aussicht zum Fortbestehen hat und daher von der Natur zur Zucht erwählt wird.“ Damit ist von Darwin aber bereits ein neues Prinzip in die Malthus'sche Betrachtung eingeführt worden.

Malthus lebte in der Zeit der allgemeinen Menschenrechte. Der soziale Hintergrund von Rousseaus Lehre war der Ruf nach Beseitigung der erblichen Vorrechte zweier Stände gewesen. Aber die ideale Formel, in die sich jener Ruf kleidete, leugnete nicht blos jene erblichen Vorrechte, sondern ganz allgemein das Vorhandensein von Menschen, die über den Durchschnitt hervorragen. Sie dekretierte: alle Menschen sind gleich. Das stellt nun zwar kein naturgesetzmässiges Faktum dar, sondern kann nur bedeuten: wir Demokraten am Ende des achtzehnten Jahrhunderts wollen den grossen, den Ausnahmemenschen ihre Vorzüge nicht mehr anrechnen, und eben so wenig den Krüppeln und sonstigen Schadhaften ihre Mängel, sondern wollen uns stellen, als seien sie alle Durchschnitt, und sie auch demgemäss hehandeln. Aber die Zeit ist sich über diesen Unterschied nicht klar; ihr wird der Satz von der Gleichheit aller Menschen zum Dogma.

So entsteht eine Auffassung und entstehen Einrichtungen wie das allgemeine Wahlrecht, die im Grunde auf einer Fiktion ruhen, und auf einer verhängnissvollen. Da das Bewusstsein jeder Zeit sich aber immer weit mehr auf das Bewusstsein der ihr vorausgehenden gründet als auf direkte Beobachtung der Wirklichkeit, und da jeder Mensch das für Wirklichkeit hält, was er denkt, so meinen die Menschen schliesslich, alle Menschen seien wirklich gleich, hätten gleiche Rechte, obwohl sie recht gut wissen könnten, dass sie nicht gleiche Pflichten haben können. Auch Malthus, der sonst geistig so Selbständige, stand in dieses Dogmas Banne. Es war ihm von vorn herein gewiss, dass alle Menschen für die Menschheit gleichwertig seien, und die noch Ungeborenen mindestens potentiell. Da einmal eine Anzahl sterben muss, so ist es ganz gleich, welche, und um das hässliche Sterben zu vermeiden, ist es besser, jene Todeskandidaten werden gar nicht erst geboren, sondern bleiben sogar ungezeugt. Geschlechtliche Enthaltsamkeit also ist das soziale Allheilmittel.

Darwin war auch Demokrat und stand in seinen sozialökonomischen Anschauungen denen von Malthus sein Leben lang sehr nahe. Aber für die exakte Forschung war ihm das Gleichheitsdogma doch nicht heilig genug. Wenn all die Jungen einer Art, all die Keime, die von einer Pflanze stammen, wirklich gleich sind, für die Art, für die Entwicklung (Darwin übernahm den Begriff der Entwicklung ja fertig von Lamarck, während Malthus ihn noch nicht kannte), — wie kommt es denn da, dass die einen zugrunde gehen und die anderen überleben? Sicher spielen dabei die äusseren Verhältnisse, spielt die Umwelt dabei eine ganz bedeutsame Rolle. An zwei Bächen blühen und sprossen Hunderte von Geschlechtern Butterblumen. Da sucht sich der eine Bach bei Gelegenheit einer Hochflut ein anderes Bett, und all die Blumen an seinem früheren Lauf sind nun, wo ihnen das reichliche Wasser entzogen ist, dem um sich greifenden Gras nicht mehr gewachsen. Sie verkümmern bei seinem Andrängen; all ihre bisherige Lebenskraft vermag sie dagegen nicht zu schützen.

Aber alles erklärt die Umwelt doch nicht. Von einer Menge Pflanzen derselben Art, die unter gleichen Daseinsbedingungen stehen, überwuchern die einen die andern. Der Grund dafür muss in ihnen selbst liegen. Und er liegt in ihnen. Sie sind bei der Entstehung ihrer Keime am besten weggekommen, sie haben, unter besonders günstigen Bedingungen als Samen am Stengel reifend, schon in das Samenkorn, das dann aus dem Boden wuchs, mehr Kraft mitbekommen als andere, denen bei ihrer Samenentstehung weniger Saft aus der Mutterpflanze zufloss. Die Keime sind also nicht gleichwertig für die Entwicklung. Malthus, Darwin und Spencer sind darin einig, dass selbst bei der minimalsten Zunahmerate ein Wettbewerb zwischen den einzelnen Individuen derselben Art mit Notwendigkeit eintreten muss. Darwin fügt dieser Erkenntnis den Satz an, dass unter ihnen die den Daseinsbedingungen am besten Angepassten überleben. Die anderen gehen im Wettbewerb um die Daseinsmittel zugrunde. Das ist natürliche Auslese. Dieses Prinzip wird in der Tierwelt noch verstärkt durch die geschlechtliche Auslese oder Zuchtwahl, nach der häufig dasjenige Männchen zur Begattung mit dem allbegehrten Weibchen kommt, das sich im Kampf um Leben und Tod als das stärkste erwiesen hat.

Malthus hatte vorwiegend von der Menschenwelt gesprochen. Darwin hatte seine Erkenntnis vornehmlich auf die Tier- und Pflanzenwelt angewendet. Sollte er sie auf diese beschränken, oder war nicht schon durch jenen Punkt, von dem seine ganze naturphilosophische Spekulation ausging, von vornherein die Versuchung gegeben, an dem, was sich in der Lebewelt sonst als Thatsache erwiesen hatte, nun wiederum den Menschen zu messen und als grosses sittliches Gesetz die Auslese der Tüchtigsten und die Auscheidung der Untüchtigsten zu proklamieren? Denn da die Menschen einander nun einmal doch nicht gleich waren, so stand dem kein Hinderniss im Wege. Heute liegt dieser Gedankengang klar vor unseren Augen. Was sollte uns bestimmen, mitten in jener Schlusskette Halt zu machen und den Menschen, der, wie wir heute wissen, doch nur ein Lebewesen ist wie die anderen, von jenem

Gesetz auszunehmen? Und doch ist diese Schlusskette nur zustande gekommen durch die angestrengteste Geistesarbeit einer ganzen Generation. Volle dreissig Jahre hat es gedauert, bis sie sich in einem einzigen Kopfe so weit gefestigt hatte, dass sie klaren Ausdruck fand. Der Weltanschauungs-Geschichte der Zukunft wird für die Jahre 1859 bis 1890 wahrscheinlich das Suchen nach diesem Gedanken das bezeichnendste Merkmal sein.

Das Sträuben gegen die Anerkenntnis der natürlichen Auslese unter den Menschen von heute als einer sozialethischen Forderung, das sich zwei volle Jahrzehnte durch erhalten hat, hat etwas unendlich Komisches und ist nicht gerade besonders schmeichelhaft für die logischen Fähigkeiten der heutigen Kulturmenschenköpfe. Unglaublich! Bald hat die natürliche Auslese in der Menschheit nicht mehr in Wirksamkeit sein sollen, weil sie durch eine „natürliche Auslese der Ideen“ abgelöst worden sein sollte. Bald sollten wohl noch die Gesellschaftsformen der Auslese unterliegen, aber eben darum die Individuen nicht mehr. Erst Williams sagt 1893 entschlossen:*) „Die natürliche Auslese wirkt hinsichtlich der Zelle, des Individuums und all der verschiedenen sozialen Einheiten, zu denen sich Menschen zusammenthun, in ihrer Vielheit der Beziehungen. Sie hört nicht auf, auf die Individuen zu wirken, weil sie eben so auf soziale Organisationen wirkt, so wenig wie sie aufhört auf Zellen zu wirken, weil sie auf Organismen als Ganzes wirkt.“

Es hat auch nicht an Leuten gefehlt, die den Spiess umgedreht haben. Was sich der ethische Forscher in seinem geistigen Schaffen klar zu machen nicht ver-

*) (Evolutional Ethics.) A Review of the Systems of Ethics founded on the Theory of Evolution, London Macmillan 1893.

mochte, das hat mit sicherer Witterung, dass hier dem Glauben eine Gefahr drohe, der protestantische Pfarrer empfunden. Aus der Thatsache, dass die Prinzipien des Darwinismus der christlichen Ethik zuwiderlaufen, hat man dort sofort geschlossen, jene Prinzipien müssten falsch sein. Rudolf Virchow hat gedankenlos den Satz ausgesprochen, der Darwinismus sei schon darum verwerflich, weil er zur Sozialdemokratie führe. Bebel hat diesen Wink nicht unbeachtet gelassen und sich den Ausspruch geleistet, der Darwinismus sei eine eminent demokratische Wissenschaft. Die herrschenden sittlichen Anschauungen als Argument gegen die Richtigkeit einer neuen Entdeckung! Das erinnert an die Berufung auf den gesunden Menschenverstand gegenüber der frechen Erfindung, dass die Erde sich um die Sonne drehe, oder an noch einen anderen denkwürdigen Vorgang. Wenn der Inhalt des Gesichtsfeldes im Fernrohr dem Aristoteles widerspricht, dann ist immer zunächst das Fernrohr im Unrecht, und es bedarf eines gewaltigen geistigen Fortschritts, um endlich den Aristoteles ins Unrecht zu setzen.

„Die Naturforschung kümmert sich nicht und hat sich nicht zu kümmern um die ethische Tragweite ihrer Entdeckungen", sagt Bartholomäus von Carneri in seinem ausgezeichneten Buche „Sittlichkeit und Darwinismus" (1871), „ihre ganze Thätigkeit ist darauf gerichtet, in den Reichen der Natur dem Wahren nachzuforschen und jede gefundene Wahrheit zu verkünden, öffentlich der Wissenschaft, dieser wertvollen Schatzkammer der Menschheit, sie zu übergeben." Gerade umgekehrt ist also zu argumentieren. Wenn sich die ethischen Anschauungen der Gegenwart nicht mit dem gesicherten Wissen auf naturwissenschaftlichem Gebiete vereinen lassen, dann müssen sie geändert werden, aber nicht dieses. Die Erkenntnis einer Unvereinbarkeit beider reift denn auch, und damit vollzieht sich in der wissenschaftlichen Ethik eine Spaltung. Die Kirchenethik wirft das neue Wissen, mit dem sie schon bedenklich zu liebäugeln begonnen hat, entschlossen weg; während das konsequente Denken bei dem Schlusse anlangt, dass jene Ideale falsche Ideale sind, dass sie durch neue, aus jenem gesicherten Wissen abgeleitete, ersetzt werden müssen.

Karl Darwin ist ganz klar darüber gewesen, dass die von ihm begründete Entwicklungslehre einen vollständigen Umschwung in der allgemeinen Weltanschauung, nach ihrer theoretischen wie nach ihrer ethischen Seite hin, hervorrufen müsse. In seinen wissenschaftlichen Werken ist das allerdings nicht unbedingt klar ausgesprochen; aber gegen das Ende seines Lebens hin tritt es doch immer mehr hervor. Hatte er in der Entwicklung der Arten (1859) solche Ausblicke ganz und gar vermieden, so treten derlei Gesichtspunkte in der „Abstammung des Menschen" (1871) bereits mehr hervor. Das Buch giebt ihm ja wiederholt Gelegenheit, auch von dem geistigen Aufstieg des Menschen zu sprechen. Ein noch weit beredteres Zeugnis legen seine Briefe dafür ab. Sie liefern ferner den direkten Beweis, dass es nur weise — vielleicht etwas zu weit getriebene — Vorsicht war, die ihn mit jenen Überzeugungen zurückhalten liess. Auch seine Äusserungen ausserhalb seiner Werke lassen in dieser Hinsicht noch eine gewisse Gradabstufung zu, und wir dürfen sicherlich annehmen, dass er auch in den radikalsten von ihnen noch nicht sein letztes Wort gesagt habe.

Kurz und bündig handelt es sich um die natürliche Auslese in der heutigen Menschenwelt, oder um die soziale Auslese, und die beiden Fragen, die sich an sie anschliessen, sind: giebt es unter den heutigen sozialen Zuständen der Kulturmenschheit eine soziale Auslese? und welche Einrichtungen sind zu treffen, um ihr eine so ausgedehnte Wirksamkeit wie möglich zu sichern? An die erste Frage hat Darwin an mehreren Stellen gedacht, aber seine Antwort ist bald negativ, bald positiv ausgefallen. Mit der Beantwortung der zweiten wäre er zum sozialethischen Reformator geworden. Aber er hat sie nicht beantwortet und hat so seinen Ruhmestiteln nicht noch diesen neuen hinzugefügt.

Darwin glaubte an die Zunahme der Herdeninstinkte durch Vererbung; denn er glaubte an die Vererbung erworbener Eigenschaften; aber er glaubte nicht an ihre Zunahme infolge der Wirkung natürlicher Auslese, wenigstens nur in sehr eingeschränktem Masse. „Wenn ich auf kommende Generationen schaue", sagt er, „so ist nicht zu fürchten, die Herdeninstinkte möchten schwächer werden, und wir können erwarten, dass das tugendhafte Leben zunehmen wird, indem es sich vielleicht sogar durch Vererbung fixirt. In diesem Falle wird der Streit zwischen unseren höheren und niedrigeren Motiven an Schärfe verlieren, und die Tugend wird triumphieren." Andererseits sagt er wieder: „Unter den zivilisierten Völkern thut die natürliche Auslese, soweit der fortgeschrittene Stand der Sittlichkeit und die grösser gewordene Zahl durchschnittlich guter Menschen inbetracht kommt, nur wenig, obgleich die sozialen Grundtriebe ursprünglich durch sie erworben worden sind."

In einem Privatgespräch gegen Ende seines Lebens sprach Darwin den modernen Kultureinrichtungen den Vorzug, eine soziale Auslese zu besitzen, vollständig ab, allerdings aufgrund von nur oberflächlichen Beobachtungen. Thatsächlich schränken sie die natürliche Auslese allerdings beträchtlich ein, ohne sie jedoch ganz aufzuheben.

Ein Volk, dessen soziale Einrichtungen sie völlig neutralisieren, wie z. B. durch scharfe erbliche Kasten, deren Schranken in keinem Falle übersprungen werden können, muss naturgemäss als Ganzes zugrunde gehen und einem fremden Stamm, bei dem die Auslese der Tüchtigsten noch fortgesetzt den Durchschnitt der Leistungen hebt, zur Beute fallen.

In einer der letzten Unterhaltungen, die Alfred Russell Wallace mit ihm hatte, hat sich Darwin nämlich sehr wenig hoffnungsvoll über die Zukunft der Menschheit ausgesprochen, und zwar aufgrund der Beobachtung, dass in unserer modernen Zivilisation eine natürliche Auslese nicht zustande komme und die Tüchtigsten nicht überlebten. Er begründete das damit, dass er die Sieger im Kampf ums Geld, die sich mit eiserner Energie emporschwingen und, durch nichts entmutigt, sich der Möglichkeit, alles zu verlieren, wiederholt aussetzen, bis ihnen endlich eine hohe Risikoprämie zufällt, für die nicht Besten und Klügsten erklärte und darauf hinwies, dass sich unsere Bevölkerung in jeder Generation in stärkerem Masse aus den unteren Ständen rekrutierte.*) Diese Beweisführung ist aber irrig. Durch jene eiserne Selbstzucht und die ungeheure Konzentration ihrer Geisteskräfte auf ihren Gegenstand erweisen sich jene Männer als die den Daseinsmitteln am besten Angepassten, als die Tüchtigsten, hinter denen z. B. der Gelehrte mit seiner geringeren Befähigung, sich geltend zu machen, weit zurücksteht.

Allerdings weist die moderne Zivilisation mehrere Züge auf, die einer Auslese der Leistungsfähigsten direkt entgegenwirken. Vor allem das herrschende Erbrecht, das dem

*) Alfred Russel Wallace, Human Selection, Fortnightly Review Oct. 1891. Deutsch als „Menschliche Auslese" in der „Zukunft" 1894. No. 93.

Sohne des Reichen sein Fortkommen und seine Fortpflanzung sichert, auch wenn er ein noch so lüderlicher Lump ist; und sodann die systematische Erhaltung aller Kranken und Schwachen und die Gewährung der Eheerlaubnis an sie. Ganz vermag unsere Kultur die Auslese aber dennoch nicht zu neutralisieren. Trotz unserer Erbeinrichtungen schwingen sich unausgesetzt ganze Familien Leistungsfähiger, in der Regel allerdings erst im Laufe mehrerer Generationen, in die oberen Stände empor: das ist ein Beweis für das Vorhandensein einer Auslese, aber nicht, wie Darwin meint, ein Beweis dagegen. Darwin kommt zu seinen beiden seltsamen Behauptungen durch eine seltsame Verwechslung, an der er freilich nicht selbst schuld ist, sondern die er von Herbert Spencer übernommen hat, durch den sie in die gesammte moderne Ethik eingeführt worden ist, soweit diese in ihren Methoden zur Versittlichung der Menschheit die Entwicklungslehre heranzieht. An die Stelle des Naturtüchtigsten setzt Darwin unbewusst den den herrschenden sittlichen Idealen am meisten Entsprechenden, und kommt dadurch, da der Träger jener christlichen Eigenschaften der Demut und Selbstverleugnung gewöhnlich ein höchst minderwertiges Exemplar für den Daseinskampf ist, zu dem Schlusse, dass die Tüchtigsten im Kampf ums Geld nicht überlebten.

An keiner Stelle seiner Werke befasst sich Darwin ganz direkt mit dem Problem der sozialen Auslese in der modernen menschlichen Gesellschaft oder deren Reform von diesem Gesichtspunkte aus. Er ist ihm offenbar bewusst aus dem Wege gegangen, weil er nicht ohne Grund fürchtete, damit Anstoss zu erregen. Das beweisen manche Seitenbeobachtungen und Seitenerwägungen, die doch wohl eine bestimmte Anschauung über die Hauptfrage voraussetzen. Der Befürchtung, die er seinem Freunde Wallace gegenüber äusserte, widerspricht er freilich mehrfach; aber auch in dieser Befürchtung hat er noch keinen Sporn zu sozialökonomischen Reformvorschlägen gefunden.

Noch völlig ausserhalb des Gedankens an die Möglichkeit stehend, gerade in der Entwicklungslehre den schärfsten Richter der heutigen Zustände der zivilisierten Gesellschaft zu finden, sucht Darwin diese hie und da mit leeren allgemeinen Möglichkeiten, für die er keine Beweise zu erbringen vermag, zu rechtfertigen. Williams*) fasst zehn Seiten von Darwins Ausführungen**) so zusammen: „Obgleich im Kriegszustande, wo der Mut für das Dasein des Stammes besonders notwendig ist, die Tapfersten in grösserer Anzahl zugrunde gehen müssen als die anderen und das Überdauern der Untüchtigsten damit gesichert zu sein scheint, so kann doch der Einfluss ihrer Tapferkeit auf die anderen weit mehr Gutes thun als die Erzeugung einer Nachkommenschaft, die ihre Tapferkeit erbt. Ebenso ist das Mitleid, obgleich es die moderne Gesellschaft veranlasst, die Schwachen zu erhalten, doch insofern nützlich, als es die Teilnahme fördert. So hat auch der Reichtum, der Musse für geistige Arbeit giebt und die Wahlmöglichkeit bei der Heirat erweitert, schliesslich die Tendenz, direkt oder indirekt die moralisch Tüchtigsten zu erhalten.“ Mit derartigen Ausführungen, in denen plötzlich „der Einfluss der Tapferkeit auf die anderen“ mehr als Ersatz für die Tötung der Tapfersten bieten soll, in denen die „moralisch Tüchtigsten“ (die meist die physisch Untüchtigsten sind) für die physisch Tüchtigsten, (um die es sich einzig handelt,) eingesetzt werden,

*) Evolutional Ethics S. 11.

**) Descent of Man. S. 199—209.

in denen plötzlich nicht mehr die Hebung der Gattung, sondern die Hebung der Teilnahme fungiert, hat, das ist nicht zu leugnen, Darwin wiederum die abschüssige Bahn der Taschenspielerphilosophie Spencers betreten, mit der erst Williams in seinem Buche über Entwicklungsethik abgerechnet hat.

An einer anderen Stelle sagt Darwin, die Leistungen des menschenfreundlichen und geistig bedeutenden Mannes für sein Volk könnten ebenso bedeutsam für dessen Wohl und die Entscheidung seines Sieges im Daseinskampf sein wie die Erzeugung von Nachkommen.*) Dem liegt sicher etwas Wahres zu Grunde; im Ganzen aber kommt heute eine Erfindung und Entdeckung nicht mehr nur dem eigenen Volke, sondern fast sofort der ganzen Kulturmenschheit zugute. Jede neue geistige Errungenschaft wird sofort über die Volksgrenze hinausgetragen, während der Schatz der eigenen Nachkommen sich einem Stamme nicht in gleicher Weise entfremden lässt. In ganz derselben Richtung bewegt sich ein anderes unnaturwissenschaftliches Argument, Trübsinn neige oft zum Selbstmord, Heftigkeit und Streitsucht zu blutigem Ausgang, Unmässigkeit zur Untergrabung des eigenen Lebens, Lasterhaftigkeit zu Krankheit und Unfruchtbarkeit, so dass eine gewisse Ausscheidung der am schlechtesten Angelegten entstehe.**) Für gewisse krankhafte Extreme ist das natürlich richtig, aber in den meisten Schichten der Gesellschaft führen Heftigkeit und Streitsucht heute nicht mehr zu blutigem Ausgang, und Unmässigkeit führt erst dann zu selbstverschuldetem Tode, wenn sie längst eine grosse Nachkommenschaft erzeugt und sich auf diese übertragen haben kann. Mit vielen Krankheiten wie Schwindsucht,

*) Descent of Man. S. 136.

**) Descent of Man. S. 211.

mit manchen Arten des Wahnsinns, ist eine gesteigerte Geschlechtslust verbunden, die also eher die entgegengesetzte Tendenz hat.

Statt die Frage zu untersuchen, wie sich in allen Einzelheiten Kultur und Zivilisation der Hebung der menschlichen Gattung gegenüber stellten, hat sich Darwin darauf beschränkt, die Entstehung der christlich-humanen Tugenden des Mitleids, der Nächstenliebe, der Aufrichtigkeit zu verfolgen. Das ist nun zwar ebenfalls interessant, hat aber, verglichen mit jener praktischen Fundamentalfrage, nur einen sehr theoretischen Werth: „Wenn zwei Stämme Urmenschen, in demselben Lande lebend, mit einander in Wettbewerb traten, so musste unter sonst gleichen Umständen derjenige Stamm, welcher die grösste Anzahl mutiger, teilnahmsvoller und aufrichtiger Mitglieder hatte, die immer bereit waren, sich wechselseitig vor Gefahr zu warnen, einander zu helfen und einander zu schützen, besser gedeihen und den anderen besiegen. . . . . Selbstsüchtige und streitsüchtige Menschen werden sich nicht zusammenschliessen, und ohne Zusammenschluss ist nichts auszurichten. Ein an den entgegengesetzten Eigenschaften reicher Stamm musste sich ausbreiten und über andere Stämme siegreich sein. Im Laufe der Zeit aber musste er, nach der gesammten Völkergeschichte zu schliessen, von einem noch höher darin begabten Stamme über den Haufen geworfen werden. So mussten die sozialen und sittlichen Eigenschaften die Tendenz bekommen, langsam vorwärts zu rücken und sich über die Erde auszubreiten.“ *) Das klingt recht einleuchtend; aber trotzdem ist der Hauptpunkt darin übersehen, dass nämlich die Ausbreitung der allgemeinen Teilnahme und Aufrichtigkeit unzertrennlich an eine Abnahme der

*) Descent of Man. S. 199.

kriegerischen Einzeltugenden gebunden ist und dass dieser nahe Zusammenschluss grosser Massen einer kleineren Schaar besserer Krieger nicht nur nicht überlegen ist, sondern ihr stets unterliegt. Beweis: die Besiegung der grossen wohlorganisierten Perserheere durch die uneinigen Griechen, der gut disziplinierten Römerheere durch die Germanenhorden u. s. w. Ausserdem begeht Darwin den Fehler, das Mitgefühl in diesem Sinne und seine Ausbildung in eine viel zu frühe Periode hinaufzusetzen, während es doch nach dem heutigen Stande der Forschung eine ganz moderne Entwicklung ist.

Auf theoretischem Gebiete hat Darwin grosse Verdienste um die moderne Ethik. Indem er das moralische Gefühl im letzten Grunde mit den sozialen Trieben der Tiere für identisch erklärte, löste er nicht nur die Frage nach dem Ursprung des Altruismus, sondern er that mehr; er wies nach, dass derselbe nicht jünger sei als der Egoismus, sondern sich schon findet, soweit wir auf den Stufen der Tierwelt auch hinunter gehen. Nicht zwei abstrakte Prinzipien stehen sich seitdem mehr gegenüber. Nicht von der Selbstsucht zur Selbstlosigkeit gilt es die Menschen zu erziehen, sondern dazu, den augenblicklichen Genuss der dauernden Befriedigung zu opfern. Die anthropologische Schule in der modernen Religionswissenschaft fasst das Religiöse im Gegensatz zu dem kaum überwundenen Rationalismus als einen Teil des Menschlichen. Darwin versteht Sittlichkeit in diesem tieferen Sinne. Gegen Kants und seiner Nachfolger Auffassung gewendet, sagt er:*) „Ich weiss sehr wohl, dass manche Leute Handlungen, die impulsiv geschehen . . . . ., nicht zu den sittlichen rechnen . . . . . Andrerseits aber fühlen wir alle, dass eine Handlung nur dann als vollendet oder

*) The Descent of Man. S. 170.

als edel im höchsten Sinne zu betrachten ist, wenn sie impulsiv, ohne vorausgehende Überlegung oder ein Sichaufraffen wie bei einem Menschen geschieht, dem die dazu nötigen Eigenschaften angeboren sind.“ Das Sittliche ist für Darwin ein Teil des Menschlichen und hat als solcher sein selbständiges Recht.

„Sittlichkeit entsteht und wird nicht gemacht“, sagt Leslie Stephen. Sie ist die Frucht stufenweiser Entwicklung des organischen Instinktes vieler Generationen. Auch die Lehren des grössten Sittenlehrers können nur soweit auf fruchtbaren Boden fallen, soweit sie mit den herrschenden Gefühlen verwandt sind, in ihnen ein Echo finden. Da auch der grösste Mensch immer ein Kind seiner Zeit bleibt, so ist das verhältnismässig häufig der Fall.

Auch über andere thoretisch-ethische Fragen hat sich Darwin eine Ansicht gebildet. Nach seiner Definition ist es das Amt des sittlichen Bewusstseins, uns zu sagen, was wir thun sollen, und das Amt des Gewissens — das ihm den Gewissensbiss, die Reue, das Bedauern und die Scham, die Furcht vor den Göttern und der Missbilligung der Mitmenschen einschliesst, — uns zu tadeln, wenn wir ihm nicht gehorchen.*) Das Ziel oder der Zweck des Sittlichen ist ihm mehr das allgemeine Gute als das allgemeine Glück, „obgleich Wohlfahrt und Glück des einzelnen zweifellos gewöhnlich zusammenfallen; und ein zufriedener, glücklicher Stamm wird fröhlicher blühen als ein unzufriedener und unglücklicher .... Da jeder Mensch nach Glück strebt, so wird der Grundsatz des grösstmöglichen Glückes ein sehr wichtiger sekundärer Leitsatz und Gegenstand werden, obgleich der Herdentrieb mit dem Mitgefühl zusammen, (das uns anderer

*) The Descent of Man. S. 174 und 178.

Handlungen billigen oder missbilligen lässt), als primärer Antrieb und Führer gedient hat." *)

In seinen Anschauungen über die Normen des menschlichen Handelns stand Darwin durchaus auf dem Boden seiner Zeit. Dass sich die christlich-human-demokratische Ethik mit seiner Lehre vom Wettbewerb um die Daseinsmittel als dem Treibenden alles Fortschritts nicht vertrage, empfand er dunkel, wenn seine Aufmerksamkeit auch dem theoretischen Teile der allgemeinen Weltanschauung zu sehr zugewandt war, als dass er diesen Gedanken bis in seine Einzelheiten hätte durchdenken können. Mit diesem Zwiespalt und seinem Bewusstwerden ist jedoch das Leitmotiv für die ganze weitere Entwicklung der Entwicklungsethik gegeben, wie sie in Spencer, Huxley, Wallace, Häckel, Carneri und Nietzsche zutage tritt.

*) The Descent of Man. S. 185.

Die Überwindung des Glücksutilitarismus.

Die moderne Entwicklungsethik kommt nicht direkt von Darwin, sondern vom Utilitarismus, und der Utilitarismus kommt nicht erst von Bentham sondern von Bacon. Der Utilitarismus ist die Antwort auf die Jenseitigkeit der Moral und die Absage an sie. Indem die Wissenschaft der mythologischen Begründung der Moralgebote endgiltig den Rücken dreht, wird der Schwerpunkt der Moralspekulation ein für allemal aus der Vergangenheit in die Zukunft gerückt. — Auf welchem Wege ist die Moral von den mythologischen Personen zu den Menschen gekommen? Durch Uroffenbarung? Ist sie angeboren? Ist sie „den ersten Menschen" mit auf den Lebensweg gegeben worden und hat sie sich seitdem durch Überlieferung fortgepflanzt? Hat zu irgend einer Zeit eine neue Mitteilung sittlicher Gebote seitens mythologischer Personen an bestimmte Menschen stattgefunden? Das sind die grossen Probleme der mittelalterlichen Moralwissenschaft, obwohl sie dieselben in keiner Weise erschöpft hat. Auch die moderne Moralforschung fragt noch nach dem Ursprung der Sittlichkeit. Aber ihr hat die Frage nur noch ein gewisses antiquarisches Interesse. Ob Mill oder Nietzsche recht hat, was kommt schliesslich viel darauf an? Die Menschen werden dadurch nicht besser und nicht schlechter, nicht glücklicher und nicht unglücklicher. Statt dessen hat das menschliche Nachdenken einen neuen Prüfstein für den Wert moralischer Vorschriften entdeckt. Wo die alte Moralphilosophie fragte oder fragen konnte: stammt dieser Satz wirklich aus dem Diktat eines mythologischen Wesens und ist das Diktat genau? Welche Bürgschaft haben wir für seine Genauigkeit? — da fragt die heutige Moralspekulation: Wohin führt uns dieses so und so beschaffene Handeln? Ist das Ziel, das es in Zukunft heraufführen muss, auch wirklich erstrebenswert? Giebt es vielleicht ein anderes noch erstrebenswerteres, und wollen wir unser Handeln nicht lieber so einrichten, dass es auf dieses hinausläuft? Damit dass die sittlichen Ziele in ihr in den Vordergrund treten, ist der gesammten modernen Moral der Stempel der Utilitätsmoral aufgedrückt. Wenn der Theorie die Möglichkeit entzogen ist, die Sittengebote aus den Wünschen einer hypostasierten Gottespersönlichkeit abzuleiten, muss sie sich notwendigerweise auf der Erde nach etwas umsehen, was sich ruhig und geduldig zum Ausgangspunkt der Moral machen lässt. Ob die Moral wirklich aus ihm entstanden ist, — diese Frage wird zunächst nicht diskutiert: jedenfalls hätte sie eben daraus entstehen sollen. Auf einer gewissen Stufe in der Entwicklung des Geisteslebens braucht der Menschenverstand nun einmal absolut eine theoretische Rechtfertigung der Thatsachen. Man braucht sich nur daran zu erinnern, wie viel Scharfsinn darauf verwandt worden ist, nach Abschaffung des Teufels das Böse in der Welt zu erklären — immer unter der Voraussetzung, dass das Böse, das Übel, auch ausser unserem Hirn vorhanden sei. Irgend welcher törichte Scheingrund genügt. Aber ohne einen solchen gehts nicht. Solange noch nichts Dummes gefunden ist, muss das Ganzdumme herhalten und dient seinem Zwecke vorzüglich. Die Ersetzung dieses Dummen durch das Wenigerdumme in all diesen Scheindemonstrationen heisst in der Landessprache: Geschichte der Philosophie. Schliesslich hat der Träger des gelinden Blödsinns in Scheffels Ekkehard gar nicht so unrecht mit seiner Philosopheidefinition.

Der Utilitarismus oder die Gründung der Sittlichkeit auf Gründe m u s s t e kommen. Mit dem Niedergang der mythologischen Weltanschauung in Westeuropa im vorvorigen Jahrhundert musste auch die Ethik erschüttert werden, die sich scheinbar auf jene Mythologie stützte. Bis dahin wusste man noch nichts von der sozialen Wurzel des Sittengesetzes, sondern betrachtete es immer noch als etwas von aussen an die Menschheit Herangebrachtes. Als man aufhörte an die Existenz der Gestalt zu glauben, die es nach der Sage den Menschen gegeben hatte, musste man sich notgedrungen nach einer neuen Stütze umsehen und fand sie zunächst in der Vernunft, in der man alles andre auch fand.

Bis zu Bacon sind fast alle sittlichen Ziele Jenseitsziele. Erst mit ihm beginnt die Reihe der Diesseitsziele. Deren Reigen wird eröffnet mit dem Zukunftsbild der glücklichen friedlichen Menschheit, und über dieses Ziel ist die Ethik bis zur Mitte des neunzehnten Jahrhunderts noch nicht hinaus gekommen. Die bunte Musterkarte von ethischen Zielen, die in der Zwischenzeit geboten worden ist, besteht schliesslich doch nur aus Variationen dieses einen Themas, natürlich so weit die Philosophen nicht wieder auf die mythologischen Ziele der Vergangenheit zurückgreifen.

Schon Mill hat ganz energisch auf diesen Zug hingewiesen. Ja er ist noch weiter gegangen und hat geradezu behauptet, unbewusst liege nicht nur allen neueren, sondern allen ethischen Systemen überhaupt, mit Einschluss der sogenannten intuitiven und theologischen, das Prinzip der Nützlichkeit zugrunde. Alle sittlichen Vorschriften laufen schliesslich darauf hinaus, mag man es als Motiv anerkennen oder bestreiten. Weitaus den grössten Teil der Sittengebote, die wir heute anerkennen, denen wir uns beugen, haben wir fertig von unseren Voreltern ererbt. Mit ihrem Begleitgefühl sind sie uns durch Überlieferung anerzogen worden. Ihre Entstehung kümmert uns für gewöhnlich nicht. Aber das blosse normale Resultat der aus ihnen entspringenden Handlungen beweist schon, dass ihnen Nützlichkeitsbeobachtungen zugrunde liegen.

Sintemalen die Selbstsucht der Kern aller Erbsünde ist, hätte die Moral allermindestens aus der Rücksicht auf das Wohl anderer entstehen sollen. Und da alle mehr sind als ein paar, aus der Rücksicht auf das Wohl aller. Hier setzt die Frage ein, worin denn das Wohl aller besteht. Das ist denn doch etwas sehr Positives, das viel Denken an der Hand der Thatsachen und zuvor ein sorgsames Beobachten der Thatsachen erfordert. Daher sind die Philosophen denn auch zunächst dieser Frage sorgsam aus dem Wege gegangen. Kant ist über ein paar Syllogismen nicht hinaus gekommen, Bentham hat die Sache wenigstens fest zwischen seine Kniee geklemmt, indem er die Individualwohle sorgsam addierte, aber er hat, mit dem Versuche zu verhüllen, wohin diese Ethik führe, ihr sozialistisches Ziel doch nur allzuklar aufgezeigt. Er ist dem theoretischen Sozialismus nur durch einen verzweifelten philosophischen Todessprung entgangen. Nachdem er in einer seinen (einseitigen) Voraussetzungen völlig entsprechenden logischen Schlusskette deduciert hat, die Summe der Glückseligkeit wachse mit der

Annäherung aller vorhandenen Einzelbesitze an die Gleichheit, sodass wir nur noch einen Gesetzesvorschlag erwarten, der diese herstellte — behauptet er plötzlich, zur Glückseligkeit gehöre nicht bloss der gleiche Wohlstand, sondern ebenso die Sicherheit. Diese aber werde durch die Einführung einer solchen Gleichmachung der Einzelbesitze bedroht; die Antastung des Privateigentums sei die schlimmste Sicherheitsgefährdung, die es geben könne. Das ist insoweit richtig, als es sich um eine augenblickliche Gewaltmassregel handelt. Sobald der Umschwung in den Besitzverhältnissen aber vorbereitet und vorher angekündigt ist, verliert die Behauptung ihre Richtigkeit. Ebenso, nachdem jene Gewaltmassregel vorüber und eine Neuordnung der Verhältnisse geschaffen ist. Von einem Argument, das eine so gewichtige Deduktion schliesslich mit einem Schlage über den Haufen wirft, kann man aber verlangen, dass es mindestens dauernde Giltigkeit habe. Es ist kaum zu glauben, dass Bentham die Unzulänglichkeit dieser Beweisführung nicht selbst gesehen haben sollte.

Neben den Utilitarismus tritt geschichtlich noch eine zweite Absage an die Jenseitigkeit der christlich-mittelalterlichen Moral, die Idee der Selbstvervollkommnung. Sobald eine Ethik mehr ist, als die äusserliche Erfüllung äusserlicher Gebote, sobald man sich klar geworden ist, dass diese Erfüllung auch auf den Menschen zurückwirkt, und dass der eine mehr zu ihr geneigt ist als der andere, sobald taucht auch das Ideal der Selbstvervollkommnung auf. Das heisst: man wünscht gelegentlich so zu werden, dass man jene Gebote wie von selbst erfüllt. Das alte Christentum hat diesen Gedanken gehabt. Als geeignetes Mittel zur Erreichung dieses „sittlichen Zieles" betrachtete man die Askese, und diese Selbstvervollkommnung war von enormer Bedeutung, denn sie allein verschaffte ja eine Eintrittskarte in das Reich der Seligen nach dem Tode. Mochte die katholische Kirche des ausgehenden Mittelalters diese Selbstvervollkommnung auch ziemlich äusserlich fassen: an sittlicher Bedeutung war ihre Auffassung dem Protestantismus, dem der Glaube an bestimmte mythologische Sätze als Eintrittskarte zum ewigen Glück galt, weit überlegen. Als sich um die Grenzscheide des siebzehnten und achtzehnten Jahrhunderts unter den Gebildeten Deutschlands der Bruch mit dem Kirchenglauben vollzog und der Teufel völlig vom Throne gestossen wurde, da stand einer der ersten Versuche, eine von dem Kirchenglauben unabhängige Ethik zu schaffen, doch noch völlig im Banne dieser Anschauung. Leibniz war es, der die Selbstvervollkommnung als eine Art absolutes Ziel, oder wie die spätere Zeit sagte, als „Selbstzweck" in die wissenschaftliche Ethik einführte, und diese hat ihr Gebot seitdem eigentlich nie wieder ganz aufgegeben.

Dem ndividualistischen Zuge der Zeit entsprossen und von ihm daher auch freundlich aufgenommen, hat dieses Ziel das achtzehnte Jahrhundert mit seinem thränenreichen Edelmut beherrscht. Gellert ist ein solcher populärer Selbstvervollkommnungsethiker, und schroffe Individualisten wie Schleiermacher und Fichte sind ihm darin gefolgt. Diese Selbstvervollkommnung ist niemals identisch mit der Fähigkeit höchsten Glücksgenusses, oder mit der Fähigkeit, das Glück anderer zu fördern. Sie bedeutet ihren Vertretern vielmehr eine Annäherung an ganz bestimmte Ideale von sittlichen Eigenschaften, die immer, auch wo es nicht so scheinen mag, doch wo eine Begründung versucht wird, dogmatischer Natur sind. Es sind im Grunde gottgegebene Ideale oder Abstraktionen aus dem

„reinen Menschentum", zu dessen Konstruierung man leider die moderne Anthropologie noch nicht heranziehen konnte und das darum ganz im Sinne der sittlichen Ideale des sechzehnten und der folgenden Jahrhunderte ausfallen musste. Der Versuch der Vereinigung mit der utilitaristischen Richtung der Ethik konnte bei der Ausdehnung und der Bedeutung, die die letztere im achtzehnten und neunzehnten Jahrhundert gewann, nicht ausbleiben. Recht geglückt ist er niemals, selbst bei Kant nicht, der beide lose neben einander gestellt hat, statt sie zu verbinden.

Als Ziel, als edler Sport der geistig Vornehmen, der Geistesaristokraten, hat dieser Zug für die gebildetsten Volkskreise, namentlich derer, die in dem alten Griechentum ihr ewiges Ideal sahen, fraglos in unserem Jahrhundert eine erzieherische Bedeutung gehabt. Das schlaue Kreiswort „Selbstzweck", das auch in der modernen Kunsttheorie eine so bedeutsame Rolle spielt, deutet das Kompromiss zwischen Utilitätsmoral und Perfektionismus an.

Das blosse Auftreten des Utilitarismus zeigt genugsam, dass es dem modernen Denkenden nicht genügt, sich zu sagen: dies ist heute sittliche Zeitanschauung, und darum muss ich darnach handeln. Wie selbst ein flüchtiger Blick in die Geschichte der sittlichen Anschauungen lehrt, haben sich diese fortwährend verändert. Vielleicht sind die unseren sehr töricht und bedürfen dringend einer Revue vor dem Richterstuhl unseres Wissens und Denkens. Ganz gleich, wie sie entstanden sind, und ob sie heute Millionen unserer Mitmenschen heilig gelten: wenn sie dem widersprechen, was uns sonst als gesichertes Wissen und logisches Denken gilt, so müssen sie reformiert werden. Vielleicht sind die Sätze, welche uns als sittliche Normen gelten, höchst anfechtbar. Es genügt nicht, eine abgeklärte am Prüfstein moderner Psychologie erprobte Auffassung von dem sittlichen Willen und den sittlichen Motiven zu haben. Unser Geist verlangt sich Rechenschaft zu geben, wohin unser sittliches Streben denn eigentlich führt; er will sich klar sein über seine sittlichen Ziele. Und wenn ihn die Klarheit über diese zur Einsicht führen sollte, dass sie sein Streben nicht verdienen, der aufgewandten Mühe nicht würdig sind, dann nimmt er für sich das Recht in Anspruch, sie durch andere Ziele zu ersetzen und von ihnen aus die Normen zu revidieren, die ihm bisher als Richtschnur des sittlichen Lebens galten. Mit anderen Worten: der moderne Mensch braucht eine Begründung der Ethik, und zwar eine Neubegründung, und jetzt doppelt, nachdem Rousseaus Theoreme von der Gleichheit und Freiheit der Menschen von dem im Sturmschritt vorschreitenden Naturerkennen rücksichtslos ins Wasser gestossen worden sind. Nur der Arbeit Huxleys „Über die natürliche Ungleichheit der Menschen“ zu gedenken.*)

Ist dieses bestimmte Handeln auch nützlich? fragte man zuerst. Dann lautete die Frage: Nützlich wozu? Dieses „Nützlich wozu?“ ist bereits durch mehrere Phasen gegangen. Ist die Entsagungs- und Peinigungsmoral Kants auch nützlich? fragte sich Bentham, und er beantwortete die Frage mit Nein; denn er verstand unter nützlich: nützlich zur Förderung und Vervielfältigung menschlichen Glückes. Damit schuf er den Glücks-Utilitarismus, der durch den gedankengewandten Mill, wenigstens in England, man kann sagen, zur modernen Gesellschaftsphilosophie geworden ist, und sich durch

---

*) The natural inequality of man, Nineteenth Century Jan. 1890. Deutsch mit unwesentlichen Kürzungen in der Zukunft. 1894 No. 79 und No. 80.

Leslie Stephens Weiterbildung zum Sozialutilitarismus umgemodelt hat.

Worin das grösstmögliche Glück der grösstmöglichen Zahl besteht, das' ist nicht so leicht zu sagen. Man kann darüber sehr verschiedener Meinung sein. Die bisherigen Glücks-Utilitarier sind jedoch darüber keineswegs besonders uneinig gewesen. Sie alle stehen im Banne des humanen Ideals; ihnen allen ist eine friedliche Menschheit, in der jeder einzelne die „Rechte" der anderen achtet, das Ideal. Und selbst Spencer, der halb ausser ihrer Reihe tritt, gehört in diesem Sinne zu ihnen.

Nützlich zur Versittlichung der künftigen Menschheit? — fragte sich Wundt. Da schuf er seinen ethisch-intellektuellen Utilitarismus. Und: Nützlich zur körperlichen und geistigen Höherentwicklung der Menschheit? fragte der erste evolutionistische Moralphilosoph, als er den evolutionistischen Utilitarismus schuf. Solange man nur von moderner Moral spricht, kann man ihr allgemeines Kennwort „utilitaristisch" ebensogut weglassen. Im Gedanken sollte man sich seiner freilich immer bewusst bleiben. Trotz des gewaltigen Fortschritts der utilitaristischen Moral spricht man, namentlich im theologischen Lager noch immer von „platter Nützlichkeit" und glaubt damit den Utilitarismus zu töten. Mit demselben, ja mit grösserem Rechte, kann man von „platten Idealen" sprechen. Ist es denn wirklich so ausgemacht, dass eine durch Jahrhunderte fortgeschleppte Idee wie z. B. die Idee des Feudalstaates, deren geschichtliche Entstehung man vergessen hat, und die darum, auf keinen besonderen Grund gestützt, mit dem Gefühl des Glanzes verbunden, in zahlreichen Köpfen lebt als ein Ideal, dessen Verwirklichung es gilt —, dass ein solches Ideal etwas Höheres ist als die Erwägung, dass mit seiner Beseitigung aus dem Leben tausendfaches Elend verschwinden würde? Was anders hat in Wirklichkeit jede Hörigkeit in den Kulturstaaten abgeschafft als die Einsicht, dass die Befreiung ein Segen sein werde für Millionen? Die „platte Nützlichkeit" ist eine Phrase, mit der sich die Träumer an der Gewalt gerächt haben, die sie aus dem Schlafe aufgeschreckt und aus dem Sattel gehoben hat.

Der Versuch, eine Ethik aus dem „reinen Denken" herauszutaschenspielern, ist nun freilich nicht geglückt. Mit dem grösstmöglichen Glück der grösstmöglichen Zahl ist es nichts. Das sind Worte ohne Inhalt. Spencer hat sie in seinen Social Statics (1851) mitleidlos zermalmt. Nicht zwei Menschen können übereinstimmen, was nun wirklich das grösstmögliche Glück der grösstmöglichen Zahl sei, und doch sollte sich nach dem individualistischen Zuge der Zeit gerade jeder einzelne auf dieser Grundlage für jeden Fall eine Norm für das Handeln konstruieren. Es ist das einer der markanten Fälle, in denen der Individualismus vor lauter Ichheit zur Narrheit geworden ist. Die Thätigkeit des ethischen Gesetzgebers, der neue sittliche Normen findet, wurde direkt verwechselt mit dem privaten Handeln des einzelnen. Wie die religiöse Reformation des sechzehnten Jahrhunderts im Grunde das subjektive Empfinden zum Richter über die Wahrheit der Glaubenssätze gemacht hatte, so wollte die sittliche Reformation des neunzehnten dasselbe zum Richter darüber machen, was sittlich und was unsittlich sei.

* * *

Dem Glücksutilitarismus Benthams und seiner Nachfolger ist das Glück der einzelnen, und zwar möglichst vieler einzelnen, der Massstab des Sittlichen. Dem Sozialutilitarismus Leslie Stephens, der sich selbst Entwicklungsethik nennt, ist es das Wohl der Gesammtheit, die Gesundheit der Gesellschaft. Allerdings fallen die Ziele beider Richtungen annähernd zusammen, aber doch nicht ganz. Der Glücksutilitarismus summiert die Einzelglücke. Die Summe derselben zu mehren, ist sein letztes sittliches Ziel; der Sozialutilitarismus bestimmt sein Ziel des Gesammtwohles durch eine Analyse des sozialen Zellgewebes und fasst Sittlichkeit damit weit innerlicher. Nach ihm stehen soziale Lebenskraft und Sittlichkeit in notwendiger und unmittelbarer Beziehung. Ihm ist es Naturthatsache, dass Tugend und Glück keineswegs immer zusammen fallen, wie der Glücksutilitarismus glauben machen will.

In seinem Bestreben, das Wohl der Gesammtheit recht hoch zu stellen, vergisst Stephen freilich wieder, dass die Gesammtheit doch schliesslich aus lauter Individuen besteht, und dass man die Gesammtheit einzig dadurch verändern kann, dass man die Individuen verändert, aber nicht umgekehrt. In den Beziehungen der Individuen zu einander findet er den Schwerpunkt, den Punkt, der ihn von dem bisherigen Glücks-Utilitarismus scheidet und seine Lehre zum Sozial-Utilitarismus macht. Nicht der Staat und nicht das Individuum ist ihm die primäre Einheit, auf die der Prozess der sozialen Entwicklung wirkt, sondern diese ist das soziale Zellgewebe.

In seiner „Apologie eines Agnostikers"*) sagt Stephen geradezu: „Die Ethik muss geradesogut wie die politischen Wissenschaften auf eine induktive Grundlage gestellt werden, oder auf dieselbe Stufe mit denjenigen Wahrheiten, die, wenn sie sich nur ganz sicher feststellen liessen, eine Wissenschaft der Soziologie bilden würden.

*) An Agnostic's Apology, London 1893.

Innerhalb gewisser Grenzen können wir recht wohl feststellen, was die Wachstumsgesetze des sozialen Körpers selbst und was die Bedingungen sind, welche von aussen hinzutreten. Wir können recht wohl sehen, was die Triebe sind, die zu seiner Entwicklung und zu seinem Stillstand beitragen, und also auch die Gesetze feststellen, die, einmal erkannt und allgemein angenommen, zu seiner Gesundheit helfen werden. Ihr Festlegen bedeutet das Aufrichten eines neuen Moralkodex."

Stephen selbst hat diesen Moralkodex aber noch nicht aufgerichtet.

Das „Ziel" der natürlichen Entwicklung, d. h. der Punkt, bei dem diese endlich ankommen muss, ist, — das ist ihm fraglos — keineswegs das allgemeine Glück. Denn die Eigenschaft, welche einer Rasse das Überdauern sichert, braucht deswegen noch keineswegs eine Quelle von Vorteilen für jeden einzelnen, oder auch nur für die Durchschnittsmenschen zu sein. Hat doch auch das Tier, das der Fortführung seiner Art am besten angepasst ist, einen Vorteil im Wettbewerbe, obgleich es vielleicht für die Erreichung seines persönlichen Glückes weit weniger gut geeignet ist. Also entsteht und verfällt ein Instinkt nicht wegen seiner Folgen für das Individuum, sondern wegen seiner Folgen für die Rasse. Auch für die heute noch mögliche Sittlichkeit giebt Stephen die Naturwissenschaft eine deutliche Schranke. Wenn der Satz, „das ist eine üble Gewohnheit", einen Sinn haben soll, so muss vor allem die Voraussetzung dazu sein, dass der Organismus ohne den betreffenden Zug existieren kann. Dieser eine Satz führt aber schon weit. Er richtet die Verlästerung des Selbsttriebes, die Verlästerung der Geschlechtsliebe, kurz die Verlästerung alles die Gattung Bejahenden durch die mittelalterliche

Kirche. Er reisst dem „Altruismus“ die Krone der Absolutheit vom Haupte und macht die Hygiene zur höheren Macht gegenüber der Ethik.

Wie stellt sich Stephen aber zu dem Kulturproblem, das Darwin vernachlässigte?

Ist der Kulturfortschritt als die direkte Fortsetzung des Fortschrittes der Arten in der Natur zu betrachten? Stephen spricht es deutlich aus, dass den Veränderungen, welche die Zivilisation dem Leben der Wilden gegenüber geschaffen hat, keineswegs eine wesentliche, bedeutende oder auch nur entsprechende Verschiedenheit in den angeborenen Eigenschaften entspreche, die den Wilden vom zivilisierten Menschen schiede, sondern dass sie einfach in der Anhäufung geistigen und materiellen Reichtums bestehe. Für ihn ist der Fortschritt in der geschichtlichen Vergangenheit — denn dem in der Zukunft möglichen schenkt er nur geringe Aufmerksamkeit — ein einfacher Aufhäufungsprozess, wenn er auch an einer Stelle sagt: „Wie die Menschen denkender, teilnahmsvoller u. s. w. werden, bekommen sie neue Gefühle, die nicht nur einfache Urteile über bis dahin noch unerprobte Folgen sind, sondern ebenso direkt, gebieterisch und wesentlich wie irgend ein primitives Gefühl.“

Leslie Stephen's Wissenschaft der Ethik*) ist das bedeutendste theoretische ethische Werk der Gegenwart. Aus der Wechselwirkung zwischen dem einzelnen und der Gesammtheit nur erklärt sich das sittliche Bewusstsein. Da der Mensch nie als isoliertes Individuum vorkommt, so ist auch kein theoretischer Egoismus möglich, mit dem die englische Ethik so gern operierte und aus dem sie dann durch allerlei Kunststücke den Altruismus ableitete. Dass die Sittlichkeit im Laufe

*) The Science of Ethics, London 1882.

der Entwicklung ununterbrochenen Wandlungen unterliegt, ist Stephen bereits fraglose Voraussetzung. Aus dem Gefühl entspringt die sittliche Handlung; sittliche Ziele treten dann als Korrektiv und systematisierender Zug ein. Ganz unbewusst erhebt die Gesellschaft in ihrer Entfaltung zum Sittengebote, was ihr auf der betreffenden Stufe förderlich ist. Von den verschiedenen entstehenden Geboten werden durch natürliche Auslese des den Daseinsbedingungen am besten Angepassten, nur diejenigen mit einem nützlichen Effekt erhalten. Die gesellschaftlichen Bedürfnisse drücken in Gestalt eines Gesammtwillens auf jeden einzelnen. Die dadurch in der Mehrzahl entstehende normale Richtung des Handelns nennen wir Gewissen. Die Wechselwirkung des einzelnen und der Gesammtheit ist der Kern des Buches und der Ethik Stephens; sie führt ihn auch dazu, als sittliches Ziel das Wohl der einzelnen durch das selbständige Wohl der Gesammtheit als solcher zu ergänzen. Das soziale Zellgewebe ist ihm Selbstzweck und ist die Wirkung des ganzen Systems von Instinkten, die der Mensch als soziales und vernunftbegabtes Wesen besitzt. Die soziale Struktur der Gesellschaft ist von aussen nicht zu erklären. Die Instinkte des Individuums, wie sie durch den sozialen Faktor gemodelt werden, sind ihre Grundlage. In jeder Gemeinschaft zu einem bestimmten Zwecke werden die Gesetze nach diesem Zwecke eingerichtet. Bei der Menschheit hingegen, die dem organischen Zellgewebe entspricht und nicht einem einzelnen Organe, fehlt der von aussen dazu gebrachte Zweck. Nach einem solchen können ihre Gesetze demnach nicht eingerichtet sein. Sie sind aber auch nach keinem anderen Zwecke gebildet. Nur darum, weil die daseinstüchtigste Gesellschaft überlebt, können wir aus dem Vorhandensein einer Gesellschaft schliessen, dass sie die betreffenden Eigenschaften zum Überdauern besitze.

Das Sittengesetz bestimmt, als anwendbar auf alle Mitglieder der Gesellschaft, einige der wichtigsten Eigenschaften des sozialen Zellgewebes. Daraus, welche Eigenschaften in der Vergangenheit dazu geführt haben, eine Gesellschaft überdauern zu machen, können wir schliessen, welche Eigenschaften der Gesellschaft der Zukunft förderlich sein werden. Da stehen vor allem die individuelle Energie der Mitglieder, Mut und Intelligenz voran. Es wird oft geschlossen, dass zunehmende Intelligenz insofern schädlich auf die Rasse wirke, als sie die Feigheit im persönlichen Interesse fördere. Aber die blosse Thatsache, dass intelligente Rassen einen Vorsprung im Daseinskampf haben, beweist das als nichtig.

Ist das Gesammtwohl, die soziale Wohlfahrt, das absolute Endziel, dann folgt daraus unmittelbar, dass derjenige Menschentypus der höchste ist, der sich für dessen Erreichung am besten eignet. Die biologische Formel des einzelnen kann dagegen nicht mehr als Wertmesser gelten. Trotzdem ist Stephen gezwungen, um sein Gesammtwohl zu umschreiben, zu einem biologischen Bilde zu greifen. Die Gesundheit der Gesellschaft ist das Gesammtwohl, das er freilich nicht allzu genau definiert.

Das Zauberwort, mit dem Stephen eine unüberbrückbare Mauer zwischen dem Menschen und der übrigen Tierwelt aufzurichten versucht, ist das Wort „Sozial“. Er stellt sich an, als ob mit dem Eintritt des sozialen Elements in die Menschenwelt all die Naturgesetze, die bis dahin das Aufsteigen des Proanthropos aus der Säugetiergattung bedingt hätten, ausserkraft gesetzt seien, namentlich das der Auslese und das der Erblichkeit erworbener Eigenschaften, dessen Prinzip auch nach allen

Einschränkungen, die ihm Galton und Weismann gezogen haben, aufrecht erhalten bleibt. Hat doch auch Weismann im Laufe seiner wissenschaftlichen Entwicklung der Umwelt einigen Einfluss auf das Keimplasma zugestanden.

„Keine Theorie der Entwicklung", sagt Williams gegen Stephens einseitige Betonung der Umgebung nach der Geburt für die Entwicklung des Individuums, „die über das Individualleben hinausgeht und den Fortschritt der Gesellschaft als eines Ganzen betrachtet, kann das Element der Vererbung in diesem Fortschritt ausseracht lassen." *)

Was würde man sagen, wenn die Schilderung der Beziehungen der verschiedenen Hirsche und Hindinnen eines Rudels dargeboten würde als das Charakteristikum dieser Art? wenn die Entwicklung dieser Beziehungen zum Studium gemacht und die Erhaltung des in einem bestimmten Augenblick bestehenden sozialen Gleichgewichtes unter den Hirschen oder die Erzielung eines besonderen anderen sozialen Zustandes unter ihnen als das wünschenswerte Entwicklungsziel hingestellt würde? Würde das nicht jeder Unbefangene als eine verhältnismässige Nebensache der Frage gegenüber betrachten, wie die einzelnen Hirsche und Hindinnen biologisch selbst seien? Was ihre Organisation, welches ihre Fähigkeiten seien, wie ihre physischen Kräfte und ihre Klugheit im Laufe der Entwicklung zugenommen hätten und weiter zunehmen könnten?

Und beim Menschen soll das nun auf einmal anders sein? Da soll die Erreichung einer bestimmten Wechselwirkung zwischen den einzelnen, also ein bestimmter sozialer Zustand, das letzte sittliche Ziel sein?

Darin, dass Stephen sein selbständiges Gesammtwohl

*) Evolutional Ethics.

nicht als eine Steigerung der Fähigkeiten der Gattung Mensch definiert, sondern in sozialen Beziehungen findet, besteht sein Mangel, sein Zurückbleiben hinter dem Ziele, das der modernen Ethik durch die Fortschritte des Naturerkennens gesteckt ist. An diesem Punkte wäre der ethische Forscher zum ethischen Gesetzgeber geworden und hätte damit seine eigentliche Bahn verlassen, dafür aber die neue des ethischen Reformators betreten. Vielleicht wollte er, der Empiriker, dies absichtlich vermeiden, vielleicht war es ihm auch nur nicht geglückt, das erlösende Wort zu finden. Ist die Gesammtheit der Einzelwohle nicht mit dem Gesammtwohle identisch, worin besteht dieses dann? In der Hebung der menschlichen Gattung durch Auslese im Wettbewerb um die Daseinsmittel? Im Aufsteigen des Menschen von übermorgen über den Menschen von heute? Eine solche Antwort, von der man meinen sollte, dass sie gerade dem englischen Denken sehr nahe liege, ist doch in England nicht zuerst gefunden worden.

* * *

Auf Leslie Stephen fusst Wilhelm Wundt. Er versucht Stephens Sozialutilitarismus durch einen ethisch intellektuellen Utilitarismus zu ersetzen. Nicht mehr die sozialen Beziehungen der Menschen zu einander in ferner Zukunft, sondern ihr sittlicher Wandel und ihre geistigen Schöpfungen sind sein letztes sittliches Ziel, sein Ideal. Über den Glücksutilitarismus, oder wie er allgemeiner sagt, altruistischen Utilitarismus, ist er weit hinaus gewachsen: „Wie die Idee einer möglichst gleichen Verteilung relativen Wohlbefindens in der Gesammtheit der jetzt lebenden Menschen auf irgend jemanden, ausser etwa auf einen utilitarischen Philosophen, einen begeisternden

Einfluss ausüben und die viel näher liegenden Triebe des Egoismus und individuellen Wohlwollens besiegen soll, ist schlechthin nicht einzusehen.“ Das Glück einzelner, und seien es noch so viele, ist für Wundt nicht mehr der letzte Zweck, sondern nur Mittel zur Erreichung weiter zurückliegender und allgemeinerer Zwecke. Von der Familie lenkt er den Blick auf den Staat, das Volk, die Menschheit „und wo endlich auch diese Gemeinschaften unserem in die Zukunft gerichteten Blick verschwinden, da leben wir der Zuversicht, dass die humanen sittlichen Zwecke, in denen schliesslich alles Einzelne aufgeht, niemals verschwinden werden.“ *) Diese Zwecke sind „objektive geistige Werte, welche aus dem gemeinsamen Geistesleben der Menschheit hervorgehen, um dann wieder auf das Einzelleben veredelnd zurückzuwirken, nicht damit sie sich hier in eine objektiv wertlose Summe von Einzelglück verlieren, sondern damit aus der schöpferischen Kraft individuellen Geisteslebens neue objektive Werte von noch reicherem Inhalte entstehen“ **). Bemisst sich unsere sittliche Schätzung von vergangenen Menschen und Völkern doch „nach dem, was sie für die gesammte Entwicklung der Menschheit in alle Zukunft hinaus geleistet haben“. Nur um die Hervorbringung allgemeiner geistiger Schöpfungen kann es sich also handeln, deren Zweckobjekt der allgemeine Geist der Menschheit ist. Für jede Zeit bestehen die erreichten sittlichen Zwecke in der gesammten sittlichen Kultur der Gegenwart. Der nächste Zweck der Sittlichkeit ist die fortschreitende sittliche Vervollkommnung der Menschheit, ihr letzter Zweck, der in Wirklichkeit nie erreichbar also idealer Natur ist, die absolute sittliche Voll-

---

*) Ethik[1] 431.

**) ebenda.

kommenheit der Menschheit. Dieses ethische Ideal besteht in der Entwicklung aller menschlichen Geisteskräfte, ihrer individuellen, sozialen und humanen Bethätigungen in der Richtung, dass das Allgemeine, die Rücksicht auf das umfassendste Lebensgebiet, immer mehr zur Richtschnur des Handelns wird, und in der Ausrottung der Willensrichtungen, welche ihnen entgegenwirken, ebenso wie der Willensschwäche. Der Entwicklungsprozess der Gesellschaft aber besteht ihm nicht darin, dass*) „dieselbe mehr und mehr einer völligen Auflösung in gleichartige Elemente entgegengeht; sondern der Fortschritt des sittlichen Lebens führt im Interesse der grösser werdenden Mannigfaltigkeit der sittlichen Aufgaben und Bestrebungen eine immer vollkommenere und mannigfaltigere Gliederung herbei."

Wundt nennt das Streben nach Aufhebung der individualistischen Tendenz der Ethik einen allgemeinen Zug der Zeit, welchem der einzelne sich kaum entziehen könne. An einer anderen Stelle**) spricht er es aus: „der Mensch individualisiert sich aus einem Zustande sozialer Indifferenz heraus; aber er individualisiert sich nicht, um sich bleibend von der Gemeinschaft zu lösen, aus der er hervorging, sondern um sich ihr mit reicher entwickelten Kräften zurückzugeben." Den schärfsten Nachdruck legt Wundt gleich Stephen und ihm darin folgend auf das Gesammtbewusstsein und den Gesammtwillen, d. h. auf die thatsächlich vorhandene Gemeinschaft gewisser Vorstellungen und Willenstriebe in allen Gliedern einer bestimmten Menschengruppe. Sie sind nicht als etwas ausserhalb aller Einzelbewusstseins und Einzelwillen zu denken, sondern nur eine Bezeichnung

*) Ethik[1] 539.
**) Ethik[1] 389.

für das allen gemeinsame Typische. Die schöpferische Kraft ist immer der einzelne. Das Gesammtbewusstsein giebt den Schöpfungen desselben aber erst die Resonanz und zugleich die Dauer, sobald es die Schöpfung des einzelnen zum bleibenden Erwerb der Gesammtheit macht. Sprache, Sitte und religiöse Vorstellung sind die primitivsten geistigen Dokumente für Gesammtbewusstsein und Gesammtwillen. Gerade durch die Betonung dieser unaufhörlichen Wechselwirkung zwischen dem einzelnen und der Gesammtheit ist Stephens und Wundts Lehre aller Individualethik unendlich überlegen. Die neuere Glücks-Utilitätsmoral vor Stephen nimmt kaum irgend welche Rücksicht darauf, was von dem, was er geistig ist, der einzelne der Gesammtheit schuldet. Je weiter wir in der Geschichte zurückgehen und uns den Anfängen der Sittlichkeit und der Sitte nähern, desto bedeutsamer werden Gesammtwille und Gesammtbewusstsein, denn desto kleiner, unbedeutender werden die Eigenheiten, durch die sich der einzelne vom Durchschnitt unterscheidet.

Wundt giebt diesem Gedanken, hier wieder auf Stephen fussend, folgende Fassung: „Alle jene Fiktionen müssen vor der einfachen Thatsache verschwinden, dass der isolierte individuelle Mensch, den sie voraussetzen, in keiner Erfahrung existiert und zweifellos nie in einer solchen existiert hat. Wir kennen den Menschen nur als ein soziales Wesen, gleichzeitig beherrscht von einem Einzelwillen und einem Gesammtwillen; und nichts spricht dafür, dass dieser erst aus jenem entstanden sei. Vielmehr ist die relative Verselbständigung des Einzelwillens immer nur ein Resultat später Entwicklung. Wie das Kind seines individuellen Willens allmählich erst inne wird und langsam nur aus seiner Umgebung heraus, von der es sich selbst kaum unterscheidet, zur individuellen Persönlichkeit sich entwickelt, so ist auch im Naturzustande das gemeinsame Empfinden, Wollen und Denken das Vorherrschende." *)

Als sittliche Ziele, oder, wie er sie nennt, Zwecke stellt Wundt die sittliche Selbstbeglückung und Selbstvervollkommnung, die allgemeine Wohlfahrt, den öffentlichen Fortschritt und die sittlichen Lebensideale hin. In den letzteren sieht er die letzte Quelle unserer sittlichen Handlungen, mindestens steht ihm eine Sittlichkeit, die vorwiegend aus diesen entspringt, am höchsten.

Die Selbstvervollkommnung zu individuellen Zwecken nennt er sittlich wertlos, während ihm die Selbstvervollkommnung zu allgemeinen Zwecken als sittlich bedeutsam erscheint. Die Selbstvervollkommnung kann sich ihm nur auf die Vervollkommnung von Leistungen beziehen, und da fragt es sich wieder, welchem Zwecke diese dienen. Selbstbeglückung und Selbstvervollkommnung, ins Allgemeine übertragen, werden für ihn zur öffentlichen Wohlfahrt und zum allgemeinen Fortschritt, und, auf die ganze Menschheit übertragen, zur sittlichen Vervollkommnung der Menschheit, und damit zum letzten sittlichen Ideal, dem wir uns wohl nähern, das wir aber niemals erreichen können. Sobald eine Stufe erstiegen ist, rückt das Ideal ganz von selbst eine weitere höher.

Gegenüber Stephens sozialem Zukunftsziel bezeichnet Wundt sein sittlich-geistiges Ziel der Ethik als das sittliche Ideal.**) „Die Ethik, will sie nicht an einzelnen äusseren Erscheinungsformen des Sittlichen kleben bleiben, sondern den letzten und dauernden Quellen desselben nachgehen, muss als die unvergänglichste, allen indivi-

*) Ethik[1] 389.

**) Ethik[1] 527.

duellen und sozialen Strebungen selbst wieder die Richtung gebende Triebkraft des sittlichen Lebens den Trieb nach einem Ideal anerkennen, zu welchem die durch die sittliche Handlung geschaffene Wirklichkeit hinstrebt, ohne es jemals erreichen zu können. Damit wird das Ideal zu einem transscendenten und doch in den sittlichen Trieben selbst überall dem menschlichen Geiste immanenten, in der Entwicklung des sittlichen Geistes seiner Erfüllung in unbegrenztem Fortschritte sich annähernden."

An Wilhelm Wundts Ethik knüpfte sich gleich nach ihrem Erscheinen 1886 ein eigentümliches Ereignis, das die Aufmerksamkeit auf sie lenkte. In den Preussischen Jahrbüchern hatte ein Jurist namens Hugo Sommer in einem Aufsatz „Der ethische Evolutionismus Wilhelm Wundts" Wundts Lehre gröblich entstellt, seine Aussprüche verdreht und war dann gegen den so selbst geschaffenen Popanz weidlich losgezogen. Wundt antwortete scharf, und als Hugo Sommer daran eine weitere Replik knüpfte, warf Wundt ihm eine „moralphilosophische Streitschrift" „Zur Moral der literarischen Kritik" an den Kopf, die seinen Kritiker literarisch vernichtete. Die Folge davon ist gewesen, dass die ferneren Besprechungen des Buches im Ganzen ausserordentlich zahm waren, und die Punkte, die einen Streit herauszufordern schienen, kaum klar und scharf hervorgehoben wurden.

Wenn die letzten Ziele nur in der Hervorbringung allgemeiner geistiger Schöpfungen bestehen können, an denen das Einzelbewusstsein zwar teilnimmt, deren Zweckobjekt aber der allgemeine Geist der Menschheit ist, dann liegen sie also ausserhalb der Menschensumme der fernsten Zukunft, sind von ihr unabhängig und bleiben auch bestehen, wenn der letzte Mensch zugrunde gegangen ist? Wenn das ethische Ideal, d. h. die absolute sittliche Vervollkommnung der Menschheit, hingegen der letzte Zweck ist, dann ginge er doch mit dem letzten Menschen zugrunde? Hier versagt dem grössten lebenden Philosophen Deutschlands seine Geistesschärfe, weil er seine Ethik doch nicht genügend vom Standpunkt der exakten Naturwissenschaft und speziell der Entwicklungslehre revidiert hat. Über den springenden Punkt geht er mit einem sentimentalen Satze hinweg: „Eine Vorstellung giebt es, die wir, selbst wenn wir ihre Verwirklichung in Jahrtausende verlegt denken, immer unerträglich finden würden: dies ist der Gedanke, dass die Menschheit mit ihrer gesammten geistigen und sittlichen Arbeit überhaupt spurlos vom Erdboden verschwände, und dass von allem dem absolut nichts, nicht einmal in irgend einem Bewusstsein eine Erinnerung zurückbliebe.“ Ist denn dieses einstige Verschwinden der Menschheit für uns nicht sicheres Wissen? Einst war kein Leben auf unserem Stern; es hat sich erst entwickeln müssen. Wie sollte es nicht auch wieder der Vernichtung anheimfallen? Ich kann in diesem Gedanken so wenig etwas Schreckliches, etwas Unerträgliches finden, wie in dem Gedanken, einst, lange ehe die Zersetzung aller stickstoffhaltigen Kohlenstoffverbindungen auf unserem Stern beginnt, als Pflanze zu blühen oder als Schmetterling zu fliegen. Es ist nur der natürliche Verlauf alles irdischen Geschehens. Deswegen uns heute Unbehagen zu schaffen, weil die Menschheit ja doch einmal zugrunde geht, ist nicht klüger als sein Individualleben zu vertrauern, weil man ja doch einmal sterben muss. Vor uns, in der Ferne, liegt das sichere Aufhören, das ist keine Frage. Die Frage ist nur: was thun wir am besten in der Zwischenzeit?

Wenn man freilich der Meinung Wundts ist, es sei

die Ethik, die zu den Fundamenten einer allgemeinen Weltanschauung die wichtigsten Grundsteine beizutragen habe, und deshalb sei es nicht erspriesslich, die Moralphilosophie auf Metaphysik zu gründen, so kann man von dem Untergang der Menschheit absehen. Allerdings ist es schwer einzusehen, wie man noch meinen kann, die Metaphysik setze bereits die ethische wie die naturwissenschaftliche Betrachtung voraus, und es sei darum ihre Aufgabe, jene beiden Formen der Weltordnung in eine innere Übereinstimmung zu bringen und auf diese Weise eine Weltanschauung zu begründen, welche den Bedürfnissen unseres theoretischen Erkennens und den Forderungen unseres sittlichen Bewusstseins gleichmässig gerecht werde. Ist das Erkennen von dem, was ist, wirklich teilweise von der ethischen Anschauung von dem, was wir uns als Norm des Handelns setzen, abhängig? Haben sich nicht vielmehr die blinden Normen unseres Handelns völlig dem Korrektiv unseres Erkennens zu beugen? Das umgekehrte Verhältnis wenigstens, das Platos Philosophie völlig beherrscht, wird heute niemand mehr als zurecht bestehend anerkennen.

Während Wundt allerdings darin ganz recht hat, dass sich das sittliche Handeln nur aus seinen Thatsachen verstehen lässt, so irrt er doch, wenn er meint, aus dem Inhalt dieser Thatsachen, der zum grossen Teil noch das Erbteil aus einer von mythologischen und sonstigen tollkühnen Spekulationen durchtränkten Zeit ist, zu sittlichen Zielen gelangen zu können, die vor dem Forum des Naturerkennens auf seiner heutigen Stufe standzuhalten vermögen. Nur objektives Erkennen, das von keinem ethischen oder metaphysischen Wunsche getrübt ist, kann uns die Grundlage für dauernde sittliche Ziele, für ein dauerndes sittliches Ideal geben. Sobald wir unseren heutigen ethischen Wünschen dabei überhaupt noch eine, wenn auch noch so bescheidene, Mitwirkung einräumen, wird das Ergebnis immer nur ein Kompromiss sein; im besten Falle einer, der gegenüber den alten Zielen der christlich-demokratisch-humanen Ethik einen Fortschritt in der Richtung nach einem naturwissenschaftlichen Ideal bedeutet.

Wundts letztes Ziel innerhalb der Menschen ist eine Menschengemeinschaft, in der die unsittlichen Ziele, sittliche Schwäche und sittliche Bosheit, ausgerottet sind oder doch in fortschreitendem Masse vermindert werden und in der die soziale und humane Bethätigung der menschlichen Geisteskräfte die individuelle Bethätigung derselben in den Schatten stellt. Wenn die Menschheit aber doch zugrunde geht, wozu soll uns dann in aller Welt daran liegen, dass sie im Augenblicke ihres Aussterbens etwas sittlicher sei als jetzt, d. h. dass ihre Handlungen dann unseren christlich-demokratischen Idealen von heute etwas mehr entsprechen? Aus der Entwicklung des Lebens auf der Erde lässt sich etwas derartiges nicht ableiten. Mit der Art, wie sich bis jetzt nach unserem besten Wissen das Leben aufwärts entwickelt hat, lässt es sich nicht einmal vereinigen. Indem es die Untüchtigen aufkosten der Tüchtigen bevorzugt, ihnen eine Stellung einräumt, die sie im Naturhaushalt keineswegs besitzen, widerspricht es ihr direkt. Und ein Ideal, das dem Stufengang des Lebens auf der Bahn allmählicher Entfaltung ins Gesicht schlägt, soll das letzte Ideal der Menschheit, soll kein Idol sein?

An der sittlichen Vollkommenheit unserer Mitmenschen nehmen wir schwerlich soviel Anteil wie an ihrem Glücke; wie sollten wir dazu kommen, uns um den sittlichen Wandel unserer Ururenkel sonderlich zu kümmern, ja unser Handeln durch die Rücksicht auf ihn beeinflussen zu lassen? Ganz abgesehen davon, dass wir riskieren müssen, dass sie vielleicht einen ganz anderen Begriff von dem haben, was sittlich ist, und unser Handeln, das darauf abzielte, sie in unsere Bahnen zu ziehen, als unsittlich verdammen. Wundts sittlich-geistiger Utilitarismus ist als ein verzweifelter Versuch zu betrachten, über den Glücks- und Sozial-Utilitarismus der modernen englischen Moralphilosophie hinaus zu kommen, und wie die meisten verzweifelten Versuche, als ein Versuch mit unzureichenden Mitteln. Trotzdem hätten zureichende Mittel sehr wohl in seinem Bereiche gelegen: war doch Darwins Entwicklung der Arten schon 1859 erschienen. Statt zum ethischen Utilitarismus hätte er den Glücks- und Sozial-Utilitarismus nur zum evolutionistischen Utilitarismus umzubilden brauchen, indem er für das grösste Glück der grössten Menschenzahl oder die soziale Wohlfahrt der fernen Zukunft die unablässige körperliche und geistige Höherentwicklung der Menschheit als letztes sittliches Ziel einsetzte und aus diesem Ideal neue sittliche Normen abzuleiten versuchte.

Das am schärfsten unterscheidende Merkmal der verschiedenen sittlichen Welten sind die sittlichen Ziele. Und zwar stehen sich unter jenen zwei grosse Gruppen gegenüber, lebenbejahende und lebenverneinende, oder wie sie Nietzsche nennt, Herrenmoral und Sklavenmoral. Indem die Entwicklungsethik in der Hebung der menschlichen Rasse ein neues sittliches Ziel auf den Plan führt, tritt sie deutlich auf die Seite der lebenbejahenden Herrenmoral, während die christlich-demokratische Ethik ihrem innersten Kern nach lebenverneinende Sklavenmoral ist. Diese Erkenntnis ist aber erst vorgestern gereift.

Noch Leslie Stephen beginnt sein grosses Werk über

die Wissenschaft der Ethik mit der Betrachtung, dass trotz aller verschiedenen Theorien der Philosophen die Menschen, und mit ihnen die Philosophen, in dem, was man wirklich zu thun habe, mindestens annähernd einig seien.

Wundt erklärt den Begriff der Norm sogar für ungeeignet für eine Klassification der Moralsysteme und zwar ebenfalls ausgehend von der Überlegung, dass sich bei näherer Prüfung der materielle Inhalt der meisten der ihm vorliegenden „Sittengesetze" als ein fast übereinstimmender erweise, und er fügt hinzu: „Aus dieser Bemerkung kann man die tröstliche Zuversicht schöpfen, dass es sich hier überall nur um einen Streit der Theorie, nicht um einen solchen des praktischen Lebens handelt. Darüber, was sittlich sei, ist man im allgemeinen einig, nur über das warum und wozu gehen die Meinungen auseinander." *) Ist das wirklich der Fall? Solange man sich auf das literarisch fixierte Material der geschichtlichen Vergangenheit in seinen Beobachtungen beschränkt, allerdings annähernd, und wenn man nur die philosophischen Systeme berücksichtigt statt der sittlichen Anschauungen, die zu verschiedenen Zeiten in den Massen lebten, noch in höherem Grade. Aber schon in geschichtlicher Zeit giebt es tiefgreifende Unterschiede in den Systemen: nur an Platos Aussetzen schwächlicher Kinder und das sorgsame Erhalten jedes flackernden Lebensflämmchens heutzutage zu erinnern. Und der Zweikampf? Und der Krieg? Trotzdem ist jener Ausspruch für das enge Feld, für das er gethan worden ist, innerhalb gewisser Grenzen zutreffend. In der ganzen Zeit, auf die er sich bezieht, ist kein so gewaltiger neuer geistiger Faktor in die Anschauungswelt irgend einer Zeit ein-

*) Auch Arthur James Balfour ist in seinem Aufsatze Naturalism and Ethics (International Journal of Ethics, Juli 1894) noch dieser Meinung.

getreten wie die Entwicklungslehre. Sobald man die Folgerungen miteinschliesst, die für das sittliche Handeln aus ihr schon gezogen worden sind und sich weiterhin unmittelbar ergeben, gilt jener Satz nicht mehr. In ihrem Kern verstanden und ohne Deutelei konsequent auf das Leben angewandt, lehrt die Entwicklungslehre thatsächlich eine neue Ethik, giebt neue Normen für das Handeln, die sich namentlich von der christlichen und humanen Ethik scharf unterscheiden und den heute in den Gebildeten der Kulturvölker lebenden sittlichen Anschauungen ganz wesentlich näher stehen als der papierenen Ethik philosophischer Systeme.

Hinsichtlich der Normen des Handelns stellt sich Wundt ganz auf den Boden der geltenden Ethik. Seine sechs Sittengebote, in die er seine Anschauungen darüber zusammenfasst, sind ein scharfer und in ihrer Unfassendheit und Einfachheit grossartiger Ausdruck dessen, was heute in den Schichten der Denkenderen als sittlich gilt. Andrerseits kann sie jeder Spiessbürger unterschreiben. „Denke und handle so, dass dir niemals die Achtung vor dir selber verloren gehe. — Erfülle die Pflichten, die du dir und andren gegenüber auf dich genommen. — Achte deinen Nächsten wie dich selbst. — Diene der Gemeinschaft, der du angehörst. — Fühle dich als Werkzeug im Dienste des sittlichen Ideals. — Du sollst dich selbst dahingeben für den Zweck, den du als deine ideale Aufgabe erkannt hast. — Und doch enthalten diese sechs Sätze tausend Strahlen, die über den sittlichen Stand der Gegenwart hinausführen! Und doch wird niemand behaupten wollen, dass, was sie gebieten, heute auch nur annähernd schon zur Thatsache geworden sei! Wie anders würden wohl die sittlichen Anschauungen, mit denen die meisten Menschen heute ins selbständige

Leben eintreten, beschaffen sein, wenn jene sechs Sittengebote anstatt der alten mosaischen zehn in den Schulen gelehrt würden! Stellen sie nicht doch eine unendlich höhere Form der Sittlichkeit dar? Befällt wirklich noch so wenige ein Schauder, wenn sie einen sieben- bis achtjährigen Kindskopf lernen hören: du sollst nicht stehlen; du sollst nicht töten; du sollst nicht ehebrechen?

Trotz alledem sind Wundts sechs sittliche Normen schwerlich der Ausgangspunkt einer neuen ethischen Entwicklung, so musterhaft sie sein mögen als Zusammenfassung des Besten, was auf dem ethischen Gebiete in den letzten 2300 Jahren geleistet worden ist. Zum Ausgangspunkt einer neuen ethischen Entwicklung sind sie, um es platt auszudrücken, nicht gefährlich genug, wenn sie auch dem Kritiker Wundts in den Preussischen Jahrbüchern vor acht Jahren bereits allzu gefährlich dünkten. Es ist das Merkmal neuer ethischer Offenbarungen, um einen mythologischen Ausdruck im Sinne geistigen Bewusstwerdens zu gebrauchen, dass sie die ethischen Anschauungen der Zeit in ihrer Tiefe aufrühren und zu heftiger Reaktion veranlassen, dass sie in die Zeit klingen wie die Sturmglocke in die Nacht, dass sie alles Bestehende umzustürzen *scheinen*, Parteien schaffen, das Wutgeheul der in ihren bisherigen Rechten Verkürzten heraufbeschwören und Gefahr zu bringen *scheinen*, obwohl sie in Wirklichkeit nur Erlösung aus einer der Unerträglichkeit nahen Gesellschaftsphase bringen. Einen solchen Aufruhr gab es, als Sakyamuni Buddha die Stufenfolge des heiligen Lebens des Brahmanismus angriff; einen solchen Aufruhr gab es, als der Rabbi Jehoschuah von Nazara mit neuen sittlichen Idealen gegen die jüdische Volksethik wie gegen die Gebildetenethik ins Feld trat. —

Wundt ist ethischer Systematiker, nicht ethischer Gesetzgeber. So kann es ihm passieren, dass er den Boden, auf dem er steht, für den einzig möglichen „für den absoluten Boden aller Ethik“ hält. Ethik ist ihm identisch mit humaner Ethik, oder wie wir besser sagen, mit christlich-demokratischer Ethik. Denn im Grunde sind Stolz und Starrköpfigkeit, ebenso „menschlich“, ja vielleicht „menschlicher“ als Nächstenliebe. Wundt selbst bezeichnet seine Lehre als Evolutionismus und wahrscheinlich genauer als idealistischen Evolutionismus. Ob ganz mit Recht, ist eine andere Frage. Wir denken bei dem Worte Evolutionismus sofort an die Entwicklungslehre, die sich für uns an die Namen Darwin und Häckel knüpft; zu dieser selbst verhält sich Wundt aber, offenbar absichtlich, durchaus neutral. Er beschränkt sein Gesichtsfeld ausdrücklich auf die Zeit, die wir im engeren Sinne Geschichte nennen, und vermeidet jeden Ausblick auf unsere Entwicklung vom Moner zum Menschen, und folglich auch jeden Ausblick auf eine Entwicklung über den Menschen von heute hinaus in diesem Sinne.

Zu den Ethikern des Darwinismus zählt Wundt nicht. Aber man kann noch weitergehen: nicht jede Lehre, die von Veränderungen in geschichtlicher Zeit spricht, wird man als Evolutionismus bezeichnen können. Hätte ein Gott die Welt an einem bestimmten Datum „geschaffen“, was immer man sich unter diesem Worte denken mag, und leitete er sie nun ein Stück weiter, oder leitete er sie auch nicht, bis er einst, nachdem eine grosse oder kleine Anzahl Menschen das Aufnahmeexamen für die Ewigkeit bestanden, sie vernichtete (das kann doch das Untergehen bloss besagen), dann könnte man die Lehre von diesen Vorgängen gewiss nicht Evolutionismus nennen; denn das wesentliche Merkmal der Entwicklung fehlt ihr: das Aufsteigen von einfachen zu zusammengesetzteren Formen, die die naturnotwendigen Funktionen besser oder vollkommener besorgen als jene. Wundt glaubt nun fraglos an einen „sittlichen Fortschritt“ und tritt an vielen Stellen seines Buches, und fast noch stärker in seiner Streitschrift „Zur Moral der literarischen Kritik“, begeistert für denselben ein. Indessen definiert er den sachlichen Inhalt von dessen letztem Ziele doch nirgends so genau, dass man ganz sicher wäre, das, was Wundt „Fortschritt“ nennt, sei auch vom Gesichtspunkt des Darwinismus so zu nennen, d. h. im Sinne der Kraftbereicherung, der Variierung der Daseinsformen, des Wachsens der Lebensfreude, der Entstehung eines (biologisch) höheren Typus Mensch in demselben Sinne, wie wir den Menschen heute bereits höher organisiert als das Tier nennen.

Der physiologische Utilitarismus.

Wie autoritär, mit wie verpflichtender Gewalt, ein Sittengebot auch zu bestimmter Zeit auftreten möge, und wie stark seine Würde auch im allgemeinen Gefühl eine Stütze finde, es ist wie alle Ethik doch schliesslich nur relativ, kann keinerlei absolute Giltigkeit beanspruchen. Damit wankt auch die Bedeutung — und der Hochmut — der Gesinnung, von der es getragen ist. Diese Gesinnung, die Empfindung, dass ein Gebot hoch und heilig, über alles andere erhaben sei, giebt keinerlei Sicherheit, dass es auch nur dauernd Nutzen schaffe. Die Gesinnung an sich ist also von zweifelhaftem Werte. Höchstens soweit sie eine gewisse Bürgschaft dafür bietet, dass die Handlungen ihres Trägers eine gewisse Richtung haben werden, hat sie sittlichen Wert. Mit diesen Ausführungen hat Spencer seit Lessing die gewaltigste Bresche in das dogmatische protestantische Denken geschossen. Gegenüber der katholisch-christlichen Utilitätsmoral des fünfzehnten Jahrhunderts betonte das Luthertum die Gesinnung. Wie einst Anselm von Canterbury gelehrt hatte, dass der Mensch durch seine Sünden verloren und nur durch Gottes Gnade zu retten sei, dass er sich durch frommes Handeln selbst nicht retten könne, sondern an seiner Erlösung höchstens insofern mitzuwirken imstande sei, als er an die Gnade Gottes und die Gnadenmittel der Kirche glaube, so dachte Luther von den Werken gering und von der Gesinnung hoch. Und hinter diese Gesinnung, hinter den Glauben, hat sich seitdem die protestantische Kirche in all ihren Argumentationen verschanzt, obgleich gerade diese Dinge doch nur einen tertiären Wert für die Entwicklung des Geisteslebens besitzen, wenn man selbst von ihrer verschwindenden Bedeutung für alle sozialen und kulturellen Bestrebungen absehen will. Herbert Spencer hat mit der Aufzeigung dieser Gebrechen in die Mauer ein gewaltiges Loch gebrochen, das sich wahrscheinlich nie wieder verstopfen lassen wird. Mit der Entwertung dieser protestantischen Fragestellung hat er Platz geschaffen für eine neue.

Kein Ethiker vor Spencer hat so nachdrücklich betont, dass sich die sittlichen Vorstellungen mit den veränderlichen Lebensbedingungen unausgesetzt verändern; niemand hat vor ihm so schlagend gezeigt, dass unsere heute lebendige Ethik keinerlei Anspruch auf den Namen einer absoluten, für immer und ewig geltenden sittlichen Norm habe, wenn sich auch eine nahezu allgemeine Verurteilung einiger auffallend schädlicher Handlungen wenigstens für die geschichtliche Zeit feststellen lässt. Gerade dieser Schlag musste aber erst gegen die herrschende Sittlichkeit geführt sein, ehe der Boden für eine neue Ethik bereitet war.

Die moralischen Gebote stammen aus den verschiedenartigsten Quellen, aber auch unter den herrschenden Moralgeboten schon finden sich solche, die im Einklang mit solchen Regeln der Lebensführung entstanden sind, welche das Überdauern der Tüchtigsten gefördert haben. Die verschiedenen Quellen entsprungenen Moralgebote geraten häufig in Konflikt mit einander. Ein weiterer Konflikt kommt zustande bei der Übertragung der Moralgebote eines Stammes auf einen andern, wie z. B. bei der Verchristlichung der germanischen Stämme. Was dem sittlichen Ideal einer Zeit entsprach, nannte sie vollkommen. Mit der leeren Schale der Vollkommenheit haben die verschiedensten Zeiten ganz verschiedene Begriffe verbunden. Die Kalokagathia des Griechen besteht in etwas Andrem als die Vollkommenheit des Asketen, der seine Lebensfunktionen auszutöten sucht. Was man einst als Engelhaftigkeit pries, ist uns heute Hysterie. Die mittelalterliche Kirchenphilosophie schloss in ihren Begriff der Vollkommenheit einem Gottesbeweise zuliebe sogar die Existenz ein.

Es ist ausserordentlich bezeichnend für die Art, in welcher neue geistige Errungenschaften auf verwandten Gebieten Boden fassen, dass die Entwicklungslehre bei Spencer nur in ihren Äusserlichkeiten auf die Ethik eingewirkt hat, dass ihr gesammter Apparat an neuen Begriffen und neuen Ausdrücken bei ihm bereits in diese Wissenschaft übergegangen war, ehe sie die sittlichen Ideale beeinflusste.

Wundt nennt Herbert Spencers Philosophie subjektiven Evolutionismus; aber Spencers philosophisches System ist nicht aufgebaut auf dem Grundgedanken der Entwicklungslehre. Es ist wahr, dass Spencer deren Gedanken schon erfasst und ausgesprochen hatte, ehe Darwins bahnbrechende Arbeiten erschienen waren; es ist auch wahr, dass in Spencers Ethik die Idee der Entwicklung sehr häufig vorkommt; aber es ist nicht wahr, dass sie ihr Grundgedanke sei, oder dass Spencer ihr auch nur die Richtung seiner Ethik entlehnt habe. Ehe aber die letzten sittlichen Ziele eines Moralsystems nicht identisch sind mit dem, was uns die Entwicklungslehre als die Zukunft der Menschenrasse zeigt, — ganz abgesehen von allen unseren Wünschen — eher hat man kein Recht, das Moralsystem ein evolutionistisches im Sinne des Darwinismus zu nennen. Dass jemand heute in einem wissenschaftlichen Werke mit den Faktoren der Anpassung und Vererbung rechnet, macht ihn noch nicht zu einem Entwicklungsethiker. Anpassung und Vererbung werden von Spencer weitgehend berücksichtigt, der durch sie hervorgerufene Fortschritt der Gattung jedoch in keiner Weise. Er findet höchstens als intellektueller Fortschritt eine schwächliche Berücksichtigung, insofern mit diesem ein sittlicher Fortschritt parallel geht.

S. Alexander hat in seinem Buche „Moralische Ordnung und Fortschritt" *) 1889 darauf hingewiesen, dass gegenwärtig der englische Utilitarismus in eine Ethik der Entwicklung übergehe. Dadurch dass im Utilitarismus notwendigerweise das Zukünftige eine ziemliche Rolle spielt, kommt ein äusserliches Moment herein, dass schon ganz nahe ans Evolutionistische streift. Kein anderer Name ist mit diesem Übergang so eng verknüpft wie der Herbert Spencers. Während mehr als vierzig Jahren hat er auf diesem Gebiete gearbeitet. Seit seiner Sozialen Statik von 1851 bis zu der sechsteiligen Ausgabe seiner Grundzüge der Ethik im Sommer 1892 **) hat er ihm seine Teilnahme zugewendet, und obwohl ihn das Alter ein wenig konservativer gemacht hat, so ist er doch im Ganzen auf der gleichen Bahn vorwärts geschritten.

*) Moral Order and Progress.

**) The Principles of Ethics. (Vol IX and X of A System of Synthetic Philosophy)

Vol I {
Part I: The Data of Ethics. 1874. (2d ed. 1879).
„ II: The Inductions of Ethics. 1892.
„ III: The Ethics of Individual Life. 1892.

Vol II {
„ IV: Justice. 1891.
„ V: Negative Beneficence. 1891.
„ VI: Positive Beneficence. 1891.

Auch Spencer steht jenseits des Glücksutilitarismus. In seiner Sozialen Statik 1851 ist er gegen denselben heftig zufelde gezogen. Er ist physiologischer Utilitarier, wenigstens in der Theorie; in seinen thatsächlichen sittlichen Zielen vertritt er den humanen Liberalismus oder die liberale Humanität. Anstelle des grösstmöglichen Glückes der grösstmöglichen Zahl setzt er das Leben, die Steigerung des Lebens in jeder möglichen Hinsicht.

Die natürliche Entwicklung geht darauf hinaus, das Leben unendlich zu mehren, zu steigern, zu vermanigfaltigen. Im Einklang mit dieser Tendenz handeln, heisst ihr Ziel fördern, und das Glücksgefühl, das sich mit dem reichstenfalteten Leben naturgemäss verbindet, ist das notwendige Ergebnis eines sogearteten Strebens, wie schliesslich auch ihr letztes Ziel. Ist das erste Gebot der Tierethik „Fliehe den Schmerz", so ist das zweite: „Suche Glück, suche Steigerung des Lebens." Anstatt nun aber den wichtigsten Faktor in der Steigerung des Lebens in der Natur: die natürliche Auslese, auch zum wichtigsten Faktor bei seiner Steigerung des Lebens zu machen, sucht Spencer dieser vielmehr krampfhaft aus dem Wege zu gehen und versteift sich auf Anpassung und Vererbung erworbener Eigenschaften, denen nach den neueren Forschungen Galtons und Weismanns die ihnen hier beigelegte Bedeutung ganz und gar nicht zukommt, wenn sie auch grundsätzlich aufrecht erhalten bleiben.

Am schwersten wird allen Ethikern der Gegenwart die Anerkennung des Satzes, dass es neue sittliche Ziele aufzustellen gelte. In den verschiedensten Kreisen hat man gemeint, mit der Gegenwart beginne eine neue Aera der Ethik, und der Utilitarismus ist es gewesen, der diese Ethik verkündigt hat. Hatte man bisher sittlich gehandelt, weil der Gesammtwille die Grundlage jedes

Einzelwillens war, weil man bestimmte Anschauungen darüber hatte, was sittlich sei oder unsittlich, so soll man nunmehr aus Überlegung sittlich handeln, d. h. indem man die wahrscheinlichen Folgen der betreffenden Handlung vorausberechnet und die guten gegen die üblen sorgsam und gewissenhaft abwägt. Wenn Kant den Satz aufstellte: handle so, dass dein Handeln zur Grundlage der allgemeinen Gesetzgebung gemacht werden könnte, so that er damit den ersten Schritt in dieser Richtung. Bentham wollte in gleicher Weise zwischen die Vorstellung von einer künftigen Handlung und die Handlung selbst die Überlegung eingeschoben wissen, welche von allen möglichen Handlungen am sichersten zum allgemeinen Glücke führe. Spencer bekämpft zwar theoretisch diese neue Verstandes- oder Überlegungs-sittlichkeit, aber er ist doch nicht ganz frei davon. Er sieht geradezu die weitere ethische Entwicklung in folgender Richtung: „Schritt vor Schritt ergeben sich verwickeltere Kombinationen von Motiven, etwas variierbar in der Art ihrer Vereinigung, führend zu zusammengesetzten Regungen, die in ihrer Anordnung ähnlich variierbar sind; daher gelegentliche Verzögerungen in sensorischen und motorischen Nervenvorgängen. Gegenwärtig ist eine Stufe erreicht, auf welcher die vereinigten Gruppen von Eindrücken, die aber nicht alle gleichzeitig gegenwärtig sind, in Handlungen ausmünden, die aber nicht alle zeitlich zusammenfallen, und auf welcher sie bereits eine Vergegenwärtigung der Folgen oder Denken einschliessen. Darauf werden Stufen folgen, auf denen verschiedene Gedanken Zeit haben, zu verlaufen, ehe die zusammengesetzten Motive die geeigneten Handlungen hervorrufen, bis zuletzt sich jene langen Erwägungen einstellen, während deren die Wahrscheinlichkeit der verschiedenen Folgen abgeschätzt wird und das Zünglein zwischen den Eingebungen der sich entgegenstehenden Gefühle gleichsteht und das ruhige Urteil ausmacht." *) Demnach wollte er gleich dem Glücksutilitarismus eine nicht nur in ihren Zielen, sondern auch in ihrer Funktion ganz neue Art von Sittlichkeit? Ein Gefühl des Rechten begleitet heute die Handlungen, welche dem Fühlenden Befriedigung gewähren. Aus dem Trieb, uns in einer Weise zu verhalten, die wir billig nennen, ersteht die Auffassung, dass sie recht, und die Überzeugung, dass sie gut ist. Den grössten Teil unserer Sittlichkeit erhalten wir als selbstverständliche Voraussetzung von der Umgebung überliefert, in der wir aufwachsen. „Jedes Kind, das aufwächst, bekommt durch Wort, Miene und Stimme derjenigen, die um es leben, die Autorität dieser höchsten Grundsätze eingeprägt." **) Diese Anschauung ist schon beinahe populär geworden.

Friedrich Theodor Vischer sagt in seinem wunderlichen Buche „Auch Einer": „Recht thun heisst, gemäss der Wahrheit handeln, nachdem man sie durch ordentliches Denken herausgebracht." Auch Rolph meint, das Endziel der sittlichen Erziehung sei nicht, dass jedermann das Gute spontan thue, sondern dass er es nach sorgsamer Abwägung aller Gründe für und wider thue. Der Mann, der sich durch Vernunftgründe entscheidet, schliesslich doch nicht zu morden, ist ihm sittlicher als der, welcher nie daran denkt, einem Menschen das Leben zu nehmen. Obgleich er an einer anderen Stelle selbst dagegen polemisiert, verwechselt er hier doch selbst das sittliche Ziel mit dem sittlichen Motiv, oder noch besser die Thätigkeit

---

*) The Data of Ethics. 1879. § 42.

**) Morals and Moral Sentiment in „Recent Discussions in Science, Philosophy and Morals." 1871.

des ethischen Gesetzgebers mit der des handelnden Durchschnittsmenschen. Der sittliche Gesetzgeber wird allerdings heute nur sittliche Gebote anerkennen, die auf das bekannte sittliche Ziel zusteuern. Aber wenn diese Gebote in das sittliche Bewusstsein der Allgemeinheit übergegangen sind, dann handeln die einzelnen danach, weil sie für ihr Bewusstsein hohe Gefühlswerte bedeuten und nicht, weil sie auf die Hebung der Gattung hinwirken, obgleich die Begabteren sich dieses Ziel bei besonders ernsten Anlässen wohl vor Augen halten werden. — —

Wenn man darüber einig ist, dass es sittlich zu nennen sei, wenn man einer bösen Regung überhaupt Herr wird, so wird doch der als der Sittlichere zu gelten haben, bei dem dieses Herrwerden sich schon oft vollzogen hat, und dem es darum nunmehr auch leichter fällt. Kant kam zur gegenteiligen Anschauung dadurch, dass er dem Menschen durchaus ein Verdienst zuschreiben wollte. Und er nahm stillschweigend an, dass dieses Verdienst darin bestehe, dass er jene Widerstandskraft gegen die bösen Regungen habe. Er übersah dabei, dass diese Widerstandskraft ebenfalls auf dem Wege der Naturkausalität entstanden ist. In der That kommt es bei der Frage, welche Regung siegt, einzig auf das Verhältnis der beiden Kräfte an, die sich gegenüberstehen. Dasselbe soll in jedem Falle — dies ist die sittliche Forderung — so werden, dass die durch einen bestimmten Strom dargestellte sittliche Forderung obsiegt. Dies kann in zweierlei Weise geschehen. Einmal nämlich durch Verstärkung des Stromes der sittlichen Forderung, durch tiefe Einprägung, Begründung, Ausbauung des betreffenden Ideals, überhaupt durch intensive wiederholte Beschäftigung damit. Und sodann durch Verminderung des Widerstandes, d. h. durch praktische Bethätigung der sittlichen Anschauung. Wenn ich eine Regung zehn Mal glücklich überwunden habe, so wird mir die Überwindung das elfte Mal wesentlich leichter fallen, ohne dass der Strom der sittlichen Forderung darum entsprechend stärker geworden zu sein braucht; einzig infolge der Verminderung des Widerstandes. Die asketische Ethik des christlichen Mittelalters hat noch einen andern Weg zur Schwächung des Widerstandes eingeschlagen, nämlich die Schwächung des ganzen Körpers durch unnatürliches Fasten, Grübeln, Sichgeisseln. Diese Methode zur Versittlichung ist seit der Mehrung der Naturerkenntnis aber selbst auf die Liste der unsittlichen Handlungen gesetzt worden. — —

Sätze, wie der Satz Spencers: „Der Zweck der Sittlichkeit ist Leben, der Zweck absoluter Sittlichkeit vollkommenes Leben", lassen freilich dem Belieben, was man sich unter diesen Worten denken will, weiten Spielraum. Auf die Gattung ausgedehnt, heisst das höchstens: Zweck der Sittlichkeit ist, dass die Gattung erhalten bleibe, noch nicht, dass sie in ihren Fähigkeiten wachse. Da sich jedermann unter „Leben" doch nur das Leben in der Form denken kann, wie es heute ist, so kann man sagen, Spencers Ethik führe zum absoluten Stillstand.. Das rechte Leben aber besteht nach Rolph vielmehr im Fortschritt, im Hinausgehen über das Normale. Spencers Glücksideal ist, wie es nicht anders sein kann, das des Quietismus, das des Christentums. Es ist die ewige Seligkeit mit ihrer wechsellosen Einförmigkeit und einer gründlichen Langweiligkeit auf die Erde übersetzt. Nach Rolph aber ist nicht die Ruhe, sondern die Bewegung das Normale und zugleich das Glück und des Glückes Quelle. Nicht das wunschlose Wesen, sondern dasjenige, welches die denkbar grösste Anzahl Bedürfnisse entwickelt und befriedigt, führt das glücklichste Leben.

Den Titel eines Antiutilitariers, den John Stuart Mill Spencer gegeben hatte, hat dieser denn auch selbst energisch zurückgewiesen:*) „Der Punkt, in dem ich von der Lehre der Utilität, wie sie gewöhnlich verstanden wird, abweiche, betrifft nicht das Ziel, das den Menschen gesteckt ist, sondern die Art und Weise seiner Erreichung. Ich gebe zu, Glück ist das letzte inbetracht zu ziehende Ziel, aber ich bestreite, dass es das nächste Ziel ist.“ An einer anderen Stelle sagt Spencer in demselben Sinne:**) „Es verträgt sich sehr wohl mit einander, zu behaupten, dass Glück das letzte Ziel des Handelns ist, und gleichzeitig den Satz aufrecht zu erhalten, dass es nicht erreichbar ist, indem man es zum unmittelbaren Ziele des Handelns macht.“ Das heisst: das Glück der Zukunftsmenschen liegt in ihrer Organisation und deren Anpassung an ihre Umwelt eingeschlossen. Wir kennen beide nicht einmal, geschweige denn ihr Glück. Indem wir ihr Glück zum Ziele unseres Strebens machen, könnten wir es uns höchstens wie unsres vorstellen. Das wäre aber ein Irrtum und der Hauptgrund für die Nichterreichung ihres wirklichen Glückes. So sagt er gegen den Glücksutilitarismus: „Der Vorwurf, den ich gegen den landläufigen Utilitarismus erhebe, ist, dass er keine höher entwickelte Form der Sittlichkeit (als die heutige) anerkennt, dass er nicht sieht, dass er erst die erste Stufe einer Moralwissenschaft erstiegen hat.“***) Und anderwärts: „Der Utilitarismus, der nur diejenigen Grundsätze der Lebensführung anerkennt, welche aus der Erfahrung gewonnen sind, ist nur eine Vorstufe des Utilitarismus, der diese Grundsätze aus den

*) In einem offenen Briefe an Mill in Bain's Mental and Moral Science. 3. ed. p. 721. Data of Ethics § 21. p. 58.

**) The Data of Ethics. 1879. § 57. p. 155.

***) In dem offenen Briefe an Mill.

Lebensvorgängen ableitet, wie sie sich abspielen unter vollständigen Lebensbedingungen."*)

Ein konsequenter Vertreter des physiologischen Utilitarismus würde nun fraglos aus dem Satze: „der Zweck der Sittlichkeit ist Leben", seine weiteren Ausführungen ableiten. Er würde in der Erfahrung sorgsam alles Lebenfördernde sammeln, die einzelnen Thatsachen in ein System bringen und von da aus zu allgemeingiltigen Regeln für die Lebensführung des einzelnen zu gelangen suchen. Ein Leslie Stephen vermöchte das auszuführen, ein Philosoph, der mit dem einen Beine noch ganz in der Welt der apriorischen Spekulation steht wie Spencer, ist ausserstande, diese Arbeit zu leisten. So bringt er denn bereits an diesem Punkte seiner Gedankenkette, eine alte inhaltleere Spekulation herein, der er eine Art apriorische Gewissheit zuzuschreiben scheint, die ihr ganz und gar nicht zukommt. Von seiner Idee des isolierten individuellen Lebens braucht er nämlich eine Brücke in die Welt des Sozialen hinüber, und diesem Zwecke muss jene Spekulation dienen. Nach Spencer soll jeder die Funktionen seines eigenen Lebens in der vollendetsten und vollständigsten Weise erfüllen, ohne der gleichen Freiheit anderer dabei zu nahe zu treten. Hier erheben sich nun sofort die Fragen: Ist der magische Zirkel, den dieses Dekret um jeden Menschen zieht, für alle Menschen gleich? Wie soll der einzelne wissen, wo sein Kreis und der seines Nebenmenschen sich berühren? Wie ist festzustellen, ob ich mit einer Handlung anderer Freiheit beeinträchtige? Das Kleid, das ich trage, das Brot, das ich esse, die Luft, die ich atme, entziehe ich anderen; ihrer Freiheit, sich dieser Dinge zu bedienen, spreche ich Hohn, indem ich sie mit

*) The Data of Ethics. 1879. § 21. p. 61.

Beschlag belege. Hier hätte wiederum zunächst eine gründliche Untersuchung der Thatsachen des sozialen Lebens einzusetzen, aber sie fehlt wiederum. Eine solche Untersuchung würde zugleich jenes apriorische Dekret überflüssig gemacht haben, indem sie gezeigt hätte, dass die einzelnen Menschen einer sozialen Gemeinschaft nie und nirgend alle „die gleiche Freiheit" besessen haben, ja besitzen können, und dass es für die Menschen nur eine Möglichkeit giebt, sich nicht wechselseitig ihrer gleichen Ansprüche auf allerhand Dinge zu berauben: nämlich diejenige, dass sie sich sammt und sonders das Leben nehmen.

Spencers Sozialphilosophie ist ein Ausläufer einer jahrhundertealten Richtung, die durch die Namen Locke, Daire, Adam Smith, W. v. Humboldt, Dunoyer, Stirner, Herbert, Bakunin bezeichnet wird, der individualistisch anarchistischen Sozialtheorie, die in dem modernen Liberalismus mit seinem nachtwächterlichen Staatsbegriff fortlebt*). Diese Richtung bestimmt den Inhalt seines Denkens völlig. Während in der Natur jedes Wesen soviel „Recht" hat, wie es „Kraft" hat, lässt Spencer seine Menschen ferner das Mass des Rechtes, das sie haben, durch Nachdenken ermitteln. Trotzdem spricht er ihnen ein reichliches Mass theoretischer Freiheit zu.

Durch alle Werke Spencers geht die Idee der individuellen Freiheit. Jeder ist soweit frei, als er nicht die gleiche Freiheit anderer beeinträchtigt. Dieser Satz fusst für Spencer in seiner ersten Hälfte auf der Erhaltung des Lebens im Grossen und in seiner zweiten Hälfte auf der Erhaltung sozialen Lebens. In Wirklichkeit war er ihm freilich fertig gegeben, und er versucht ihn nur durch

*) Vergl. Huxley, Collected Essays. Vol I London 1893, 403—418.

naturwissenschaftlich gefärbte Spekulationen zu rechtfertigen. Dass die erste Hälfte des Satzes logisch zum Selbstmord aller Menschen führt, wurde schon gezeigt. Mit der zweiten steht es noch schlimmer. Sie fusst auf einem jener schiefen Vergleiche sozialer Thatsachen mit physiologischen, an denen Spencers Werke so voll sind. An sich ganz geistreich und oft recht hübsch durchgeführt, werden sie verhängnisvoll, sobald man aus ihnen Vorschriften für den sozialen Körper ableiten will. Huxley hat in einem ausgezeichneten Essay diesen Punkt scharf hervorgehoben*) und an einem Beispiel treffend erläutert.

Spencer ist der Philosoph des Cobdenismus. Es klingt wie aus einer Tafelrede des Cobdenclubs entlehnt, wenn er sagt:**) „Ohne Frase ausgedrückt ist jeder Vorschlag, in das Handeln der Bürger weiter einzugreifen, als das gewaltsame Wahren der Beschränkungen, denen sie sich wechselseitig unterwerfen, gestattet, ein Vorschlag, das Leben zu heben, indem man die Grundbedingungen des Lebens durchbricht." Er weiss es recht wohl: Im Gang der Geschichte werden die Eingriffe des Gesetzes in die persönliche Freiheit immer geringer, und das erzeugt dauernd Wohlthaten. Nur zieht er daraus übereilte, phantastische Folgerungen. Ein Staatsbegriff, der das Arbeiten nach bestimmten Zielen einschliesst, ist ihm ganz fern, die heutige Gesetzgebung der Kulturländer thut ihm schon zuviel für die Arbeiter.

Das erste Sittengesetz***) ist die Beziehung zwischen Lebensführung und ihren Folgen, der Satz, dass jeder einzelne das Gute und das Böse erhalten sollte, das seiner eigenen Natur entspringt. Da die Menschen in ihren

*) Administrative Nihilism., Method and Results. 1893. p. 270 ff.

**) The man versus the state. 1884.

***) Justice. 1891.

Fähigkeiten verschieden sind, so entspringen daraus auch ungleiche Vergünstigungen, und damit entsteht die Idee ihrer Ungleichheit. Erst die Schranken, die jedem durch das Dasein und die Bethätigung der anderen gezogen sind, legen die Idee der Gleichheit nahe, und nähere Betrachtung zeigt, dass die Grenzen, bis zu denen man in seinen Handlungen gehen darf, durchschnittlich für alle gleich sind. Beide Prinzipien gilt es zu vereinigen, und Spencer vereinigt sie: „Die Gleichheit gilt für die wechselseitig begrenzten Sphären des Handelns, die aufrecht erhalten bleiben müssen, wenn Menschen im Gesellschaftszustand im Einklang zusammen arbeiten sollen. Die Ungleichheit gilt für die Ergebnisse, die jeder durch sein Handeln innerhalb der angenommenen Grenzen erzielen mag." *)

Der Satz, jeder einzelne solle das Gute und Böse erhalten, das seiner Natur entspringt, ist die „Forderung der untermenschlichen Gerechtigkeit", welche die Tierwelt beherrscht.

Die „untermenschliche Gerechtigkeit" erscheint Spencer aber im Grossen wie im Kleinen äusserst „unvollkommen". Einmal hängt die Erhaltung zahlreicher Arten an der Vernichtung anderer im Grossen. Die Art ist nichts als Beute, und so werden die Beziehungen zwischen Führung und deren gerechten Folgen so gewöhnlich gebrochen, dass sie überhaupt nur bei ein paar Individuen länger aufrecht erhalten bleiben. Andrerseits wird diese Beziehung aber auch in so enormem Prozentsatz durch äussere ungünstige Verhältnisse gebrochen, durch Nahrungsmangel, Wetterungunst, Schmarotzerschaden, Feindesangriffe, die alle ohne Unterschied Schwache und Starke betreffen. Mit

*) Justice. 1891.

dem Aufsteigen der Organisation tritt die untermenschliche Gerechtigkeit entschiedener hervor. Mit der Verallgemeinerung grösserer Kraft schwindet die Abhängigkeit von Unfällen, und persönliche Differenzierungen erhalten grössere Bedeutung.

Daraus ergiebt sich für jeden logisch denkenden unmittelbar eine Aufgabe für die Menschheit, ihre erste und oberste Aufgabe: um jene „Gerechtigkeit" rein herzustellen und dadurch eine Auslese der Tüchtigsten zu gewinnen, müssen jene ungünstigen äusseren Verhältnisse gebrochen werden. Mit der Vernichtung der menschlichen Art im Grossen ist es vorbei. Zwar schwemmen immer noch einmal Meeresfluten Tüchtige und Untüchtige hinweg, auf einem Schiff gehen immer noch einmal Gesunde und Kranke gemeinsam zugrunde, und ein Bergsturz, ein Eisenbahnunglück, vernichtet Starke und Schwache in gleichem Masse: aber diese Fälle bilden die Ausnahmen, verschwindende Ausnahmen. Die modernen Verkehrswege haben die Hungersnöte beseitigt, die menschliche Wohnung macht ihren Inhaber unempfindlich gegen die Ungunst des Wetters, Parasiten bekämpfen wir mit Sublimat und Höllenstein, mit Salzsäure und Lymphe, und gegen die wenigen Raubtiere, die noch übrig sind, haben sich kleinkalibrige Dreiläufer als ganz ausgezeichnete Gegenmittel bewiesen — gegen unverschuldetes soziales Unglück, gegen Blitzgefahr und Wasserflut, schützt das Versicherungswesen. Es bleibt nur noch übrig, das Erbrecht aufzuheben und dadurch allen Lohn an die Leistung zu knüpfen, den Krieg als eine Form von Ausscheidung der Tüchtigsten abzuschaffen und allen erblich Kranken die Ehe zu verbieten — und die störenden Gewalten sind aus der reinen Auslese der Tüchtigsten ausgeschieden, und dieselbe kann rein vor sich gehen und die Menschengattung zur höchsten Vollendung führen. Welche Vorzüge mit dieser im Einzelnen verbunden sein werden, wissen wir nicht; aber dass es nur solche sein können, welche die Rasse fördern, ist keiner Frage unterworfen — — — Diese Fortsetzung der obigen Gedankenkette erwartet man wenigstens, sie ist die einzig logische, die einzig mögliche. Denn das Wesen des Gedankenganges ist durch die Seiten über „untermenschliche Gerechtigkeit" nur zu deutlich gekennzeichnet.*) Spencer ist aber weit entfernt sie zu geben. Er beginnt mit einem wahren Todessprung etwas völlig Neues, was dem Zwecke dient, auf sein sozialliberales Menschheitsideal hinzuarbeiten. Er verlässt an dieser Stelle einfach kurzer Hand den Boden der Entwicklungslehre, um seine vorgefassten sittlichen Ziele an ihre Stelle zu setzen. Die Formeln der Evolutionstheorie dienen ihm im Weiteren einzig und allein dazu, durch allerlei kühne Gedankenwendungen die Erreichung seines Wunschzieles als möglich hinzustellen. Er ist sich dieses jähen Abbrechens seines Fadens nicht bewusst, sondern spinnt seinen neuen Faden an in dem guten Glauben, völlig logisch und völlig evolutionistisch zu verfahren.

Mit dem Eintritt in den sozialen Zustand soll ein neues Kapitel in der organischen Entwicklung beginnen; die sozialen Eigenschaften sollen nun diejenigen sein, welche die „tüchtigsten" d. h. angepasstesten Menschen machen. Der Wettbewerb um die Daseinsmittel und die stärkere Fortpflanzung innerhalb der Herde werden ganz vergessen; nur der Wettbewerb zwischen den Herden wird noch berücksichtigt. Nicht mehr die physisch Tüchtigsten, sondern die sozialsten Individuen sollen nunmehr überleben.

---

*) Justice p. 8—17.

Wenn nun die so entstandenen menschlichen Anlagen sich alle in der Richtung auf Nächstenliebe, Mitleid, Aufopferung für das Allgemeine erstrecken, und man somit von einer gewissen physiologischen Grundlage dieser Züge reden kann, deren Vorhandensein unter den Kulturmenschen von heute ich nicht bezweifeln möchte, so ist damit eine ganz bedeutende Gewähr für die Dauer jener sittlichen Züge durch zahlreiche künftige Geschlechter gegeben, und es ist verhältnismässig unwahrscheinlich, dass rasch und ohne Kampf neue sittliche Züge in den Vordergrund treten und jene verdrängen werden. So schafft Spencer, anstatt zu versuchen, neue sittliche Ziele aus der Entwicklungslehre zu gewinnen, damit den alten Zielen der liberal-demokratisch-humanen Ethik eine neue Stütze, und es ist kein Wunder, dass Bebel, die Tragkraft dieses Pfeilers ebenfalls überschätzend, ihn noch ein Stück streckte, um ihn noch länger, freilich damit auch noch dünner zu machen.

Wundts hartes Wort über Spencer ist nur allzu gerechtfertigt: „Der Kontrast seiner Deszendenztheorie mit der Darwinschen springt in die Augen: die letztere wendet Thatsachen der individuellen Beobachtung auf die generelle Entwicklung an; der moralische Evolutionismus konstruiert die einzelnen Thatsachen lediglich nach der von ihm vorausgesetzten generellen Entwicklung." *)

W. H. Rolph sind diese Ungereimtheiten in Spencers Theorien ebenso aufgefallen. Ihm erwecken Spencers Ausführungen den berechtigten Verdacht, als ob sie gar nicht empirisch gefunden wären, sondern auf einer vorgefassten Meinung ruhten. Sie sind der Ausfluss der in England vorwiegend herrschenden individualistischen

*) Ethik [1] 366.

Sozialtheorie, sind geradezu typisch für das englische Denken. Das ist der Sinn von Nietzsches Ausspruch in der Götzendämmerung, in England sei man den christlichen Gott los, behalte aber die christliche Moral dafür. Bei all der liberalen Humanität in seinen Idealen bleibt Spencer doch in allem Technischen konsequent Entwicklungsprediger. Er tritt den Vertretern der Entwicklungslehre entgegen, die der Variationsfähigkeit des Menschen mit dem Beginn des zivilisierten Lebens ihr Ende zudiktieren wollen, und sagt ganz richtig, alle Analogien nach der Natur sprächen dagegen. Aber sofort benutzt er wieder die Variationsfähigkeit des Menschen, die er ihm eben gerettet hat, um im weiteren Verlaufe der Entwicklung einzig seine sozialen Eigenschaften auszubilden.

Wundt hat an einer Stelle seiner Ethik auf diesen Widerspruch in Spencers Moraltheorie speciell aufmerksam gemacht, obwohl er auch da noch nicht zu dem Ergebnis kommt, dass es für die Menschheit doch möglicherweise besser sein könne, wenn die Kräftigsten, als wenn die sogenannten Selbstlosen obsiegen. Bei seinem Versuche, alle vorhandenen Moralsysteme zu klassifizieren, stellt er folgende Betrachtung an: „Gewisse Arten der Thätigkeit haben sich im Lauf der Entwicklung als die für die Gattung nützlichsten herausgestellt: die mit der Tendenz dazu ausgestatteten Individuen müssen sich daher im Kampfe ums Dasein erhalten, mögen die sie treibenden Motive sein, welche sie wollen. Nun spielt der Kampf ums Dasein gewiss auch in der menschlichen Gesellschaft eine Rolle. Aber wenn die Analogie mit dem tierischen Selektionsprinzip wirklich zutreffen sollte, so wäre wenig Aussicht, dass gerade die Wohlwollenden und Selbstlosen

*) Justice 1891: III. Human Justice.

obsiegen. Unter Hähnen, die auf demselben Hofe gehalten werden, bleibt der herrsch- und selbstsüchtigste und nebenbei der kräftigste schliesslich allein übrig. Wenn es auf das Überleben der stärksten und ausdauerndsten Neigungen ankommt, so hat zweifellos der Egoismus die grösste Aussicht, durch natürliche Zuchtwahl verstärkt zu werden.“ Das sieht aus, als wäre damit jeder Versuch, die natürliche Auslese auf das sittliche Gebiet anzuwenden, ein für allemal lächerlich, unmöglich gemacht. Und doch ist der Schluss nicht richtig! Zwischen lauter Begriffe, die wir aus Darwin und Häckel recht gut kennen, ist ein anderer eingeschoben, der uns von eben dort her ganz vertraut scheint, hinter dem sich aber in Wirklichkeit ein Philosophengespenst versteckt: „für die Gattung nützlich!“ Was versteht Wundt darunter? Die spätere Erwähnung der Selbstlosen und Wohlwollenden lässt keinen Zweifel darüber. Er kann nur von denjenigen Arten der Thätigkeit reden, durch die Leuten, die sich mithilfe ihrer eigenen Kräfte nicht forthelfen können, Wohlwollen und Selbstlosigkeit erwiesen wird. Durch derartige Handlungen wird nun allerdings manches Leben erhalten, manches Glück geschaffen. Sie sind also einzelnen Mitgliedern der Gattung nützlich. Ja wir können selbst an ähnliche Handlungen grösseren Massstabes denken — an den Lokomotivenführer, der sich opfert, um seinen ganzen Zug zu retten, an die verlorene Schaar, die sich der feindlichen Übermacht entgegenwirft, um den Genossen unterdessen einen sicheren Rückzug zu ermöglichen u. s. w. Solche Handlungen sind wieder einzelnen Gruppen der Gattung, eventuell ganzen Völkern, nützlich. Aber sind sie „der Gattung nützlich“, in dem Sinne, den die Naturwissenschaft heute diesem Ausdruck beilegt? Da heisst der Gattung nützlich, was erblich die physische Kraft und

Leistungsfähigkeit des Durchschnitts hebt. Der allein übrigbleibende Hahn hat stärkere und kampftüchtigere Nachkommen, als die Gesammtheit der vordem auf dem Hofe lebenden Hähne gehabt hätte. Darin besteht der Nutzen seiner Thätigkeit für seine Gattung. Wundt begeht denselben Fehler wie Spencer. Mit naturwissenschaftlichen Mitteln will er auf ein unnaturwissenschaftliches Ziel (die vorzugsweise Erhaltung der Schwächeren, Wohlwollenden, Selbstlosen) lossteuern. Anstatt das unnaturwissenschaftliche Ziel zu einem naturwissenschaftlichen zu reformieren, verwirft er die einzig weiterführenden, weil von der Naturerkenntnis gebotenen, Mittel deshalb, weil sie nicht zu seinem altmodischen Ziele hinführen.

Wundt hat überdies Spencers Anschauung nicht genau erkannt. In dem 1891 erschienenen vierten Teile seiner Grundzüge der Ethik „Gerechtigkeit", den Wundt für seine 1886 erschienene Ethik natürlich noch nicht benutzen konnte, spricht sich Spencer über diesen Punkt genauer aus. Seine Ansicht ist die folgende: Der Krieg bevölkert unter Umständen allerdings die Erde mit den stärkeren Rassen, aber nicht notwendigerweise. Die Besiegten können ja nur an Zahl unterlegen sein; andrerseits siegen aber auch die für das soziale Leben geeignetsten Rassen nicht notwendigerweise, und selbst die Sieger leiden als Rasse schwer unter den Folgen des Krieges. Eine grosse Zahl weniger starker Hähne können sehr wohl dem stärksten den Garaus machen. Im Grunde vertreten Wundt und Spencer beide die kurzsichtige christliche N ä c h s t e n m o r a l statt der Gattungsmoral der Entwicklungslehre. Die Nächstenmoral des Christentums leistet für die Hebung der Gattung genau dasselbe, was die Armenpflege für die Hebung des Volkswohlstandes leistet. Jene vermehrt sogut folgerichtig das Elend im allgemeinen wie diese die Armut insbesondere. Ist das Helfen an sich eine Tugend, dann ist es auch sittlich, dem ersten besten, d. h. dem nächsten, zu helfen. Dass das Helfen an sich aber keine Tugend ist, das beweisen schon seine normalen unheilvollen Folgen. Jemand, der sich, erwachsen und gesund, nicht sein Brot zu verdienen vermag, hat sein Daseinsrecht verwirkt, und es ist ein Frevel an der Gattung, ihm die Möglichkeit zu geben, sich fortzupflanzen und so die Arbeitsscheuen zu vermehren.

Spencers wahre Ansicht ist allerdings nicht immer ganz leicht zu ermitteln, denn seine Phraseologie ist in Hinsicht auf die Eindeutigkeit seiner Worte sehr mangelhaft. Ganz häufig braucht er dasselbe Wort in verschiedenen Teilen einer Beweisführung unbewusst in ganz verschiedenem Sinne. So das Wort Normal einmal zur Bezeichnung des Gleichgewichtes zwischen Kraft und Leistung desselben Individuums und ein anderes Mal zur Bezeichnung der idealen Harmoniegrenze zwischen den Ansprüchen verschiedener Individuen, worauf schon Rolph in seinen „Biologischen Problemen“ hingewiesen hat. Spencer ist sich einfach nicht bewusst, dass er die ganze Welt der sozialen Thatsachen durch die Brille der herrschenden humanen Ethik sieht, und dass diese Brille nicht nur trüb ist, sondern dass das eine Glas auch noch die sogenannten sozialen Regungen des Menschen vergrössert, während das andere Glas die egoistischen Grundtriebe entsprechend verkleinert zeigt. So kommt es, dass er häufig, wahrscheinlich ohne es zu ahnen, naturwissenschaftliche Ausdrücke nebenbei zugleich in einem zweiten Sinne braucht, den Darwin sicher abgewiesen hätte. Das ist zugleich der Grund, warum ihm die Verschiedenheit des humanen sittlichen Zieles der Gegenwart und desjenigen der Entwicklungslehre überhaupt nicht aufgefallen ist.

Wer die naturwissenschaftliche Entwicklungslehre in die Ethik einführen will, muss vor allem die ethischen Ziele in ihrem Sinne reformieren. Dann wirds schon auch mit der Anwendung der naturwissenschaftlichen Mittel stimmen.

Von der Freiheit geht Spencer aus. Dann aber fügt er hinzu:*) „Ausserdem dass die Mitglieder einer Gesellschaft sich so verhalten, dass jeder seine Zwecke erreicht, ohne andere zu verhindern, ihre Zwecke zu erreichen, können sie sich auch bei der Erreichung von Zwecken wechselseitig helfen. Und wenn entweder indirekt durch industrielle Assoziation oder direkt durch freiwillige Hilfeleistung Bürger derselben Gemeinschaft die Anpassung des Handelns an die Zwecke sich gegenseitig erleichtern können, dann ersteigt ihre Lebensführung eine noch höhere Stufe der Entwicklung. Denn alles, was das Erreichen von Anpassung durch jeden einzelnen erleichtert, das vermehrt die Gesammtheit der erreichten Anpassungen und dient dazu, das Leben aller vollständiger zu machen." Die höchste Stufe aber wird erreicht, wenn das Leben in jedem einzelnen und seiner Nachkommenschaft vollständig wird, nicht nur ohne Beeinträchtigung desselben bei anderen, sondern sogar unter Förderung der Vollständigkeit des Leben bei ihnen. „Wie die Entwicklung ihre höchste mögliche Stufe ersteigt, wenn die Lebensführung gleichzeitig die grösste Summe von Leben in einem selbst, seinen Nachkommen und Mitmenschen erreicht", so wird „die Lebensführung, die wir gut nennen, zur der, die wir als die beste bezeichnen, wenn sie alle drei Klassen von Zielen zu gleicher Zeit erreicht." **) Eine Handlung, die das vollständige Leben aufrecht erhält,

*) Social Statics. 1851.
**) The Data of Ethics. 1879. § 8. p. 25—26.

oder die Verlängerung des Lebens bis zu seiner vollen Ausdehnung bewirkt, ist gut, eine, die das Gegenteil thut, schlecht, böse, unrecht. „Somit hat die Ethik zu ihrem Gegenstand diejenige Form, welche die allgemeine Lebensführung auf den letzten Stufen ihrer Entwicklung annimmt." *)

Dabei wendet sich Spencer sehr scharf gegen den doktrinären Altruismus: „Die Annahme, egoistische Vergnügungen seien in irgend welchem Masse aufgebbar, bedeutet das Heimfallen an einen jener vielen Irrtümer der ethischen Spekulation, welche das Ergebnis der Ignorierung der biologischen Gesetze sind..... Das Aufgeben des natürlichen Vergnügens bedeutet das Aufgeben von eben so viel Leben; und da erhebt sich die Frage: „in welchem Masse ist dies thunlich?" **) „Das allgemeine Glück ist vielmehr hauptsächlich dadurch zu erreichen, dass jeder einzelne sein eigenes Glück sucht, während umgekehrt das Glück der einzelnen auch mit dadurch erreicht wird, dass sie alle das allgemeine Glück suchen." ***)

„Die Ansicht, die ich vertrete, ist, dass die Ethik, die diesen Namen mit Recht führt, die Wissenschaft des rechten Verhaltens, die Bestimmung zum Ziele hat, wie und warum gewisse Arten des Verhaltens schädlich und gewisse andere Arten wohlthätig sind. Diese guten und schlechten Ergebnisse können nicht zufällig sein, sondern müssen sich als die notwendigen Folgen des Wesens der Dinge darstellen, und ich halte es für die Aufgabe der Moralwissenschaft, aus den Gesetzen des Lebens und den Bedingungen des Daseins die Erkenntnis abzuleiten, welche Arten des Handelns notwendig die Tendenz haben, Glück

*) Social Statics.

**) The Data of Ethics. § 88. p. 231.

***) ebenda. § 91. p. 238.

zu erzeugen und welche Unglück. Wenn dies geleistet ist, so sind diese Ableitungen als Gesetze für die Lebensführung anzuerkennen und man hat ihnen zu gehorchen, ohne irgend welche Rücksicht auf eine direkte Abschätzung von Glück und Unglück." *) Damit erhält das Paradoxon seinen tiefen Sinn: steigerte Selbstverstümmlung das Leben und wäre das Stehlen eine Wohlthat für den Bestohlenen, so würden wir diese Handlungen als gute bezeichnen. Somit nennen wir die relativ entwickeltere Lebensführung gut, und die relativ weniger entwickelte schlecht. „Denn die Entwicklung, die immer auf Selbsterhaltung ausgeht, erreicht ihre Grenze, wenn das Individualleben am grössten ist in Dauer und Tiefe.**) Und ..... andere Ziele beiseite lassend, nennen wir die Lebensführung gut, die zur Selbsterhaltung führt, und schlecht die, die auf Selbstvernichtung hinausläuft."

Während Spencer sagt:***) „Vom soziologischen Gesichtspunkt aus ist Ethik also nichts andres als eine bestimmte Liste der Formen der Lebensführung, die sich zum Gesellschaftsleben eignen, und zwar in solcher Weise, dass das Leben eines jeden und aller das grösstmögliche ist in Dauer und Intensität," so muss der Gedanke der Auslese einen Strich durch das „eines jeden und aller" machen und dafür „der Tüchtigsten" einsetzen. Aber schon er bleibt bei jenem individuell zersplitterten Ziele nicht stehen:†) „Hier tritt uns eine Thatsache entgegen, die uns verbietet, die Wohlfahrt der einzeln genommenen Bürger in den Vordergrund zu stellen, und uns nötigt, die Wohlfahrt der Gesellschaft als eines Ganzen zuerst

*) The Data of Ethics. § 21. p. 57.
**) ebenda. § 8. p. 25.
***) ebenda. § 48. p. 133.
†) ebenda. § 49. p. 133—134.

zu berücksichtigen. Als Ziel muss das Leben eines sozialen Organismus über den Einzelleben derer stehen, die ihn bilden." *) Spencer ist sich ganz klar darüber, dass das Wohl der Gesammtheit oft genug dem Einzelwohle zuwiderläuft. Aber er meint, nur solange als noch verschiedene Gesammtheiten im Wettbewerb um allerlei Güter stehen. Ganz richtig. Aber es ist unnötig, dem Anhänger der Entwicklungslehre noch zu wiederholen, dass dieser Wettbewerb nie aufhören wird, und dass sein Aufhören der Untergang der Menschheit wäre. Anstelle der „Gesellschaft als eines Ganzen" muss die Rasse treten, und deren höchstes Wohl wird immer dem Privatwohl der Kranken und Schwachen zuwiderlaufen, solange Menschenkunst noch nicht jeder Art von Krankheit Herr geworden ist.

Das Wort „ideale Menschheit", wie es Spencer braucht und im Gegensatz zu der wirklichen Menschheit von heute verwendet, besagt inhaltlich über das Wesen jener Menschheit noch gar nichts. Es kommt ganz darauf an, nach was für Idealen man sich die heutige Menschheit umgebildet denkt. Vor dreissig Jahren waren dieselben bei allen Ethikern nahezu dieselben, und daher konnten sie ihre Ideale leicht für die einzig möglichen halten. Heute ist das nicht mehr der Fall. Die Entwicklungslehre hat anstelle des Friedensideals der Humanität, das nur durch Wettbewerb um die Daseinsmittel und Auslese erreichbare Ideal des Rassenfortschritts gesetzt, ein Kampfideal. Die beiden Ideale haben sich in der nächsten Entwicklung der wissenschaftlichen Ethik zunächst einmal zu messen. Spencer sagt einmal: **) „Aus den Grundgesetzen des Lebens und den Bedingungen des sozia-

*) The Data of Ethics. § 49. p. 134.

**) Prison Ethics. 1860.

len Daseins sind gewisse Gebote als Einschränkungen des Einzelhandelns ableitbar, Einschränkungen, welche für ein vollkommenes individuelles und soziales Leben wesentlich sind; oder in anderen Worten, wesentlich für das grösstmögliche Glück. Und diese Einschränkungen bilden, da sie sich selbst unabweisbar aus ersten Grundsätzen ergeben, die wieder tief sind wie die Natur des Lebens selbst, was wir als absolute Sittlichkeit bezeichnen können." Darnach gäbe es also eine absolute Sittlichkeit, und eine ideale Menschheit könnte nur diejenige sein, die nach den Geboten dieser Sittlichkeit lebte. Aber eben diese Gebote, auf die sich Spencer hier bezieht, erfreuen sich keiner allgemeinen Anerkennung mehr. Sie bilden mindestens die absolute Sittlichkeit nicht, auch wenn es eine solche geben sollte.

Die Entwicklung des einzelnen besteht für Spencer in einer unausgesetzt fortschreitenden Anpassung seiner inneren Beziehungen an die der Umwelt. Dies setzt sich fort, bis ein Gesellschaftszustand erreicht ist, in dem die vollständige Anpassung Thatsache geworden ist und das Individuum sich im völligen Einklang mit der Umwelt befindet. „Ist eine Umwelt und die Struktur eines Wesens gegeben, so giebt es für es auch eine Reihe Handlungen, die in ihrer Art, ihrer Intensität und ihren Kombinationen ihm die höchste Erhaltung sichern, die seine Natur gestattet"*): diese Reihe Handlungen sind sein Moralkodex. Ihn für den Menschen zu ermitteln, ist Aufgabe der wissenschaftlichen Ethik.

Die schliessliche vollkommene Anpassung an die Bedingungen des sozialen Lebens ist Spencers Zukunftsziel. „Wenn im Laufe dieser wenigen tausend Jahre die Dis-

*) The Data of Ethics. § 48. p. 132.

ziplin des sozialen Lebens soviel gethan hat, so ist es Torheit, anzunehmen, sie könne nicht noch mehr thun, Torheit, anzunehmen, sie werde nicht im Laufe der Zeit alles thun, was zu thun ist.“*) Zu rasch wird dieser Prozess freilich nicht verlaufen: „Die Fortschrittsgeschwindigkeit nach der völligen Anpassung hin muss mit der Annäherung an die völlige Anpassung abnehmen, da die sie schaffende Kraft abnehmen muss. Andre Gründe beiseite gelassen, kann vollkommene Anpassung nur in unendlicher Zeit erreicht werden.“ **)

Sieht man selbst davon ab, dass eine solche absolute Anpassung unmöglich ist, weil sich auch die äusseren Lebensbedingungen fortwährend verschieben, wenn auch verhältnismässig langsam, so bleibt doch Spencers letztes Ziel ein ziemlich undeutlich umrissenes. An eine unendliche Steigerung der sozialen Regungen aufkosten des Egoismus glaubt er nicht — so wird doch schliesslich der wachsenden Bevölkerungszunahme wegen eine endgiltige soziale Anpassung unmöglich sein, und die friedlich angepasste Menschheit ein Traum? Eine nicht ganz wertlose theoretische Vermutung hilft Spencer über diesen Punkt hinweg. Er selbst hat das Gesetz formuliert, dass im Laufe der sozialen Entwicklung mit der Zunahme der Gehirnthätigkeit die menschliche Fruchtbarkeit abnehmen müsse, bis ein vergleichsweises Gleichgewicht zwischen Fruchtbarkeit und Sterblichkeit eingetreten sei und damit die menschliche Entwicklung die Grenze vollständiger Anpassung an den sozialen Zustand erreicht habe.***)

Im Laufe der vorgeschichtlichen und geschichtlichen

---

*) Justice 258—259.

**) Social Statics. 1892.

***) Theory of Population, deduced from the general law of animal fertility 1852.

Entwicklung des Menschengeschlechtes haben sich auch gewisse grundlegende sittliche Anschauungen entwickelt, die aber noch keineswegs zu ihrem Abschluss gelangt sind. Sie rekrutieren sich im Wesentlichen aus Erfahrungen über das Nützliche, die sich angesammelt und zu einer Art primitivem System zusammen geschlossen haben. Sie haben sich auf das Nervensystem übertragen und vererben sich mit diesem als Anlagen. Da neben dieser physischen Vererbung nun auch noch die mündliche Überlieferung jener Anschauungen steht, so kommen jene Nervenanlagen des Kindes auch so gut wie immer zur Entfaltung. Dadurch, dass die physische Disposition sich durch geistigen Einfluss auch wirklich immer wieder in moralische Anschauungen derselben Richtung umsetzt, erhält sie selbst mit jeder Generation neue Nahrung, schlägt im Menschen festere Wurzel. In der That wird ja das Kind zivilisierter Eltern, das mit dem eines wilden Paares unter gleichen Bedingungen aufwächst, viel weniger Schwierigkeit haben, sich ein gesellschaftlich glattes Betragen anzugewöhnen als jenes. Eine gewisse Disposition zum sittlichen Handeln in der Richtung der Zeitanschauungen ist dem Kulturmenschen angeboren, weil seine Voreltern sie erworben haben. In seinem Nervensystem bilden sich durch häufigen Gebrauch gewisse Verbindungen aus, während andere verkümmern, dadurch entstehen Dispositionen zu Reflexbewegungen und zu gewissen anderen zweckmässigen automatischen Bewegungen, wie zum Schliessen des Auges beim Nahen einer Staubwolke. Es bedarf nur des Beispiels des Handelns in derselben Richtung und der in das Wort gefassten Anschauungen, um diese Züge in entsprechendem Alter in Handeln umzusetzen.

* * *

Herbert Spencer nimmt in einer Hinsicht in der englischen Philosophie der Gegenwart eine ähnliche Stellung ein wie Eduard von Hartmann in der deutschen. Bei den Philosophen gilt er für einen grossen Naturforscher und bei den Naturforschern für einen grossen Philosophen. Da die Zahl derer, die Naturforscher und Philosophen zugleich sind, sehr klein ist, so gilt er nur bei sehr wenigen für keins von beiden. Trotzdem ist er an naturwissenschaftlichen Kenntnissen und an Denkausdauer Hartmann fraglos überlegen. Als erster Versuch, die Ergebnisse der Entwicklungslehre der Ethik dienstbar zu machen, haben Spencers ethische Arbeiten gewaltiges Aufsehen erregt, und noch immer nehmen sie in der neueren Ethik eine zentrale Stellung ein. Auch wo er bekämpft wird, wird er benutzt, und nicht selten sind die letzten Ideale des Streiters gegen seine Lehre mit den seinen identisch. Eine Reihe wissenschaftliche Ethiker folgen ihm. Neuerdings ist seine Lehre auch popularisiert worden. Eine soziale Bedeutung hat sie dadurch bekommen, dass sie zur sozialdemokratischen Parteiethik gemacht worden ist.

Denselben Sprung wie Spencer macht sein Schüler John Fiske, nur dass dieser anstelle des „sozialen Zustandes“ die Zivilisation als Endziel in der Entwicklung hinstellt. In seiner prachtvollen, schwungvollen Sprache trägt er den Leser nur zu leicht über diese logischen Abgründe hinweg. Die Kluft, die sich mit der Entwicklung seines Hirns zwischen dem Menschen und dem Affen aufthat, zeigt ihm,*) „dass, als die Menschheit sich entwickelte, ein ganz neues Kapitel in der Geschichte des Universums begann. Hinfort wurde das Leben der erwachenden Seele von oberster Bedeutung, das Leben des

*) The Destiny of Man. 1884.

Körpers wurde ihm untergeordnet. Hinfort ward es klar, dass die zoologische Veränderung zuende gediehen war und die seelische Veränderung ihren Platz einzunehmen hatte. Hinfort gab es auf dieser höchsten Linie keine weitere Entwicklung einer neuen Art durch physische Variation mehr, sondern durch die Anhäufung psychischer Variationen war eine bestimmte Art zu unendlicher Vollendung zu führen.... Kurz, hinfort hatte der leitende Zug der Entwicklung nicht mehr die Entstehung von Arten, sondern der Fortschritt der Zivilisation zu sein". Da liegt der Sprung: aus den naturwissenschaftlichen Thatsachen ins humane Ideal! Infolge eines Machtspruches des Ethikers soll im besten Falle der Wettbewerb um die Daseinsmittel aufhören und ein mit ein paar formell darwinistischen Fetzchen behängter zivilisierter Zustand beginnen.

Auch Williams'*) sittliches Zukunftsziel steht dem Spencers sehr nahe: „Wie die soziale Organisation fortschreitet und die Beziehungen der Menschen zu einander inniger und zusammengesetzter werden, erhalten alle menschlichen Handlungen eine immer grössere Bedeutung für ihre Art, während andrerseits auch die Gesundheit und das Glück des Individuums an Bedeutung für die Art wachsen. So haben von zwei verschiedenen Seiten her Tugend und Gesundheit, Tugend und Glück, die Tendenz, im Einzelleben zusammenzufallen, und die Umwelt begünstigt die Tugendhaften immer mehr. Die Teilnahme, die in vieler Hinsicht für das Allgemeine gut ist, nimmt als inneres Merkmal an Stärke zu und handelt mit mehr und mehr Sicherheit und Umfassendheit. Die Gesellschaft, welche in gewissem Masse mitleidig und

*) Evolutional Ethics. 1893. Part II.

hilfreich gegen manche einzelnen gewesen ist, beginnt Mitleid und Hilfsbereitschaft in höherem Masse zu zeigen und mit grösserer Gleichmässigkeit mehr und mehr einzelnen gegenüber. Gleichzeitig ordnet sich die Wohlfahrt und das Glück des Individuums der Wohlfahrt der Gesellschaft mehr und mehr bei, und die letztere wird demgemäss allgemein erstrebt. Das heisst nicht notwendig, dass sie aus selbstsüchtigen Motiven erstrebt wird; im Gegenteil modelt sich das Individuum mit dem Fortschritt der Gesellschaft mehr und mehr in solchen Einklang mit ihren Bedürfnissen, dass es sein Glück darin findet, ihre Wohlfahrt zu erstreben."

Nach Williams ist es das Kennmal des sozialen Fortschrittes, dass die Linie der Erhaltung des Individuums und die der Erhaltung des Ganzen der Gesellschaft sich einander nähern. „Die Tendenz des Ganzen der sozialen Entwicklung ist eine der zunehmenden Kooperation mit gleichzeitiger Zunahme des sozialen Instinktes oder der Teilnahme in all ihren zusammengesetzten Beziehungen und Folgen gewesen; und mit der Erreichung des Maximums der Teilnahme kann doch wohl nichts anderes eintreten als das Maximum der Kooperation."

Nach ihm muss es das Ideal der Gesellschaft sein, allen Individuen die volle und freie Entwicklung ihrer Fähigkeiten zu verschaffen, und so kann er denen nicht zustimmen, „die da glauben, die gegenwärtige Generation sei allein oder hauptsächlich da für die nächste Generation, die Eltern seien nur da um ihrer Kinder willen, oder das Individuum nur um der Gesellschaft als eines Ganzen willen, und die diese Idee in ihrem Leben verkörpern." Damit fällt die Rücksicht auf die nächste Generation aber keineswegs ganz ausseracht, sie ist nur nicht das einzige Strebensziel. „Eine höhere Sittlichkeit", sagt Williams gegen Ende seines Buches über Entwicklungsethik, „hat ganz besonders die Thatsache zu betonen, dass bei der Eheschliessung nicht nur man selbst oder nur beide Teile zu bedenken sind, sondern dass ebenso Rücksicht zu nehmen ist auf das Wohl möglicher Nachkommen; dass deswegen die Ehe mit einem sittlich Untüchtigen ebenso ein Verbrechen gegen kommende Generationen ist wie gegen einen selbst und dass die Ehe physisch Ungeeigneter ebenso unrecht ist, sobald sie Nachkommen erlaubt. Die alte Idee, die man bei Mädchen hegte, es sei eine gute und edle Lebensaufgabe „einen Mann zu heiraten, um ihn zu bessern", kommt aus der Mode. Und künftige Massstäbe werden auch mit dem heutigen Dogma aufräumen, dass ein Mann wert sei, der Gatte eines reinen und guten Weibes zu werden, wie lasterhaft er vorher auch gewesen sei."

Harald Höffding steht in seiner „Ethik" (1887), was seine sittlichen Ziele betrifft, ebenfalls auf Spencers Boden. Nur ist ihm klar, dass diese Ziele mit der Entwicklungslehre nicht so ohne Weiteres vereinbar sind. Der Kulturfortschritt ist ihm eine Thatsache, mit der die Ethik rechnen muss, aber sie bewundert ihn nicht, weil er mit Einseitigkeiten und Kraftvergeudung, mit Angst und Schmerz, mit Schweiss und Blut verknüpft ist. Allerdings ist er nur durch Anstrengung und Leiden möglich. Oft ist der Kulturfortschritt gar nicht mehr mit vermehrter Wohlfahrt identisch, ja blind und unbedacht. Trotzdem hält ihn auch Höffding für die direkte Fortsetzung der Entwicklung der Natur, und da er etwas Unpersönliches, etwas ausserhalb der Menschen Gelegenes ist, so kann er nicht das höchste Ziel der Ethik sein. Die Zivilisation ist für das Individuum da, und nicht umgekehrt. Die Hauptaufgabe der Ethik bleibt also, dem Menschenhirn einzuprägen, dass das Menschenleben nicht zum blossen Mittel zur Lösung unpersönlicher Probleme herabgedrückt werden darf. Zu der Erkenntnis, dass der Kulturfortschritt nicht der Menschheit höchstes Gut ist, ist Höffding gelangt; aber die Weisheit, dass dieses in der Höherentwicklung der Gattung Mensch liege, ist ihm verschlossen geblieben. Der Glaube an einen Fortschritt in der Erfahrungswelt kann nach ihm für die Ethik überhaupt keinen absoluten Wert haben. Aber selbst, wenn die siegreiche Richtung in der Entwicklung sich der christlich-demokratischen Ethik ungünstig erwiese, meint er, würden damit deren Grundsätze noch nicht fallen. Eine Problemverschiebung würde es bedeuten, weiter nichts. Mitleid und Selbstbescheidung würden eine erhöhte Bedeutung bekommen. Der christlich-demokratisch ethisch Veranlagte würde immer die Partei der Besiegten nehmen und bei ihr verharren, möchten auch die Götter mit den Siegern sein. Denn der sittliche Wert sei keine Machtfrage. Das heisst nichts mehr und nichts weniger als: all die grossen Fortschritte der Erkenntnis durch die Entwicklungslehre kümmern uns nicht, gehen uns nichts an, und wenn sie uns bewiesen, dass durch unsere Ethik die Erde in ein grosses Krankenhaus sich verwandeln muss, in dem nichts als Krüppel herumhumpeln — was thuts? Unsere Ethik bleibt deswegen doch schön! Das ist auch eine Art zu argumentieren, und Konsequenz mindestens ist ihr nicht abzusprechen.

Spencer, Fiske, Williams und Höffding sind aber noch zu naturwissenschaftlich geschult, um ihre Ethik auf theoretischen Altruismus zu gründen. Auch Höffding, der sonst in dessen Hochachtung am weitesten geht, sieht, dass es da eine Grenze giebt, die man nicht überschreiten darf. Sobald eine Ethik den Trieb der Selbsterhaltung verdammt, verdammt sie die Grundlage ihrer eigenen Existenz und ihr einziges Mittel, in Wirksamkeit zu treten. Wenn der Trieb der Selbsterhaltung, Selbstbehauptung und Selbstentwicklung böse wäre, dann wäre der Kern unserer Natur böse und Ethik eine Unmöglichkeit.

Aber auch diese bescheidene Erkenntnis, dass es mit dem absoluten Altruismus nichts ist, ist noch nicht allgemein geworden. Ganz neuerdings ist der sentimentale Stilist Henry Drummond in seinem Buche über den Aufstieg des Menschen*) mit beiden Füssen in die alte Mystik hineingesprungen und hat sie mit ein paar evolutionistischen Stichworten herausgeputzt. Er phantasiert kühn die „Liebe“ und den „Kampf fürs Dasein anderer“ an die Wurzel alles menschlichen Fortschritts und macht die verzweifeltsten Seiltänzerkunststückchen, um das einigermassen einleuchtend zu machen. Mit den häufigen Widersprüchen, in die er sich verwickelt, beweist aber auch er nur die Unmöglichkeit des Unterfangens, das christliche Ideal der absoluten Nächstenmoral vor den ehernen Gesetzen des Darwinismus zu retten.

Zu den Briten und dem Dänen gesellt sich noch ein Deutscher, A u g u s t B e b e l.

In Wirklichkeit eine Bewegung des Arbeiterstandes zur Erlangung besserer und seinen Leistungen mehr entsprechender Daseinsbedingungen, stützt sich der deutsche Sozialismus, namentlich insoweit er in der sozialdemokratischen Partei organisiert ist, in seinen Theoremen auf die apriorischen Spekulationen eines Hobbes, Morelly, Mably, Rousseau über die Gleichheit und Freiheit der Menschen und die bindende Natur des sozialen Vertrages. Obwohl diese fingierten Voraussetzungen den Aufstellungen der

*) The Lowell Lectures on the Ascent of Man. London, Hodder and Stoughton 1894.

Entwicklungslehre Satz für Satz widersprechen, so kann sich die deutsche Sozialdemokratie, wenn sie die neue Lehre durch künstliche Verzerrungen als Stützpunkt für ihre Phantasien benutzt, auf die Autorität Rudolf Virchows berufen, der 1877 auf der Naturforscherversammlung in München den Satz ausgesprochen hat, die Darwinsche Theorie führe zum Sozialismus. Bebel hat es unternommen, den Nachweis zu führen, dass die Entwicklungslehre direkt auf den sozialdemokratischen Zukunftsstaat lossteuere, dass der Sozialismus auch in diesem Sinne nur „angewandte Wissenschaft“ sei. Allein würde Bebel diesen Beweis schwerlich zustande gebracht und den Darwinismus auch nicht zu einer „eminent demokratischen“*) Wissenschaft gemacht haben. Mit Spencers Hilfe aber gings schon. Die Autorität von Helvetius bezeugte ihm, dass alle gemeinhin wohlorganisierten Menschen mit beinahe gleichem Verstande geboren würden. Aus dem Nachweis Spencers, dass die Entwicklung der geistigen Fähigkeiten die Tendenz habe, die Fruchtbarkeit zu beeinträchtigen, macht er die Möglichkeit, mittels geeigneter Ernährung die Bevölkerung zu regulieren,**) d. h. doch wohl ihre Zunahme einzuschränken. Mit Marx dekretierte er, während in der Natur der reicher Begabte und Kräftigere stets einen Vorsprung vor dem Dümmeren und Schwächeren habe, so müsse das in der Menschenwelt umgekehrt sein, weil dies nicht mit „persönlichem Verdienst“ verknüpft sei. „Ist jemand von der Natur so stiefmütterlich behandelt, dass er bei dem besten Willen nicht zu leisten vermag, was andere leisten, so kann ihn die Gesellschaft für den Fehler der Natur nicht strafen. Hat umgekehrt jemand durch die Natur Fähigkeiten er-

*) Die Frau und der Sozialismus. 10. Aufl. 1891. 195.

**) ebenda. 371.

halten, die ihn über die anderen erheben, so ist die Gesellschaft nicht verpflichtet zu belohnen, was nicht sein persönliches Verdienst ist."*) Und aus dem aristokratischen Prinzip der natürlichen Auslese, was machte er da mit Spencers Hilfe?

„Das Darwinsche Gesetz des Kampfes ums Dasein, das darin gipfelt, dass das höher organisierte und stärkere Lebewesen das niedere verdrängt und vernichtet, findet in der Menschheit den Abschluss, dass schliesslich die Menschen als denkende und erkennende Wesen ihre Lebensbedingungen, also ihre sozialen Zustände und alles, was damit zusammenhängt, zielbewusst beständig ändern, verbessern und vervollkommnen, und zwar in dem Sinne, dass schliesslich für alle Menschenwesen gleich günstige Daseinsbedingungen vorhanden sind." Ist dann der Idealzustand erreicht, so wirkt er „schliesslich dergestalt auf die Intelligenz und Einsicht ein, dass der Gedanke an Herrschaft über andere gar keinen Platz mehr in einem Gehirn findet."**) Wenn man den Satz, den Bebel anfängt, logisch zuende führen wollte, so könnte er einzig lauten: „Das Darwinsche Gesetz des Kampfes ums Dasein .... findet auf die Menschheit die Anwendung, dass man soziale Bedingungen schafft, unter denen die von Geburt Begabteren und Tüchtigeren zu reichlicher Nahrung kommen, während jedermann um so weniger zu essen haben soll, je untüchtiger er ist, so dass also die Untüchtigsten unfehlbar zugrunde gehen und sich nicht fortpflanzen können." Statt dessen fordert Bebel nicht nur für alle Menschenwesen gleichgünstige Daseinsbedingungen, sondern er will noch mehr. Während die Natur gar nicht zum Wohle der Gesammtheit arbeitet,

---

*) Die Frau und der Sozialismus. 10. Aufl. 1891. 286.

**) ebenda. 195.

sondern nur zum Wohle der Besseren, Stärkeren, soll jeder einzelne nun seine Anlagen zu dem eigenen wie zum Wohle der Gesammtheit entwickeln.

Es ist bezeichnend genug, dass Spencer den ganzen praktischen Teil seines Buches über „Gerechtigkeit"*) der Bekämpfung des Sozialismus gewidmet hat und dass Bebel, auf demselben Boden wie Spencer fussend, gerade zum Sozialismus kommt. Mit dieser Art Philosophie lässt sich eben alles beweisen, Individualismus sogut wie Sozialdemokratie.

In Bebels einfacher Sprache, die sich nicht hinter eine philosophische Terminologie verschanzt, treten diese Widersprüche weit krasser zutage als bei Spencer selbst. Ob Bebel diese Dinge direkt oder indirekt von Spencer übernahm, ist Nebensache. Jedenfalls aber ist es ein Zeichen der Zeit, dass die Philosophie dieses Schülers von Spencer am populärsten geworden ist.

*) Justice, Part IV of the Principles of Ethics.

Nächstenmoral und Gattungsmoral.

Wilhelm Wundt spricht an einer Stelle seiner Ethik davon, welche enorme Bedeutung der Irrtum in der Geschichte des geistigen Fortschritts habe. Es ist ganz selten, dass ein neues Wissensgebiet Schritt für Schritt angebaut wird. Gewöhnlich kommt bald nach seiner Entdeckung ein Mann, der wesentlich mit Phantasiemitteln das ganze Feld beackert und bepflanzt, und der weiteren Forschung bleibt es aufbehalten, seine einzelnen Aufstellungen zu verbessern, seine Übersichtskarte durch eine neue zu ersetzen und neue Marksteine auf dem Plane zu errichten. Eine solche Thatsache kennzeichnet sich immer von selbst dadurch, dass eine Reihe Forscher den ersten Beackerer und Bepflanzer als Gegner bekämpfen, obgleich sie ohne ihn, ohne seine vorläufige Orientierung, ihre Arbeiten gar nicht hätten leisten können. Für die Entwicklungsethik ist jener Mann Herbert Spencer. Mit grosser geistiger Energie und Ausdauer hat er sein Denken über den ganzen weiten Plan menschlicher Sittlichkeit ausgestreckt und dabei allenthalben die moderne Naturforschung herangezogen, vor allem ingestalt der Entwicklungslehre. Über so gut wie alle wichtigen Fragen auf diesem Gebiete, nicht nur über die Hauptprobleme, hat er sich eine wohlerwogene eigene Meinung gebildet, ja er hat das Feld der ethischen Wissenschaft nach mehreren Seiten hin beträchtlich ausgedehnt. Unbekannte Strecken hat er urbar gemacht und bekannte Strecken zuerst etwas mehr in ihrer Tiefe erforscht. Er ist der Pionier der ethischen Forschung von heute, und seine Aufstellungen sind auf ihrer ganzen Linie der Ausgangspunkt der wissenschaftlichen Ethik seines Heimatlandes geworden. Ganz abgesehen von den grossen Mengen moralwissenschaftlichen Materials, das er zusammengetragen hat, bilden seine Werke noch immer das Zentrum der englischen Ethik ihrem Gedankengehalte nach.

Trotzdem hat Spencers System zu viele schwache Punkte, als dass seine Überwindung hätte ausbleiben können. Während eine Reihe Schüler und Nachfolger Spencers Ideen weiter ausführten und dem grossen Publikum mundgerecht machten, sind einzelne Landsleute sehr bald über ihn hinausgegangen oder haben doch wie der konservative Führer Arthur James Balfour mit ihm abgerechnet. Auf physiologische Anhäufung baut Spencer seine zukünftige Versittlichung der Menschheit, die er sich im Sinne der christlichen Nächstenmoral vorstellt. Wenn es jene Anhäufung nach neueren Theorien nicht mehr giebt, oder sie doch sehr einzuschränken ist, so kann es auch diese Versittlichung nicht geben, so giebt es einen in der Menschenart selbst gelegenen Fortschritt überhaupt nicht. So schliesst der erste Gegner. Der zweite greift Spencers Standpunkt von der theoretischen Seite an. Für Thomas Henry Huxley ist es über jeden Zweifel erhaben, dass die geltende Sittlichkeit und die Lehre des Darwinismus einander widersprechen und dass darum nicht, wie Spencer meinte, das Ziel dieser Sittlichkeit mit den natürlichen Mitteln des Wettbewerbes erreicht werden kann. Anstatt nun die geltende Sittlichkeit vom Standpunkt der Lehre der natürlichen Entwicklung aus zu revidieren, dekretiert Huxley, das Wesen des Sittlichen bestehe in der Auflehnung gegen das Naturgesetz. Die humandemokratische Nächstenmoral bleibt gewahrt. — Ein Agnostiker endlich zieht entschlossen den Gedanken der sozialen Auslese heran, vor allem ingestalt einer planmässigen Ausscheidung der Schlechtesten und einer ebenso systematischen Züchtung besonders sozial angelegter Menschen: James Cotter Morison in seinem „Menschheitsdienst". Weismanns grosser Vorgänger, Darwins Vetter Francis Galton, kommt zur Beschäftigung mit derselben Frage. Eine Ausscheidung der Schlechtesten scheint ihm zu grausam, obwohl die Thatsachen der Entwicklung direkt auf sie hinweisen, drum lieber eine planmässige Vermehrung der Tüchtigsten. — Gleich ihm ist sich Darwins Rivale Alfred Russell Wallace klar darüber, dass einzig in der Auslese das Heil zu suchen sei. Aber auch er steht gleich Galton noch zu sehr im Banne der Nächstenmoral, um nicht sofort sein Augenmerk auf die Milderung dieser Massregel statt auf sie selbst zu richten. Nach Erreichung einer entsprechend unabhängigen Stellung werden sich nach seiner Meinung die Frauen hüten, sich dem ersten besten in die Ehe zu geben. Durch Vermehrung der Wahlfreiheit jener werden viele Männer, und zwar die schlechtesten, ehelos bleiben. Die Zuchtwahl allein soll das Amt versehen, das in der Natur natürliche und geschlechtliche Auslese zusammen besorgen. Das ist allerdings Gattungsmoral in ihrem Ziele. Die Mittel zu dessen Erreigung aber, die noch dazu nur hypothetisch sind, sind völlig unzureichend.

Ein klares Bild dieser Entwicklung lässt sich leicht auf folgende Art gewinnen. Auf der einen Seite steht die Nächstenmoral des Christentums, der Humanität und der Demokratie, die hier alle drei an demselben Strange ziehen. Sie geht in ihrem Grundsatz zwar nicht wie der Glücksutilitarismus in der wissenschaftlichen Ethik darauf aus, das menschliche Glück ins Unendliche zu mehren; ist aber als Moral des Mitleids wohl darauf gerichtet, durch Linderung des menschlichen Schmerzes das Unglück in der Welt zu vermindern, und sie beginnt, wie schon gezeigt wurde, diese Arbeit beim einzelnen, beim ersten besten, der ihr aufstösst, beim Nächsten. Weil sie aber die Daseinsbedingungen der Gesellschaft, in der sie arbeitet, gar nicht kennt, leistet sie trotz ihrer besten Absicht in Wirklichkeit genau das Gegenteil von dem, was sie will. Wie die therapeutische Medizin die Menge der vorhandenen Krankheit dauernd vermehrt, wie die Armenpflege die Ausbreitung der Armut in hohem Masse fördert, Milde und Nachsicht zur Verschlimmerung von Faulheit und Dummheit dienen und das sorgsame Sichabsperren vor jedem Luftzuge nur die Neigung zur Erkältung steigert, so vermehrt auch die Nächstenmoral durch grundsätzliche Fürsorge für die Kranken und Schwachen das Mass des Elends in der Welt ins Ungemessene und bringt durch annähernde Aufhebung der natürlichen Auslese und Schaffung einer annähernden Panmixie die menschliche Gattung herunter. Während in der Natur alles Kranke und Schwache die natürliche Tendenz hat, auszusterben und keinerlei Nachkommen zu hinterlassen, sichert die Nächstenmoral den Elenden ihre Fortpflanzung und steigert somit das Unglück in der Welt mit jedem Geschlecht. — — Aus der Entwicklungslehre entsteht das Ideal der Hebung der menschlichen Gattung, und sittlich nennt die Entwicklungsethik, was dieses Ideal verwirklichen hilft. So ist sie Gattungsmoral im eigentlichen Sinne. Nur ein seltsamer Zufall könnte es fügen, dass die Gebote der Gattungsmoral mit denjenigen der Nächstenmoral sich deckten. Und sie decken sich in der That nicht. Beide Moralen stehen sich vielmehr als unversöhnliche Gegensätze gegenüber. Nicht dass die Entwicklungsethik jedes Helfen verwürfe; — aber sie muss es ablehnen, jedes Helfen zu preisen. Sie wird nicht jedem ersten besten helfen, sondern sich den, dem sie hilft, erst gründlich ansehen. Wenn sie durch augenblickliche Hilfe der Gattung einen tüchtigen Menschen erhalten kann, warum sollte sie da nicht eingreifen? Aber wo das nicht der Fall ist, da kann sie höchstens helfen, indem sie dem Unterstützten zugleich die Verpflichtung auferlegt, sich nicht fortzupflanzen. Das einzige sichere Mittel zur Hebung der Gattung, zur Erreichung ihres Ideals, das die Entwicklungsethik kennt, ist die Aufrechterhaltung der natürlichen Auslese. Diese heisst es also zu vertreten und mit ihr das Recht des Starken gegenüber dem Schwachen, und zwar ebensogut im sittlichen Einzelhandeln wie in der Gestaltung der gesellschaftlichen Einrichtungen. An die Stelle des Wohles aller und jedes in der Nächstenmoral tritt das Wohl und die reichliche Nachkommenschaft der Tüchtigsten. Diese werden sich aber in der Mehrzahl der Fälle selbst helfen können und fremder Hilfe nicht bedürfen, sobald nur erst soziale Zustände geschaffen sind, in denen jeder auf seine natürlichen Anlagen angewiesen ist und einzelne nicht mehr erbliche Bevorzugungen ausserhalb derselben geniessen.

In der Zeit, wo sich diese beiden Moralen in modernen Tagen zum ersten Male gegenüber treten, indem die Gattungsmoral der Entwicklungslehre entsteht, ist dieser Gegensatz allerdings noch nicht scharf herausgebildet, sondern er wird erst im Verlaufe der Folgezeit ganz deutlich. Aber wohl alle Ethiker fühlen ihn dunkel. Obgleich kein ethisches Werk ihn noch durchgearbeitet hat, suchen sie sich doch alle mit ihm abzufinden, indem sie die einfache Anwendung der grossen Lehre vom Daseinskampfe auf die menschliche Gesellschaft als eine missverständliche bezeichnen und als solche bekämpfen, und sich namentlich zu den gezwungensten Ausdeutungen der natürlichen Auslese versteigen, bis diese dann langsam zum Siege kommt.

Das International Journal of Ethics vom Juli 1892 enthält einen Aufsatz von S. Alexander über die „Natürliche Auslese in der Moral".*) Er bekämpft darin die einzig richtige Auffassung dieses Begriffes, indem er sie als falsch bezeichnet.

Der Existenzkampf, wie er sich auf dem Gebiete der Ethik zeigt, sagt Alexander, „ist ein Kampf von Arten der Lebensführung und von Idealen, von Vorschlägen, die Gesellschaft in bestimmter Weise fortzubilden". Ja er bestimmt diese Meinung auch nach ihrer negativen Seite hin so genau, dass ein Missverständnis ausgeschlossen ist: „Wenn wir ohne weitere Einschränkung sagten, die natürliche Auslese auf dem Gebiete der Ethik bedeute einen Kampf zwischen Personen oder Staaten, dann machten wir uns einer falschen Auffassung schuldig und übersähen gerade den Punkt, der der natürlichen Auslese unter den Menschen ihre besondere Eigenart verleiht. Das Übersehen dieses Punktes ist die Quelle aller schiefen Auffassungen, welche ein so heftiges Vorurteil gegen die Idee schaffen." Verwechselt der Glücksutilitarismus den einzelnen Menschen mit dem ethischen Gesetzgeber, so verwechselt Alexander diesen mit dem physiologisch

*) Natural Selection in Morals.

höheren Typus Mensch, der das Ergebnis des Fortbestehens der natürlichen Auslese unter den Menschen sein müsste. Der ethische Reformator geht allerdings oft zugrunde, ohne sein Ziel durchgeführt zu sehen, und dasselbe siegt schliesslich doch. Aber der höhere Typus Mensch, den eine Zeit, die eine tiefere Einsicht in das Wesen der Entwicklungslehre gewonnen hat, dadurch erzeugen kann, dass sie das Fortbestehen der natürlichen Auslese zum sittlichen Gesetz erhebt, bleibt überleben. Der Titel „Natürliche Auslese in der Ethik" ist mindestens ungenau; der Aufsatz handelt gar nicht von der natürlichen Auslese unter den Menschen in sittlicher Hinsicht, sondern von der unwillkürlichen Auslese, die jede Zeit unter den in ihr auftauchenden sittlichen Ideen und Idealen hält. Er betrifft also einen rein technischen Zug der Art sittlichen Fortschritts, aber er behandelt nicht die Stellung der Ethik zu der natürlichen Zuchtwahl. Er behandelt das Aufwerfen der Frage nach dieser Stellung vielmehr als eine Verirrung der Moralwissenschaft. Trotzdem nennt Alexander verwirrend seine Auslese unter den sittlichen Zeitideen — menschliche Auslese, human selection, und versteigt sich zu der fast unglaublichen Behauptung: „das Gesetz der natürlichen Auslese begünstigt keineswegs das Prinzip der Konkurrenz." Und: „der Kampf der natürlichen Auslese richtet sich im Menschenleben nicht gegen die schwächeren oder unerträglichen Einzelwesen, sondern gegen ihre Ideale und ihre Lebensführung." Das ist natürlich falsch. Es ist aber unter den heutigen Umständen gar nicht mehr nötig, ein Individuum zu vernichten, um es auszuscheiden. Es ist aus der Gattung beseitigt, sobald es die Verpflichtung auf sich nimmt, nicht zu heiraten, was heute bereits viele hochherzige erblich Kranke thun. Weigert sich das Individuum, dafür, dass es im Daseinskampf nicht einfach niedergetreten, sondern von anderen erhalten wird, auf die Ehe zu verzichten, dann erklärt es sich als Feind der Gattung und wird von der Gesellschaft am besten durch Gesetz an der Ehe verhindert, beziehentlich wie ein Verbrecher interniert.

Balfour und Huxley verabscheuen den Gedanken einer sozialen Auslese gleich Alexander; Morison, Galton und Wallace predigen ihn, Galton wenigstens indirekt, und damit haben sie den weittragendsten Gedanken in die moderne Gesellschaftslehre und Ethik eingeführt und den Schritt von der Nächstenmoral zur Gattungsmoral gethan.

Wenn Galtons und Weismanns Theorien von der Nichterblichkeit erworbener Eigenschaften sich als völlig allgemein richtig erweisen sollten, dann fällt Herbert Spencers gesammte Ethik in Stücke. Kein anderer Entwicklungsethiker hat so absolut wie er das Element der natürlichen Auslese vernachlässigt und den Schwerpunkt so völlig auf die Vererbung erworbener sittlicher Züge gelegt. Balfour sagt ganz treffend von ihm, (allerdings ohne Namensnennung)*) er habe diesen Grundsatz so hartnäckig auf jedes Feld seiner Theorie vom Menschen angewendet, dass, sollte er umgestürzt werden, es kaum zu viel gesagt sei, dass seine Ethik, seine Psychologie und Anthropologie mit ihm zuboden fallen würden. Nach Spencers Anschauung kommen ja die Anstrengungen, die eine Generation im Dienste des Fortschritts macht, den folgenden Generationen nicht nur durch die Zunahme der Erkenntnis, die Aufbesserung der Lebens-

---

*) in seinem Fragment on Progress. Glasgower Rektoratsrede, November 1891. No. 6 in seinen Essays and Addresses, Edinburgh 1893. Deutsch mit kleinen Kürzungen unter dem Titel „Fortschritt“ in der Zukunft 1893. No. 21 und 22.

gewohnheiten und sozialen Einrichtungen und die Zunahme des Wohlstandes zugute, sondern daneben giebt es auch noch den Prozess der physiologischen Aufhäufung, mittelst dessen die von den Vätern mühevoll erworbenen Geschicklichkeiten als vererbte Fähigkeiten auf die Söhne übergehen, und nicht nur der künstliche Mensch, — der Mensch, wie er sich selbst modelt und während seines Lebens durch äussere Verhältnisse gemodelt wird, sondern auch der natürliche Mensch, der Mensch, wie er geboren wird, einen stetigen und fortgesetzten Hebungsprozess durchmacht. Dass Spencers Theorie in diesem Umfange heute nicht mehr aufrecht zu erhalten ist, steht ausserfrage. Der beherrschende Faktor alles organischen Fortschritts ist die Auslese. Die Vererbung erworbener Eigenschaften spielt daneben eine minimale Rolle, obgleich sie, wenn auch sehr eingeschränkt, vorhanden ist.

In dem „Bruchstück über Fortschritt" geht der konservative Politiker Balfour mit dem Philosophen Balfour durch. Weil die ethische und soziale Entwicklung der letzten paar tausend Jahre ihm eine Verengerung der Schranken darzustellen scheint, innerhalb deren sich das menschliche Handeln bewegen darf; weil in diesem Zeitraum allerhand menschliche Einrichtungen entstanden sind, die einer Auslese der Tüchtigsten und Ausscheidung der Schlechtesten entgegengewirkt haben, (obgleich das keineswegs der Zweck war, mit dem sie getroffen wurden) deswegen muss es auch jetzt, wo wir den unheilvollen Einfluss dieser Einrichtungen auf den Fortschritt der Gattung erkannt haben, so weiter gehen. Ist das wirklich ganz logisch gedacht? Jene Verengerung der Schranken des Handelns ist nicht einmal eine Thatsache. Allerdings verbieten uns Staatsgesetz und Sittengesetz heute mancherlei Handlungen, die den Menschen vor dreitausend und vor tausend Jahren erlaubt waren. Aber in der Zeit seit jenen Tagen haben sich durch den Kulturfortschritt die Handelnsmöglichkeiten für den einzelnen in solch riesigem Masse erweitert, dass jene kleinen Einschränkungen dagegen kaum ins Gewicht fallen. Wir können heute tausend Dinge thun, die selbst ausserhalb des Denkvermögens und Wunschvermögens unserer Urahnen fallen. Dass uns gleichzeitig ein paar Dinge verboten sind, die sie sich gestatteten, macht jene Erweiterung keinesfalls wett und berechtigt noch weniger zu der Behauptung, dass die Schranken des Handelns die Tendenz zeigten, sich zu verengern. Aber auch sonst ist jener Satz nicht zutreffend. Menschensatzung hat jene Gesellschaftsordnung, vor allem das Erbrecht, geschaffen. Menschensatzung kann sie auch wieder beseitigen. Warum soll der Akt, der sie erzeugt hat, mehr eine Naturnotwendigkeit sein als der, der sie abschafft, wenn das Bewusstsein ihrer schlimmen Folgen für die Menschheit erst allgemein geworden ist? Allerdings kann keine menschliche Einrichtung direkt solchen Menschheitsfortschritt schaffen; aber was sie thun kann, das ist, die Hemmnisse beseitigen, die heute die natürlichen Kräfte, welche in der Richtung nach ihm hin wirken, irre leiten oder unthätig erhalten. Kein Gesetz kann direkt eine grössere, stärkere, gesündere nächste Generation erzeugen; aber Verhältnisse zu bilden, unter denen die Untüchtigsten von der Fortpflanzung ausgeschlossen sind und die Tüchtigsten besonders früh zu ihr gelangen, ist es sehr wohl imstande. Kein Fürst, auch der weiseste nicht, kann seinem Volke Kräfte geben, die es nicht hat, aber die vorhandenen durch hohe Preise anspornen und durch Beseitigung von Hemmnissen in fruchtreiche Bahnen leiten, das vermag er oft genug. Aber dazu gehört weite Voraussicht und weise Einsicht in die Bedingungen allen Daseins und aller Aufwärtsentwicklung.

Balfour bestreitet, und wahrscheinlich mit einigem Recht, dass in geschichtlicher Zeit überhaupt ein Fortschritt in der Menschheit stattgefunden habe. Das kann nur auf Rechnung der durch die Kultureinrichtungen und namentlich das Erbrecht gestörten menschlichen Auslese zu setzen sein, die in der Natur unausbleiblich zum Fortschritt führt. In der Kultur hat diese besondere Ursache des Fortschritts in der Natur, zweifellos den grössten Teil ihrer Wirksamkeit eingebüsst. „Ja wenn gewisse Theoretiker recht haben und es des schonungslosen Hinschlachtens aller Glieder einer Art unter dem Durchschnitt bedarf, um ihre Tüchtigkeit auf ihrer normalen Höhe, die Schnelle der Antilope unvermindert und das Gesicht des Adlers ungetrübt zu erhalten, dann können wir uns kaum der Erkenntnis verschliessen, dass die allgemeine Besserstellung der Rasse in mancher Hinsicht zu einer Verschlechterung in der Körperanlage der einzelnen führen muss. Humanität, Zivilisation, Fortschritt müssen selbst die Tendenz besitzen, jene harten Weisen, mittels derer die Natur die Differenzierung und Vollendung des organischen Lebens zustande gebracht hat, zu mildern. Und wie viel auch der Mensch gewinnen mag, wie er zuletzt von den sozialen Gewalten, die ihn umgeben, gemodelt wird: der Mensch, wie er ins Dasein geboren wird, muss etwas einbüssen.“ Dieses Pfuschen gegen das Naturwalten wird von Balfour selbst als eine Art Naturnotwendigkeit hingestellt. Die Auslese, die Tierzüchter seit Jahrhunderten als das einzige sichere Mittel zur Hebung der Arten kannten, und die durch Darwin als der Kern alles inneren Fortschritts aufgedeckt wurde, wird verlästert, als hart, als unmenschlich, unzivilisiert, fortschrittsfeindlich bezeichnet. Damit tritt der Mikrokosmus dem Weltall gegenüber und sagt ihm: „Wir erbärmlichen Menschenkindchen haben uns aus allerhand kleinen Schwachheiten ein Moralchen zusammengebraut. Du grosse Natur hast eine andere Moral, darum bist du nach unserem Moralchen unmoralisch. Nun wollen wir Menschenkindchen dir doch einmal unser Moralchen aufnötigen. Ob unsere Rasse dabei herunter komme, das ist ganz gleich; ob sie selbst verschwinde, das kümmert uns nicht. Wenn wir nur unserem Moralchen zum Siege verhelfen! Das nennen wir dann „Sieg des Geistes", „Triumph der Zivilisation", „Errungenschaften der Menschlichkeit". Du lässt nur die Tüchtigsten überleben, wir auch die Untüchtigen. Wir haben eigene Anstalten dafür, in denen wir Krüppel, Lahme, Blinde, Irre, Schwindsüchtige, Syphilitische aufpäppeln, um sie dann gelegentlich zu entlassen, damit sie sich fortpflanzen und ihre Krankheiten und Fehler weiter vererben können. Du Natur hast keine besonderen Anstalten, in denen du deine Tüchtigsten vor Wechselfällen sicher stelltest. Wir haben unsere Erbrechtchen, durch die wir den Sohn des Krüppels mit Geld versorgen; du kannst dem Sohn des Tüchtigen nur Tüchtigkeit mit auf den Lebensweg geben, weiter nichts. Das aber genügt bei unseren raffinierten Gesellschaftseinrichtungen, die auf unseren heiligen Narrenhausbegriff des Erbeigentums aufgebaut sind, noch lange nicht, um ihm sein Fortkommen, frühe Heirat und frühe Kinder zu sichern. Jetzt wollen wir sehen, wer der Stärkere ist, ob es uns nicht doch gelingt, auf diesem Wege die Gesundheit, jene gefährliche Naturanlage, auszurotten und die Erde in ein grosses Krankenhaus und schliesslich in eine Totenhalle umzuwandeln! Wie sagte doch Goethe, als er Herders

Ideen zur Geschichte der Zivilisation gelesen? „Siegt diese Art Humanität, dann wird die Welt zuletzt ein grosses Krankenhaus sein und einer des anderen humaner Krankenwärter.““

Balfour dekretiert schliesslich sogar, die Annahme, dass Auslese und Ausscheidung in der Weiterentwicklung der zivilisierten Menschheit noch irgend welche bedeutsame Rolle spielen könnten, sei unmöglich, die innere Entwicklung, die Steigerung der erblichen Rasseneigenschaften, sei damit an ihrem Ende angelangt. Wenn er dennoch von einem Fortschritt spricht, so meint er damit einzig jenen Anhäufungsprozess geistiger Errungenschaften, den wir mit dem Namen Kultur belegen, und mit dem wir die Summe unserer Erkenntnis, unsere Entdeckungen, Erfindungen, unser gesichertes Wissen, sowie die daraus abgeleiteten und darauf gegründeten menschlichen Einrichtungen zusammenfassen. Eine neue Varietät der menschlichen Rasse durch Auslese hervorzubringen, ist ihm ausgeschlossen. Von heute an haben wir mit einem sichtlich niedergehenden Menschenmaterial zu rechnen. Aber bessere gesellschaftliche Einrichtungen können wir schaffen, damit die Gesellschaft der fernen Zukunft unserer Gesellschaftsorganisation so hoch überlegen sei, wie die heutige der unserer barbarischen Vorfahren.

Wo ist der Massstab, an dem wir die verschiedenen Gesellschaftsorganisationen messen können, nach dem wir entscheiden können, welche „besser“ ist als die andere? Die demokratisch-christlichen Ideale der Nächstenmoral, die selbst eine Reformrichtung der Gesellschaftsverhältnisse darstellen, und noch dazu eine veraltete, von der Wissenschaft überwundene, können einen solchen ausserhalb gelegenen Massstab dafür doch nicht wohl bilden. Nur was eine Gesellschaftsordnung im Dienste der Höherentwicklung der Gattung leistet, kann ihren Wert für jemand bestimmen, der das Paradoxon der That, sich ausserhalb der Naturordnung zu fühlen, von sich weist und die Menschheit als einen Teil der Natur betrachtet; der das durch Analogieschluss aus ihrer Geschichte gewonnene Naturziel hochachtet und ihr nicht eine willkürliche Utopie als Ziel aufdrängen will.

Aber auch Balfour dämmert die Erkenntnis auf, dass sich Nächstenmoral und Naturwissenschaft nicht mehr nur gegenüberstehen, sondern dass die erstere vor der letzteren im Zurückweichen begriffen ist. In dem ersten Kapitel seines letzten Buches*) behandelt er die Frage: „welche Beziehung auf die Ethik oder genauer auf die sittliche Einbildungskraft besitzt die Ausbreitung naturwissenschaftlicher Kenntnis hinsichtlich der Endergebnisse menschlichen Strebens?“ und er kommt zu dem Ergebnis, dass die naturwissenschaftliche Weltanschauung die Autorität des geltenden Sittengesetzes erschüttern müsse, weil nach ihr ja kein Zweifel sein könne, dass sich dieses eben auch nur entwickelt habe wie unsere Triebe, unsere Begierden, unsere Fehler, und dass sie andrerseits verhängnisvoll werden müsse für die Gefühlswerte der sittlichen Strebensziele, weil sie sich doch, selbst den weitesten Umkreis angenommen, nur auf die belebte Natur beziehen könnten, diese aber nur ein verschwindender Teil des Universums und ihre Dauer nur eine flüchtige Episode in dem Dasein eines kleinen Planeten sei. Zu dem Schlusse, dass eine auf die Entwicklungslehre gegründete Ethik, eine wahre Gattungs-

*) The Foundation of Belief. Being Notes Introductory to the Study of Theology. London 1895. Das Kapitel war vorher unter seinem Titel (Naturalism and Ethics) im International Journal of Ethics, Juli 1894 und deutsch ohne die Anmerkungen in der Zukunft 1895 No. 19 als „Naturwissenschaft und Ethik“ erschienen.

moral, demnach von der geltenden Nächstenmoral wesentlich abweichen müsse, kommt Balfour allerdings noch nicht, obgleich dieser Schluss schon ein Jahrfünft, ehe er schrieb, von Nietzsche gezogen worden war; er geht aber auch hier insofern weit über Spencer hinaus, als ihm die Erkenntnis aufdämmert, dass die uns von der Entwicklungslehre gebotenen Thatsachen sich schlechterdings nicht mit der christlich-human-demokratischen Ethik vereinen lassen. Ihm liegt es am Herzen, den Satz zu betonen, „dass bei den Vertretern der naturwissenschaftlichen Anschauung das Gefühl (das sie der geltenden Sittlichkeit entgegen bringen) und diese Anschauung in Widerspruch stehen und dass das Gefühl, das so gewaltsam und unnatürlich mit jener Anschauung verknüpft wird, um so sicherer sich abstumpfen und erlöschen muss, je klarer jene Anschauung angenommen, je stärker der Geist mit ihrer wesentlichen Lehre gesättigt wird."

* * *

Huxleys Verdienste um die Entwicklungsethik liegen wesentlich auf negativem Gebiete. Von allen Streitern auf diesem Felde hat er die herkömmlichen apriorischen Annahmen der ethischen Spekulation am rücksichtslosesten aufgedeckt und am schärfsten an den Pranger gestellt. In zwei ausgezeichneten Essays*) hat er die Lieblingsdoktrin des Rousseauismus und der Demokratie, die Gleichheit aller Menschen und den Glauben an angeborene „Menschenrechte", von denen alle Acht-

*) On the natural inequality of men (1890) und Natural Rights and Political Rights (1890) No. VII u. VIII in Methold and Results, Vol. I der Collected Essays, London, 1893. Deutsch als die Ungleichheit der Menschen. Zukunft. 1894. No. 79 u. 80 und als Natürliche und politische Rechte. Zukunft. 1895. No. 15 u. 16.

undvierziger so voll waren, zermalmt. Dieser Schritt musste geschehen, jenen luftigen Spekulationen musste auch der letzte Schattenrest von Geltung entzogen sein, ehe die Bahn für die natürliche Auslese in ihrer Anwendung auf die Menschheit von heute frei war. Er ist noch weitergegangen und hat in zwei anderen Arbeiten*) auch das Staatsideal dieser politischen Richtung vom Throne gestossen und mit den Füssen zertreten. Mit mitleidloser Logik hat er gezeigt, wie die angeblichen Thatsachen, auf die es sich gründet, gar keine Thatsachen sind, sondern luftige Hirngespinste. Allerdings ist diese Anschauung nicht neu, sondern Jahrhunderte alt, und niemand weiss das besser als Huxley; aber bisher war sie eben nur eine Anschauuug, die ebensowenig stichhaltige Gründe für sich anführen konnte wie ihre Gegnerin. Erst durch die Fortschritte der modernen Naturerkenntnis hat sie eine wirkliche wissenschaftliche Begründung bekommen, und Huxley ist der Mann, der die naturwissenschaftlichen Thatsachen mit den politisch-sozialen Überzeugungen der Zeit in Beziehung gesetzt hat.

Wer diese Abhandlungen schreiben konnte, sollte der nicht auch berufen gewesen sein, nun den Grundsatz der natürlichen Auslese zuerst rein und ungedeutelt auf die moderne Menschenwelt anzuwenden? Huxley hat diese Anwendung aber nicht gefunden: in seinen sittlichen Idealen steht er ganz auf dem Boden der herrschenden Humanität und Nächstenmoral.

Es ist keine Frage, dass in der Natur Gedeihen und Nichtgedeihen oder, menschlich gesprochen, Freude und Leid keineswegs ausnahmslos nach Verdienst, d. h. auf

*) Administrative Nihilism (1871) und Government: Anarchy or Regimentation (1890) Vol. I der Collected Essays: Method and Results. London. 1893. No. VI und IX.

dieser Stufe: nach der Tüchtigkeit der einzelnen Wesen, verteilt sind. An einem Bache blühen und sprossen zahllose Wasserpflanzen. Er ändert seinen Lauf, und sie alle sind ohne eine „Schuld“ im menschlichen Sinne zum Verdorren, zum Verkrüppeln verdammt. In die Wüste verschlagen und ohne Nahrung, geht der stärkste Löwe zugrunde, während der schwächere am Wüstensaum sein reichliches Auskommen hat. Aber ebenso ist es keine Frage, dass diese ungünstigen Wechselfälle, kraft deren oft das Untüchtigere überlebt, nur eine Minderheit darstellen, und dass im Ganzen doch das Tüchtigere überdauert. Das Tüchtige ist dabei mit dem den Daseinsbedingungen am besten Angepassten identisch. Im Menschenleben ist das ganz genau so. Der Arbeitsamste, Ausdauerndste, Listigste, Verschlagendste, Umsichtigste, Vorausberechnendste, gegen seine kleinen Neigungen Strengste, kommt oben drauf. Der Langsame, Treuherzige, Biedere, zum Vorausbedenken, zum Kombinieren Unfähige, gegen andere Freigebige, gegen sich selbst Nachsichtige, in den Tag Hineinlebende, kommt unten drunter. Nun besteht die Mehrzahl immer aus Durchschnittsmenschen, und namentlich besondere Energie und Klugheit sind sehr selten. Wo sie auftreten, da bringen sie ihrem Träger in der Regel Vorteile, seinen Genossen aber meist Nachteile. Kein Wunder, wenn das allgemeine Bewusstsein, das die Norm für das festsetzt, was sittlich gut ist, jene Eigenschaften unter den Namen Herrschsucht, Ehrgeiz, Habsucht, Unehrlichkeit, betrügerisches Wesen, zu Lastern, die Durchschnittseigenschaften der Massen aber zu Tugenden stempelt und sie Biederkeit, Besonnenheit, Ehrlichkeit, Selbstlosigkeit tauft. Dem Naturlauf zuwider verlangt dann die selbstherrliche menschliche Einbildung, die sich da rühmt, dem Weltall Gesetze vorschreiben zu können, der Erfolg im Leben solle sich an jene Masseneigenschaften knüpfen, und nennt diese Forderung „Gerechtigkeit", das Besitzen jener Masseneigenschaften aber und das Handeln aus ihnen heraus Verdienst, Trefflichkeit, Tüchtigkeit. Das ist eine Namengebung und eine Forderung, die beide zum Teil schon vor Tausenden von Jahren aufgestellt worden sind, ohne dass sie darum in der Gegenwart aufgehört hätten, fortwährend weiter gebildet zu werden. Der moderne Mensch, der sich einbildet, in einem wirklichen Wettbewerb um die Daseinsmittel unter den Menschen (d. h. in einem Wettbewerb ohne erbliche Bevorzugungen wie ererbtes Vermögen, ererbte Stellung als Fürst u. s. w.) überlebten keineswegs der Mehrzahl nach die Tüchtigsten, sondern die Schlechtesten, steht im Banne desselben Irrtums. Und der Sozialdemokrat, der in seinem Zukunftsstaat den Schwachen ebenso bezahlen will wie den Starken, und das „soziale Gerechtigkeit" nennt, zieht nur die konsequente Folgerung daraus. Er versucht das Glück an Eigenschaften zu knüpfen, an die es die Natur nicht knüpft, und empört sich dann über das Unmoralische des Naturwaltens.

„Vor das Tribunal der Ethik gezogen", sagt Thomas Henry Huxley in seiner Romanesvorlesung über „Ethik und Entwicklung"*) „würde die Natur wohl ihrer Verurteilung sicher sein. Das Gewissen der Menschen hat sich gegen die Unbekümmertheit der Natur um Sittlichkeit und Unsittlichkeit aufgelehnt, und der atomhafte Mikrokosmus sollte den unendlichen Makrokosmus schuldig finden. Aber nur wenige haben — oder eigentlich

*) The Romanes Lecture 1893, Evolution and Ethics, London, Macmillan 1893. Collected Essays, Vol IX, 1894 No. I. Deutsch mit einigen Kürzungen in der Zukunft. 1893. No. 42 und No. 43.

niemand hat — es gewagt, diesen Urteilsspruch auch wirklich zu Protokoll zu nehmen." Dieser Mangel an Neigung zum Protokollieren ist der letzte Rest menschlicher Scham der Natur gegenüber.

Das Pflichtenbrevier des Stoikers spricht von naturgemässem Leben. Huxley meint, das scheine sagen zu wollen, die Natur sei das Vorbild für menschliche Lebensführung, und fragt: Somit wäre Ethik angewandte Naturgeschichte? Es ist nicht schwer zu beweisen, dass die Naturwissenschaft, wie sie heute vor uns steht, ausserstande ist, unsere heutige Sittlichkeit mit Gründen zu stützen und uns einleuchtend vorzuführen, warum, was wir gut nennen, dem vorzuziehen sei, was wir böse nennen, wie Spencer angenommen hatte und was Spencer versucht hatte. Huxley ist sich ganz klar darüber, dass es töricht ist, weil Tiere und Pflanzen durch den Kampf ums Dasein und das „Überleben der Besten" d. h. der Tüchtigsten, der den Daseinsmitteln am besten Angepassten, zu vollkommenerer Organisation aufgestiegen sind, auch die Menschen der sozialen Gemeinschaft, die Menschen als sittliche Wesen, denselben Vorgang als Mittel zur Vervollkommnung nach ihrem heutigen Ideale hin, d. h. nach dem Ideale des Besten als des Selbstlosesten, Demütigsten, betrachten zu lassen und macht in diesem Punkte energisch gegen Spencers Theorien Front, wenn er auch keinen Namen nennt. Mit seiner kleinen Arbeit „Ethik und Entwicklung" hat Huxley Spencers Argumentationsweise geschlagen, überwunden. Spencer hat sich denn auch getroffen gefühlt und im „Athenäum" im Sommer 1893 darauf geantwortet.*) In dieser Er-

*) Evolutionary Ethics. The Athenaeum. 5. Aug. 1893. Die Erwiderung war hervorgerufen durch die Besprechung von Huxleys Schrift im Athenaeum vom 22. Juli 1893.

widerung stellt er ausdrücklich fest, dass er genau dieselben ethischen Ideale habe wie Huxley, ja dieselben schon vor langen Jahren in seinen Werken vertreten habe. Das ist zweifellos richtig. Damit trifft er aber den springenden Punkt nicht; denn Huxley wendet sich nicht gegen seine Ideale, sondern gegen seinen Vorschlag, mit Hilfe der Auslese in ferner Zukunft eine selbstlose Menschheit zu schaffen. Das ist zugleich der schwache Punkt in Huxleys Ausführungen: Spencers scheindarwinistische ethische Menschheitserziehung durchschaut er als auf Trugschlüssen beruhend; seine human-demokratisch-christlichen Ideale aber hat er noch nicht überwunden. Mit Spencer teilt er das ethische Zukunftsziel der harmonisch sozialen Menschheit. Auch ihm steht der Zug, dass es alle Menschen besser auf der Erde haben, höher als das echte darwinistische Ideal, an das er noch nicht denkt: dass die Menschheit mittels weiteren Wettbewerbes noch eine Stufe höher in ihrer Entwicklung steige, dass die Gattung Mensch sich in ihren Fähigkeiten hebe; der deus ex machina, den er braucht, um von dem mitleidlosen Wettbewerb um die Daseinsmittel in der Natur zu der Förderung des Selbstlosesten, Aufopferndsten zu gelangen, ist aber derselbe wie bei Spencer, die Kultur, die die Naturgesetze ausserkraft setzt, oder die „ethische Entwicklung“ wie er sagt.

„Der Mensch als Glied der Gesellschaft ist zweifellos den Naturgesetzen unterworfen. Wie bei anderen Lebewesen nimmt die Vermehrung ihren endlosen Verlauf und zieht einen harten Wettbewerb um die Daseinsmittel nach sich. Der Daseinskampf hat aber die Tendenz, alle diejenigen, die weniger geeignet sind, sich ihren Daseinsbedingungen anzupassen, auszuscheiden. Die Stärksten, die Selbstsichersten werden stets über die

Schwachen wegschreiten. Der Einfluss des Naturwaltens auf die Entwicklung der Gesellschaft aber ist um so grösser, je tiefer sich deren Zivilisation noch in den Anfängen befindet. Sozialer Fortschritt bedeutet Ausserkraftsetzen des Waltens der Naturmächte und das Dafüreinsetzen von etwas Anderem, das man das Walten der ethischen Mächte nennen kann. Dessen Endergebnis ist aber nicht das Überleben derer, die hinsichtlich der Gesammtsumme der gerade vorhandenen Bedingungen die Geeignetsten sind, sondern das der sittlich Besten."

Klar und scharf hat es Huxley erfasst, dass das Handeln nach den christlich - demokratisch - humanen Idealen, das wir heute in unserer gewöhnlichen Ausdrucksweise als Rechthandeln oder Tugend bezeichnen, eine Lebensführung einschliesst, „die nach jeder Richtung hin das Gegenteil von dem ist, was im Kampf ums Dasein in der Natur zum Siege führt". Ihm gilt es daher mit Recht ein für allemal als ausgemacht, dass die weitere Annäherung der Gesellschaft an diese Ideale nicht von dem Nachahmen des Naturwaltens und noch weniger von der Flucht davor zu erwarten sei, sondern von dem Kampfe gegen dieses Walten. Er unterschätzt diesen Kampf keineswegs. „Das Sittliche" (d. h. das demokratisch - christlich - human Sittliche), „kann sich darauf verlassen, dass es mit einem zähen, machtvollen Gegner zu rechnen haben wird, solange die Welt steht." Es ist keine Frage, dass die Einrichtung des Erbrechtes, die Verfolgung bedeutender Männer, die Kriege seit Einführung der Feuerwaffen, die Armengesetzgebung und die Fortschritte der Medizin den Ausleseprozess, dem die Menschheit auf tieferen Kulturstufen ausnahmslos ausgesetzt gewesen ist, aufgehalten und zum Teil ganz aufgehoben haben — aber sollte diese Thatsache dem Naturforscher nicht ein Warnungssignal sein, dass die Kulturvölker in ihrer Konstitution im Niedergange sind, und ein Weckruf, gegen diese Versündigung am Menschheitsfortschritt einzuschreiten? Huxley weiss recht wohl, dass Ethik und Nationalökonomie, die er bezeichnender Weise zusammen nennt, sich sammt Physiologie und Psychologie demselben Läuterungsprozess zu unterziehen haben, durch den Astronomie, Physik und Chemie schon gegangen sind, ehe sie die Stufe erreicht haben, auf der ihr Einfluss ein wichtiger Faktor im Menschenleben wurde, und dass sie fraglos in nicht allzulanger Zeit auf dem Felde des praktischen Lebens eine gewaltige Revolution hervorrufen werden. Seine Auffassung der Sittlichkeit aber ist noch keine neue. Er nimmt einfach das Ideal der Humanität und der christlichen Nächstenmoral her und umschreibt es naturwissenschaftlich. Die Ausübung des ethisch Guten ist ihm weniger auf das Überleben der Tüchtigsten gerichtet als darauf, so viele als möglich zum Überleben tüchtig zu machen. Gegenüber der Maximation des Glückes gewiss ein bescheidenes Ideal! Mit der Aufhebung, der völligen Aufhebung, des Ausleseprozesses, ist auch aller Menschheitsfortschritt aufgehoben, zumal wenn die Vererbung erworbener Eigenschaften sich wirklich völlig als Wahn erweisen sollte. Bis hierher hat uns die Natur freundlich mit ihrer auslesenden Hand geleitet — aber hier steht der Naturforscher mit erhobener Rechten und ruft ihr ein: „Bis hierher und nicht weiter!“ zu. Ob sie sein Gebot hören, befolgen wird?

Es ist tollkühn, den Mikrokosmus so dem Makrokosmus gegenüber zu stellen und den Menschen anzustiften, die Natur seiner Wehleidigkeit dienstbar zu machen. Und wo nimmt der Mensch das Recht her, diese Wehleidigkeit bei fremdem Schmerz, dieses Mitleid, diese sogenannte Selbstlosigkeit, einen „höheren Zweck" zu nennen, als den Erfolg des Naturwaltens, die Hebung der Gattung Mensch? Wo ist der Massstab, an dem gemessen, sich diese willkürliche Menschensatzung, die aus krankhafter theoretischer Übertreibung vernünftiger Schonung der Mitmenschen entspringt, als höher als der Naturzweck, die Vervollkommnung der Arten, erweist?

Bis die Antwort auf diese Frage gegeben wird, hat die Naturforschung ein Recht, zu verlangen, die Grundlage der neuen Ethik der Epoche bilden zu dürfen, welche mit dem Jahre 1859 im Geistesleben Europas angebrochen ist.

Huxley nennt es, wie bemerkt, geradezu einen Trugschluss in der modernen Entwicklungsethik, „dass, weil Tiere und Pflanzen im Ganzen durch den Kampf ums Dasein und das daraus folgende „Überleben der Tüchtigsten" zu einer vollendeteren Organisation gelangt sind, der Mensch als Glied der Gesellschaft, als ethisches Wesen, in seiner Vervollkommnung auf denselben Prozess angewiesen sei." Hinsichtlich der Annäherung an asketische Ideale hat er allerdings recht, hinsichtlich des naturgegebenen Ideals der Kraftsteigerung der Menschengattung aber nicht. Weiter führt schon Huxleys Ziel, möglichst viele zum Überleben tüchtig zu machen, wenn es nur richtig verstanden wird. Bezieht sich die Ethik doch nicht nur auf die Handlungen des einzelnen, sondern ebenso auf die Einrichtungen der Gesellschaft. Die Ethik als Lebenswissenschaft hat geradezu zwei Aufgaben, einmal die Menschen dazu zu erziehen, unter den bestehenden Produktionsbedingungen möglichst Tüchtiges zu leisten, und dann die Produktionsbedingungen so fortzubilden, dass die unter ihnen arbeitenden Menschen körperlich und geistig möglichst tüchtig werden können, dass sie eine soziale Auslese bedingen, deren Ergebnis zunehmende Körperkraft, Geschicklichkeit, geistige Frische, reichere Differenzierung und Lebensfreude sind.

Im Laufe seiner Erörterungen spricht Huxley den folgenden schon erwähnten Satz aus: „Die Ausübung dessen, was das ethisch Beste ist, was wir Gutsein oder Tugend nennen, schliesst eine Art des Handelns ein, die in jeder Hinsicht dem entgegengesetzt ist, was im Daseinskampf in der Natur zum Siege führt. Anstelle rücksichtsloser Selbstbehauptung verlangt sie Selbsteinschränkung." In einer Anmerkung dagegen sagt er: „Genau ausgedrückt, sind soziales Leben und die sittliche Entwicklung, kraft deren jenes sich der Vollkommenheit nähert, genau so sehr ein notwendiges Glied in dem allgemeinen Entwicklungsprozess wie das Herdendasein zahlloser Pflanzen und Tiere, das von so unendlichem Vorteil für sie gewesen ist." Diese beiden Stellen scheinen sich mindestens zu widersprechen, obwohl in Wirklichkeit nur der nachlässige Ausdruck der ersten von ihnen daran schuld ist. Gleich nach dem Erscheinen von „Evolution and Ethics" wurde dieser Widerspruch Huxley denn auch aufgemuzt, zuerst von dem Kritiker des Athenaeum und dann von Spencer.*) Noch andere stimmten ein, und so kam die Sache bald vor das grosse Publikum. Als Huxley dann die kleine Monographie 1894 im neunten Bande seiner gesammelten Essays**) wieder abdruckte, setzte er ihr einen grossen einleitenden Abschnitt als Prolegomena vor, in dem er

*) in den beiden angeführten Stellen im Athenaeum.

**) Collected Essays. Vol. IX. Evolution and Ethics and other Essays, London 1894.

auf den Kernpunkt der Entwicklungsethik, die Anwendung der natürlichen Auslese auf die heutige Menschheit, näher eingeht, ohne jedoch auch hier die richtige Stellung zu dieser Frage zu finden.

Huxley spricht von einer isolierten Kolonie, die sich ausdehnt, bis ihre Bevölkerung die Grenze des Nahrungsspielraumes erreicht hat. Bis dahin ist der Daseinskampf im Innern mindestens ein sehr milder. Jetzt mit einem Male wird er heftig: „Nehmen wir einmal an, das Oberhaupt liesse sich durch rein naturwissenschaftliche Erwägungen leiten; dann würde er, dem Gärtner gleich, dieser ernstesten Schwierigkeit durch planmässige Austilgung oder Ausscheidung der Überflüssigen begegnen. Die hoffnungslos Verseuchten, die kränklichen Alten, die Schwachen oder an Körper und Geist Hässlichen, den Überschuss der geborenen Kinder, würde er beseitigen, wie der Gärtner die mangelhaften und überflüssigen Pflanzen ausrauft und der Züchter die zur Zucht ungeeigneten Rinder schlachtet. Nur den Starken und den Gesunden, die zum Zwecke der Erzeugung einer den Wünschen des Oberhauptes am besten angepassten Nachkommenschaft sorgsam gepaart würden, würde es gestattet sein, ihre Art fortzupflanzen.“ Aber „diese schroff naturwissenschaftliche Methode, die Grundsätze der Entwicklung auf die menschliche Gesellschaft anzuwenden, fällt schwerlich in den Bereich der praktischen politischen Wissenschaft; nicht wegen Mangels an gutem Willen seitens der grossen Menge, sondern weil, um nur einen Grund anzuführen, wenig Hoffnung vorhanden ist, dass einfache Menschenkinder je genug Verstand besitzen werden, um die Geeignetsten auszuwählen“. „Ich bezweifle, dass selbst der schärfste Charakterkenner, wenn er hundert Knaben und Mädchen unter vierzehn Jahren vor sich hätte, mit der mindesten Aussicht auf die richtige Wahl diejenigen herauszusuchen vermöchte, die, als sicherlich nützliche Glieder des Gemeinwesens, erhalten bleiben sollten, und andrerseits diejenigen, die mit Chloroform zu beseitigen wären, da sie die gleiche Bürgschaft böten, dass sie beschränkt, faul und lasterhaft sein würden."

Noch andere Waffen hat sich Huxley gegen dieses selbstgeschaffene Gespenst der Bevormundungsauslese geschmiedet. Er meint nicht nur, dass diese von einzelnen planmässig geübte bewusste Auslese niemals eine bedeutende Rolle in der Entwicklung der Gesellschaft gespielt habe, sondern auch, dass sie sie nie spielen könne. Eine solche Auslese liesse sich ja nicht ins Werk setzen „ohne eine ernste Schwächung, ja vielleicht Zerstörung der Bande, welche die Gesellschaft zusammenhalten". Und da drängt sich ihm die Überzeugung auf, „dass diejenigen, die da gewöhnt sind, sich mit der direkten oder indirekten Austilgung der Schwachen, Unglücklichen und Überflüssigen zu beschäftigen; die dieses Verhalten mit dem Grunde rechtfertigen, dass der kosmische Prozess es heilige und es das einzige Mittel zur Sicherung des Fortschrittes der Rasse sei; die, wenn konsequent, die Medizin unter die schwarzen Künste rechnen und den Arzt als den unheilvollen Erhalter der Ungeeigneten betrachten müssen; die sich in ihren Eheentschlüssen durch Marstallprinzipien bestimmen lassen; und die ihr ganzes Leben der Ausbildung in der edlen Kunst der Unterdrückung natürlicher Neigung und Teilnahme widmen; — dass diejenigen nicht gerade einen besonderen Vorrat an diesen Gütern übrig behalten werden".

Nach Huxleys Meinung ist in England von 1600 bis 1900 der Kampf ums Dasein zwischen den einzelnen

Menschen unter der grossen Menge der Bevölkerung (etwa mit Ausnahme von ein paar kurzen Bürgerkriegen) derartig eingeschränkt gewesen, dass er nur geringe oder selbst gar keine auslesende Wirkung gehabt haben kann. Andrerseits ist, „was man der direkten Auslese vergleichen könnte, in so geringer Ausdehnung geübt worden, dass man es ebensogut vernachlässigen kann. Das Strafgesetz, das, insofern als es diejenigen, die seine Gebote übertreten, zum Tode verurteilt oder langen Gefängnisstrafen unterwirft, die Fortpflanzung erblicher verbrecherischer Tendenzen verhindert, und das Armengesetz, insofern es verheiratete Paare trennt, deren Versumpfung erblichen Charaktermängeln entspringt, sind fraglos auslesende Kräfte, die zugunsten der nicht verbrecherischen und der arbeitstüchtigeren Glieder der Gesellschaft arbeiten. Aber das Bruchteil der Gesellschaft, das sie beeinflussen, ist sehr klein, und gewöhnlich haben der erbliche Verbrecher und der erbliche Bettler ihre Art schon fortgepflanzt, ehe der Arm des Gesetzes sie erreicht. In einem hohen Prozentsatz haben Verbrechen und Bettelarmut nichts mit Vererbung zu thun, sondern sind teilweise die Folge der Umstände, teilweise die Folge des Besitzes von Eigenschaften, die unter anderen Lebensbedingungen Achtung, ja Bewunderung, erzeugt haben würden". So kommt Huxley zu der melancholischen Erwägung: „man muss schon sehr ‚tüchtig' sein, um sich keines Falles oder keiner Fälle in seinem eigenen Leben bewusst zu sein, in denen es nur allzuleicht möglich gewesen wäre, dass man zu den ‚Untüchtigen' gezählt hätte."

Eine derartige Karrikierung der menschlichen Auslese beweist sicher nichts gegen die Sache. Huxley kommt zu seinem Zerrbild, indem er die etwa zu schaffenden Ausleseeinrichtungen nach dem Muster bemisst, das uns der bewusste Gärtner, der bewusste Tierzüchter, liefert. Das ist aber ebenso willkürlich wie falsch. Denn für die Menschheit giebt es eben einen solchen ausser ihr befindlichen Gärtner oder Züchter nicht. In dem ganzen übrigen Reich der Natur aber giebt es ebenfalls eine Auslese, ohne dass es solch einen bewussten Gärtner oder Züchter gäbe. Die Auslese ist dort das ungewollte Ergebnis einer Reihe zusammenwirkender Faktoren. Warum sollte nun die Gesellschaft, die sich zu ihrer Hebung der sozialen Auslese zu bedienen gedächte, gerade jenen vereinzelten Fall zum Muster nehmen, der sich nicht einmal genau nachahmen lässt, und nicht vielmehr diesen allgemeinen? Huxley, der sonst so scharf gegen das sozialistische Bevormundungssystem ins Feld zieht, scheint hier der Ansicht zu sein, dass in der menschlichen Gesellschaft nur eine solche willkürliche Auslese möglich sei, eine unwillkürliche, die sich darauf beschränkt, die Kräfte wirken zu lassen, die in der Natur unbewusst zur Auslese führen, aber nicht. Und das ist ein grosser Irrtum. Die Aufhebung jeden Erbrechtes z. B. müsste im Durchschnitt allen Tüchtigen und Begabten den Daseinskampf riesig erleichtern, während sie ihn mindestens den Dummen und Faulen, die heute durch das Erbrecht für ihr Leben sicher gestellt sind, riesig erschwerte. Damit müsste sie für eine wirkliche Auslese der Tüchtigsten mehr leisten als ein ganzes Heer angestellter Auslesebeamter vermöchte.

Neben sein Zerrbild der menschlichen Auslese stellt Huxley noch andere Scheingründe gegen sie. Er ist der Meinung, dass mit der Entwicklung der menschlichen Gesellschaft der Kampf ums Dasein zwischen den einzelnen immer mehr abnehmen muss. „Aber da jeder Mensch mehr oder weniger von den Eigenschaften der übrigen hatte und besonders sein volles Teil Wunsch nach unbegrenzter Selbstbefriedigung, so liess sich der Daseinskampf innerhalb der Gesellschaft nur stufenweise beseitigen. Solange noch ein Rest davon blieb, solange blieb die Gesellschaft ein unvollkommenes Werkzeug des Kampfes ums Dasein und liess sich folglich auch noch durch den auslesenden Einfluss dieses Kampfes heben. Unter im Übrigen gleichen Umständen musste die Horde Wilder überleben, in der die Ordnung am besten gewahrt wurde, in deren Innern die grösste Sicherheit herrschte und bei der nach aussen hin die einzelnen sich am besten wechselseitig unterstützten." Diese allmähliche Stärkung der sozialen Bande nennt Huxley den ethischen Prozess, und er behauptet, freilich ohne es irgendwie zu beweisen oder nur wahrscheinlich zu machen, dass „wenn der ethische Prozess soweit vorgeschritten ist, dass er jedem Mitglied der Gesellschaft den Besitz der Daseinsmittel sichert, der Daseinskampf zwischen den einzelnen Menschen innerhalb der Gesellschaft ganz von selbst verschwinde." „Und", fährt er fort, „da es unleugbar ist, dass die am höchsten zivilisierten Gesellschaften diese Stellung thatsächlich erreicht haben, so folgt daraus, dass, soweit sie inbetracht kommen, der Daseinskampf in ihrem Innern keine wichtige Rolle für sie spielen kann". Die Fragen, ob der Daseinskampf, den der Mensch gegen die Natur und mit anderen Gemeinwesen von Menschen führt, einen auslesenden Einfluss auf die moderne Gesellschaft hat, lässt Huxley offen und bezeichnet sie als schwer zu lösende Probleme. Selbst das Problem der Wirkung des Krieges- und des Erwerbskampfes auf diejenigen, die diese Kämpfe kämpfen, sei sehr verwickelt.

In der menschlichen Gesellschaft soll es heute einen wirklichen Daseinskampf nicht mehr geben. „Was man oft den Daseinskampf in der Gesellschaft nennt, ist ein

Wettbewerb nicht um die Daseinsmittel, sondern um die Genussmittel." Ist das wirklich vollkommen richtig? In einem 1888 geschriebenen Aufsatz: „Der Kampf ums Dasein in der menschlichen Gesellschaft" *) zeigt Huxley die Lächerlichkeit des Beginnens, das Naturwalten mit dem Masse unserer geltenden Ethik zu messen und spricht es aus: der Naturlauf ist weder moralisch noch unmoralisch, sondern nicht moralisch. Das Moralische entsteht erst mit der Entwicklung der Gesellschaft, die dem Kampf ums Dasein gewisse Schranken zieht. Die vollkommenste Gesellschaft ist ihm diejenige, in der der Krieg des einzelnen gegen den einzelnen scharf begrenzt ist. Darnach wäre selbst in der vollkommensten Gesellschaft der Daseinskampf doch noch nicht ganz verschwunden, während er nach dem obigen Ausspruch mindestens imstande sein soll zu verschwinden. Sicherlich ist das letztangeführte Wort das zutreffendere. Der Kampf um die Daseinsmittel und der Kampf um die Genussmittel gehen in einer Weise in einander über, das seine scharfe Scheidung unmöglich ist. Was heute Kampf um die Genussmittel ist, kann morgen Kampf um die Daseinsmittel sein und umgekehrt.

„Diejenigen welche in jenem praktischen Preisexamen die ersten Plätze einnehmen", sagt Huxley weiter in seinen Prolegomena, „sind die Bemittelten und Einflussreichen; diejenigen welche, ganz oder teilweise durchfallen, nehmen die unteren Plätze ein bis hinab zu dem schmutzigen Dunkel des Bettlers und Verbrechers. Selbst nach der liberalsten Schätzung wird sich die erstere Gruppe noch nicht auf zwei Prozent der Bevölkerung belaufen, und es ist min-

*) The Struggle for Existence in Human Society. Nineteenth Century, January 1888, neu gedruckt in den Collected Essays. Vol. IX. Evolution and Ethics and Other Essays. London 1894. Essay V, 1.

destens zweifelhaft, ob die zweite weitere zwei Prozent übersteigt. Aber nehmen wir zum vorliegenden Zwecke einmal an, sie belaufe sich selbst auf fünf Prozent." Nur die zweite Gruppe bietet nach Huxleys Meinung einen Vergleichspunkt mit dem Daseinskampfe ausserhalb der Menschenwelt. Nur in ihr sterben zahlreiche Männer, Frauen und Kinder einen raschen oder langsamen Hungertod. Trotzdem soll sie auf die anderen fünfundneunzig Prozent keinerlei auslesenden Einfluss haben. Der letzte Satz ist zweifellos falsch. Booth hat in seinem ‚Darkest England' in der überzeugendsten Weise nachgewiesen, dass z. B. die Bevölkerung Ostlondons keineswegs eine erbliche ist. Die Familien, die auf die tiefste Stufe hinunter sinken, sterben vielmehr in wenigen Generationen aus, und das Eastend müsste sich in einem einzigen Jahrhundert so gut wie ganz leeren, wenn kein Nachschub vom Westen her stattfände. Die Auslese innerhalb der ersten fünfundneunzig Prozent besteht aber eben in diesem Hinuntersinken einzelner Menschengruppen nach dem Ostend, wo sie dann verhältnismässig rasch aussterben.

Denjenigen, die die ersten Plätze in jenem praktischen Preisexamen erhalten, geben ihre Erfolge mindestens die Mittel zur frühen Heirat und zum Grossziehen einer zahlreichen Nachkommenschaft. Wenn sie von diesen Mitteln keinen Gebrauch machen, so ist das ihre eigene Schuld.

Die Anerkennung der natürlichen Auslese in der menschlichen Gesellschaft soll ferner die sozialen Bande zerreissen. Das ist eine Behauptung, die doch erst bewiesen werden müsste. Was Huxley dafür anführt, ist sicher nicht stichhaltig. Mindestens kommt es doch darauf an, in welcher Weise man sich das Wirken dieser Auslese vorstellt. Darüber, dass der kosmische Prozess nur mittels der Auslese einen Fortschritt geschaffen hat, ist doch wohl kein Zweifel mehr. Wer die Hebung der Rasse zu seinem Ideal macht und dieses Ideal verwirklichen will, wird wohl oder übel zur Auslese greifen müssen. Die Folgen davon aber sollen unheilvolle sein. Eine direkte Austilgung der Schwachen, Unglücklichen und Überflüssigen ist meines Wissens noch von keinem ernsten Menschen vorgeschlagen worden. Aber warum sollte keine indirekte möglich sein? Unsere sozialen Einrichtungen, unsere Heilkunst, erhalten tausend flackernde Lebensflämmchen — soll die Gesellschaft, die diese Menschen dem sicheren Tode entreisst, dafür nicht das Recht haben, ihnen die Verpflichtung aufzuerlegen, nicht zu heiraten, ihnen mindestens die Schliessung einer rechtsgiltigen Ehe vorzuenthalten? Allerdings vermehrt die therapeutische Medizin heute die Krankheit und das Elend in der Welt. Aber ist es die Schuld der Wissenschaft und ihrer Träger, oder nicht vielmehr der Gewissenlosigkeit der Kranken und der Gesellschaft, in der sie leben, was den Kranken und Schwachen Nachkommen gestattet? Dasjenige, was bisher die normale, gesunde Ehe geschlossen hat, ist die persönliche Geschlechtsliebe gewesen, der Drang, der zwei Personen verschiedenen Geschlechts stärker zu einander zieht als zu anderen Personen des anderen Geschlechtes: und diese Liebe wird wohl auch weiterhin die Grundlage der Ehe bleiben. Eine Verstandeserwägung, ein „Marstallprinzip", kann niemals diese natürliche Grundlage der Ehe verdrängen, aber sie kann ihre unbedingte Geltung einschränken. Ich liebe ein schwindsüchtiges Mädchen. Was ist nun sittlicher, wenn ich trotz meiner Liebe auf die Ehe mit ihr verzichte oder mit ihr zehn schwindsüchtige Kinder zeuge? Aber muss ich, weil mir die Rücksicht auf unsere Nachkommen verbietet, sie heimzuführen, deswegen nun die robusteste

Bauerndirne heiraten, die sich auftreiben lässt? Dann hätten wir es allerdings mit Marstallprinzipien zu thun. In welchem Falle gebe ich der natürlichen Neigung und Teilnahme mehr Raum: wenn ich unbekümmert um die unseligen Folgen für eine lebenslang sieche Kinderschaar blind meiner heissen Neigung folge, oder wenn ich mich von dem Gedanken an das Glück meiner ungeborenen Kinder schliesslich aus den Armen meiner siechen Braut losreisse? Sollte das Handeln zum Wohle zahlreicher Nachkommen nicht doch vielleicht besser sein als ein Handeln, das ihnen und dadurch den Eltern tausendfachen Schmerz bereiten muss?

Wenn Huxleys Behauptung: „da Gesetz und Ethik Einschränkungen des Daseinskampfes zwischen den Menschen in der Gesellschaft sind, so befindet sich der ethische Prozess im Gegensatz zu dem Prinzip des kosmischen Prozesses und hat die Tendenz, die Eigenschaften, die zum Siege in diesem Kampfe am geeignetsten machen, zu unterdrücken“, sich auf keine besseren Gründe stützt, so ist sie hinfällig. Wenn eine Gruppe Menschen erst in Wettbewerb um die Daseinsmittel durch Jagd und Beutemachen steht und sodann denselben Wettbewerb auf dem Gebiete der Ackerbestellung ausficht, so kann man doch nicht sagen, dass der Wettbewerb dadurch in Gegensatz zu dem kosmischen Prozess trete. Unter den Füchsen erjagt sich der Schnellste die meiste Beute, und es giebt eine gewisse Langsamkeitsgrenze. Sobald ein Fuchs unter diese heruntersinkt, bekommt er überhaupt keine Beute mehr, und je mehr er sich ihr nähert, desto weniger erhält er. Unter den Menschen von heute ist der Sieg im Daseinskampfe in weitem Masse an die Arbeitsfähigkeit und das Vollbringen nützlicher Arbeit geknüpft. Das Gebot der christlich-human-demokratischen

Nächstenmoral läuft allerdings dem Naturwalten zuwider. Während in der Natur nur die Tüchtigsten überdauern, will sie allen oder doch möglichst allen das Überdauern sichern. Dass aber die humane Nächstenmoral mit aller Moral überhaupt identisch sei, ist ein grosser Irrtum. Die Gattungsmoral z. B. ist dabei ganz unberücksichtigt gelassen. Und Nietzsches Herrenmoral, die im letzten Grunde mit dieser Gattungsmoral identisch ist? Huxley weiss recht wohl, dass der Grundsatz: „Was du willst, dass man dir thue, das thue du anderen auch" in seinen letzten Folgen „unvereinbar ist mit dem Bestehen eines bürgerlichen Zustandes und allen Umständen, die in dieser Welt dagewesen sind, oder soweit das abzusehen ist, je vorkommen werden" und er weist an einem schlagenden Beispiel seine Nichtigkeit nach. Aber die nahe damit verwandte humane Nächstenmoral erhält er trotzdem aufrecht.

An diesen angeblichen Gegensatz des ethischen und des kosmischen Prozesses hat sich auch die weitere Erörterung der Frage gehängt. Henry Jones hat in einer Arbeit: „Ist die Naturordnung dem sittlichen Leben entgegengesetzt?"*) gegen diese Auffassung Huxleys thatkräftig Front gemacht. Der Hegelianer, der Friedrich Nietzsches Theorie der Entstehung der Nächstenmoral noch nicht kennt, bestreitet aufs nachdrücklichste das Vorhandensein eines „solchen unüberbrückbaren Zwiespaltes zwischen Glück und moralischem Gutsein". Wie Kant und Wundt gesteht er dem Ethischen ein selbständiges Recht neben der Erkenntnis zu und meint, „das Problem des ethischen Lebens des Menschen werde durch die Anschauung, die man von dem bloss natürlichen

*) Is the Order of Nature Opposed to the Moral Life? Glasgower Antrittsvorlesung, Glasgow 1894.

kosmischen Prozess habe, gar nicht beeinflusst", und infolge dieser Anschauung geht er auf die Grundfrage der Entwicklungsethik, die Anwendung der natürlichen Auslese auf die Menschenwelt, gar nicht ein.

* * *

Auch in weiten theologischen Kreisen ist der Rückgang des Dogmenglaubens heute eine anerkannte Thatsache. Die ganze christlich-soziale Richtung legt daher den Nachdruck nicht mehr aufs Dogma, sondern auf die Sittlichkeit. Ists auch mit dem christlichen Glauben nichts mehr, so ist doch die christliche Sittlichkeit gut. Das Eintreten eines Naturforschers vom Range Huxleys für diese Sittlichkeit muss die Stellung dieser Richtung naturgemäss stärken. Um so nachdrücklicher ist es geboten, auf die Verwerfungsspalte hinzuweisen, auf die seine Theorie deutet.

Gleichzeitig mit Huxleys ersten Arbeiten auf diesem Gebiete fällt in England der Gedanke der Anwendung der natürlichen Auslese auf die Menschheit von heute. Am klarsten, wenn auch noch nicht ganz vollständig, hat ihn zuerst Morison in seinem Buche „Menschheitsdienst" *) ausgesprochen.

Morison ist ein begeisterter Malthusianer gleich Charles Bradlaugh. Aber dennoch verschliesst er sein Auge nicht den Schäden, die die augenblickliche beschränkte Anwendung des Malthusschen Ratschlages, weniger Kinder zu erzeugen, haben muss. Er fasst sie in die zwei Sätze: „Die Vorsorglichen und Besonnenen heiraten spät und erzeugen wenig Kinder. Die Verbrecherischen und

*) James Cotter Morison, The Service of Man, London 1888, deutsch von L. Lauenstein als „Menschheitsdienst", Leipzig, Reissner 1890.

Leichtsinnigen hingegen vermehren sich nach Belieben." Nicht mehr nur die Übervölkerung im Allgemeinen, sondern die unverhältnismässige Vermehrung der „Untauglichen" und Unwürdigen zieht seine Aufmerksamkeit auf sich. Morison sowohl wie Arnold White in seinem Buche über die „Aufgaben einer grossen Stadt" haben überspannte Begriffe von der Zunahme der Verbrecher und des Gesindels in Ostlondon. Booth's „Darkest England and the Way out" hat, wie schon bemerkt, viele dieser Ansichten ganz wesentlich eingeschränkt, den Rest als ganz irrig erwiesen. Es darf heute als Thatsache betrachtet werden, dass keine Familie, die nach Ostlondon heruntersinkt, die vierte Generation erlebt. Meist stirbt sie schon in der zweiten aus.*) Morison fasst in letzter Linie alle lebenden Exemplare der Gattung Mensch ins Auge; er berücksichtigt fast nur die soziale Seite: „Was wir brauchen, ist eine auf wissenschaftliche Erkenntnis gestützte Erziehung der Gesellschaft als Ganzes", sind seine Worte. Alle Religionen haben die Tendenz, in ihrer Entwicklungsgeschichte nach und nach den Gottesdienst in den Hintergrund treten zu lassen und dafür die Rücksicht auf die Menschen in den Vordergrund zu schieben. Ebenso besitzt sie das Christentum. Jetzt ist die Zeit gekommen, den Gottesdienst überhaupt aufzugeben und sich an dessen Stelle dem Menschheitsdienst zu widmen. Worin soll nun dieser Menschheitsdienst bestehen? In weiterer, ausgedehnterer Fürsorge für die Armen, Schwachen und Elenden? In der Förderung der Interessen unserer lebenden Mitmenschen im Allgemeinen? In der Rücksicht auf die kommende Generation? In der Schaffung sogenannter „gerechterer"

---

*) Vergleiche meinen Aufsatz „Ostlondon als Nationalheilstatt" in der Zukunft. 1893. No. 59.

sozialer Verhältnisse? In der körperlichen und geistig-sittlichen Hebung der Menschenfamilie? Der Fragen sind viele, aber der Antworten wenige. Morison verweist statt allen Bescheides auf zwei allgemeine Sätze aus Spencers „Data of Ethics", die beide in derselben Richtung deuten, nämlich auf grössere Bethätigung unserer sozialen Instinkte und auf eine neue Gesellschaftsordnung, in der die allzuschroffen Gegensätze unserer heutigen etwas abgeschwächt sind. Die Befolgung dieser Sätze soll zu einem vollkommenen Leben nach den sozialen Bedingungen führen. Der Menschheitsdienst besteht darin, beide zu fördern. Vervollkommnung des Individuums und Vervollkommnung der Gesellschaft sind die beiden Losungsworte. „Den ersten und vielleicht grössten Dienst können wir der Menschheit erweisen, indem wir uns selbst, und zwar in jeder Hinsicht, körperlich, geistig und sittlich verbessern." Stählung der Gesundheit und Körperkraft, Ausbildung der Fähigkeiten des Geistes und Erziehung zum sittlichen Handeln, zum Handeln für die Interessen der Gesellschaft, sind die drei Erfordernisse der individuellen Vervollkommnung. Die Veredlung der Menschheit aber soll durch ein förmliches Erziehungssystem betrieben werden. „Soll der Menschheitsdienst Grosses leisten, so müssen die Menschen notwendigerweise auch richtig für ihn erzogen werden." .... „Noch ist nirgends die Absicht vorhanden, den besten Menschen zu schaffen, den es überhaupt geben kann, und alle Fähigkeiten des Körpers, Geistes und Gemütes einzig zu dem Zweck auszubilden, sie auf die höchste Höhe zu erheben."

Die Erziehung zur Gesundheit steht oben an. Die Vermehrung der Kranken durch die verbesserten Heilmethoden soll neutralisiert werden durch strengere Anschauungen über das Recht zu heiraten. Die geistige Ausbildung folgt. In ihr sind vor allem das Halbwissen und das Spezialistentum zu meiden. Der Schwerpunkt aber liegt in der sittlichen Veredlung, der Ausbildung der Gemüts- und Empfindungswelt. Besonders sind die schlechtesten Individuen, die Verbrecher, aus der Gesellschaft auszuscheiden, damit sie keine Nachkommenschaft hinterlassen können, und dann die übrigen zur Kunst des Handelns nach dem Sittengesetz durch ein förmliches ethisches Seminar zu erziehen. Da gilt es die Ausbildung der „altruistischen" Triebe im Menschen, des Bewusstseins der Verpflichtungen, die er gegen andere hat. „Die einzigen Bausteine des Glücks sind grosse Wünsche oder Leidenschaften, welche oft und dauernd Befriedigung zu gewähren vermögen." Zu solchen Wünschen und Leidenschaften müssen uns die altruistischen Strebungen werden, wenngleich ihre Befriedigung wie die aller Leidenschaften oft genug von Kummer begleitet ist. So wünscht es von uns wenigstens die Gesellschaft. „Eine ideale Gesellschaft aber wäre eine solche, in der eine ideale Erziehung die guten Leidenschaften gewohnheitsmässig antriebe und entflammte und die schlechten ertötete und unterdrückte."

Spencer sagt ganz richtig*): „Die würdigen Armen gehören mit zu denen, welche die Kosten der Sorge für die unwürdigen Armen tragen müssen. Denn ebenso wie die fleissigen und sparsamen Arbeiter unter dem alten Armengesetze zu zahlen hatten, damit die Taugenichtse keine Not litten . . . . so vergrössert auch dieses System in jedem Falle die Leiden derer, welche das grösste Mitleid verdienen, und mindert nur die Leiden

*) Man versus the state S. 71/72.

solcher, welche Mitleid gar nicht wert sind." Morison knüpft daran die Äusserung*): „Mit anderen Worten: das Gefühl der Gesammtheit ist jetzt soweit irre geleitet, dass es alle Anstrengungen macht, den wohlthätigen Einfluss der natürlichen Auslese, welche das Lebenbleiben des Standhaften, Starken und Fähigen befördert, zu vernichten und dafür im Gegenteil die Erzeugung des „Untauglichen", Schwachen, Dummen und Unwürdigen zu schützen." —

Auch Francis Galton hat sich, wenn auch nur vorübergehend, mit der Frage der Hebung der Gattung Mensch beschäftigt. Als Bestreiter jeder Erblichkeit erworbener Eigenschaften kann er sein Augenmerk offenbar nur auf die Auslese als hebenden Faktor richten. Aber durch einen leichtfertigen oder nur scheinbaren Analogieschluss hat er den springenden Punkt übersehen. Bei allen Lebewesen, die in grosser Zahl auf der Erde vorhanden sind, kommt der Fortschritt nicht dadurch zustande, dass immer das ausgezeichnetste männliche Exemplar mit dem ausgezeichnetsten weiblichen Exemplar sich paart und so ein rapides Aufsteigen entsteht, — sondern die über den Durchschnitt emporragenden Stärkeren suchen sich die Weibchen, die sie am stärksten anziehen. Die anderen haben dann das Nachsehen, und nur die Allerschwächsten gehen zugrunde, ohne zur Ehe zu gelangen. Das gilt auch vom Menschen, und der letzte Satz sollte von ihm unter vernünftigen sozialen Verhältnissen wenigstens gelten. Indem in jeder Generation die Schlechtesten von der Paarung ausgeschlossen werden, kommt der Fortschritt zustande. Dies scheint Galton aber zu grausam, und darum will er auf einem Umwege zum Ziele ge-

*) Menschheitsdienst. Deutsch von Lauenstein. Leipzig 1890. S. 27.

langen, indem er nämlich den ganz besonders ausgezeichneten Exemplaren Mensch ganz besondere Chancen für eine zahlreiche Vermehrung giebt, durch eine so hohe Staatsunterstützung, dass das junge Paar davon einen Haushalt gründen kann. Selbst wenn dies in ausserordentlich zahlreichen Fällen geschähe, so ist es doch ausserordentlich fraglich, ob diese Beförderung der Besten den Nachteil auszugleichen vermöchte, den die wahrscheinlich doch noch raschere Vermehrung der Schlechtesten von heute schafft. Wallace bemerkt diesem Vorschlag gegenüber überdies ganz richtig, indem er die erhoffte Wirkung voraussetzt, die ich für sehr fraglich halten möchte: „Was wir brauchen, ist nicht ein höheres Niveau der Vollendung für die Wenigen, sondern ein höheres Niveau für den Durchschnitt, und dieses ist am besten zu erreichen durch die Ausscheidung der am niedrigsten Stehenden von allen und durch eine freie Mischung der übrigen.“ *)

Auf die Ausscheidung der am niedrigsten Stehenden geht demnach Alfred Russel Wallace aus. In zwei trefflichen Aufsätzen **) hat er seinen Standpunkt gekennzeichnet. In seinen Idealen, seinen Zielen hinsichtlich der Menschheitszukunft, ist er Utopist gleich Bellamy, in seiner sittlichen Überzeugung steht er ganz im Banne der christlich-human-demokratischen Ethik. Als Schilderung seines Zukunftstraumes von menschlicher Wohlfahrt benutzt er sogar das Bild, das Bellamy in seinem „Rückblick“ gezeichnet hat. Die menschlichen Idealeigenschaften sind für ihn neben tüchtiger Arbeits-

*) Menschliche Auslese, Zukunft 1894. No. 93.

**) Human Selection, Fortnightly Review Sept. 1890, Deutsch als Menschliche Auslese. Zukunft 1894, No. 93 und Human Progress, Past and Future, Arena, January 1892, Deutsch als Menschheitsfortschritt, Zukunft 1894. No. 96.

leistung (für die Gesammtheit) das freundliche Verhalten gegen die Arbeitsgenossen, Selbstlosigkeit, Mildherzigkeit. Die Annäherung an diese Ideale nennt er Menschheitsfortschritt. Gleich Galton und Weismann, wenn auch nicht so schroff wie beide, weist er die Vererbung erworbener Eigenschaften ab und richtet seinen Blick hinsichtlich der Menschheitszukunft einzig auf die Auslese. Aber auch diese will er so weit gemildert wissen, dass auch der Untüchtigste nicht mehr im fruchtlosen Kampf ums Dasein zugrunde gehe, sondern nur dadurch von der Fortpflanzung ausgeschlossen werde, dass er kein Weib findet, die sich ihm hingäbe. In der Vermehrung der Wahlfreiheit der Frauen durch Sicherstellung ihres Lebensunterhaltes sieht er den grossen Auslesefaktor der Zukunft.

Selbst unter den heutigen Verhältnissen noch, meint er,*) sind „Gesundheit, Ausdauer, Selbstzucht und Verstand in Zunahme begriffen, infolge des langsamen Ausjätens der Ungesunden, der Müssigen, der gröblich Lasterhaften, der Grausamen, der Geistesschwachen, und es mag wohl teilweise auf Rechnung der grösseren Zahl der höheren und mittleren Naturen, die so entstanden sind, zu setzen sein, dass wir von einem zweifellosen Wachsen der Menschlichkeit, der Teilnahme mit dem Leiden von Menschen und Tieren, sprechen können.“ Der Naturforscher schreibt also das Entstehen dessen, was Nietzsche Sklavenmoral nennt, direkt der Vermehrung der „Sklaven“, der Schwächeren, weniger energisch Empfindenden zu. Auch er denkt noch nicht daran, aus den letzten Folgerungen der Entwicklungslehre neue Normen für unser Handeln abzuleiten, aber er spekuliert

*) Menschheitsfortschritt. Zukunft 1894. No. 96.

trotzdem in seiner Weise auf ihrer Grundlage. Für ihn gilt es zunächst durch Ausbreitung der Bildung einen Zustand herbeizuführen, der in seinen allgemeinen Zügen mit dem Bilde zusammenfällt, das Bellamy von dem sozialistischen Zukunftsstaat entworfen hat. Dann erst, meint er, sollen die Erkenntnisse, die wir aus der Entwicklungslehre gewonnen haben, Einfluss auf das Leben gewinnen, aber keineswegs als sittliche Gebote, sondern gewissermassen von selbst. Es hat ja einen gewissen theoretischen Wert, sich zu überlegen, was nach Einführung eines sozialistischen Staates in der Menschheit eintreten wird; aber die Frage, welche für uns allein praktisches Interesse hat, ist doch: wie können wir die Kulturmenschheit aus dem erbkapitalistischen Staate von heute herausführen?

Selbst ein Wallace, der die Bedeutung der Auslese für die weitere Menschheitsentwicklung bereitwillig anerkennt, vermag sich doch noch nicht dazu zu entschliessen, auch seine humanen sittlichen Ziele zu reformieren, sondern bleibt in ihnen und damit in der praktischen Hauptfrage des ganzen Gebietes auf dem Boden der Nächstenmoral stehen, statt sich zur Gattungsmoral aufzuschwingen. Es ist einer Reihe deutscher Denker aufbehalten geblieben, diesen Schritt zu thun.

Die deutsche Entwicklungsethik.

Wohl hat in England Spencer all die Äusserlichkeiten der Entwicklungslehre in sein ethisches System aufgenommen; wohl ist Leslie Stephen mit seinem epochemachenden Buche über die Wissenschaft der Ethik auf diesem Pfade weitergeschritten; wohl steht Wilhelm Wundt der ganze gewaltige Apparat der Psychologie auf physiologischer Grundlage für seine Ethik zur Verfügung; wohl haben in England Huxley und Wallace, Morison und Balfour, Fiske und Williams den Versuch gemacht, die geltende Ethik an der Biologie zu messen oder umgekehrt —: eine grundlegende Beeinflussung der ethischen Ziele hat die Zunftethik von dem Darwinismus bis dahin aber noch nicht erfahren. Spencer hat nicht daran gedacht, die soziale Auslese als oberste sittliche Forderung einer auf die Entwicklungslehre gegründeten Sozialethik zu proklamieren; Stephen haftet als übergewissenhafter Empiriker viel zu sehr an den exakten Beobachtungen, die er in der Vergangenheit und Gegenwart gemacht hat, um daran denken zu können, dass mit dem Zeitalter der Evolutionstheorie auch für die Ethik eine neue Aera anbricht; Wundt geht in seiner „Ethik“ an all den neuen ethischen Keimen, die die Entwicklungslehre in unsere Zeit gesät hat, achtlos vorüber und denkt in seinem Idealismus nicht daran, dass man auch Ideale reformieren kann; und die englischen

Darwinisten von Fach sind durch die herrschenden demokratischen Anschauungen nur allzu sehr dem Gedanken entwöhnt, dass auch für den Menschen von heute das Gesetz der Auslese der Tüchtigsten noch gelten kann.

Wenn der Rabbi von Nazara heute wiederkäme, dann könnte er sagen: es ist leichter, dass ein Schiffstau durch ein Nadelöhr gehe, denn dass ein Demokrat oder Zunftethiker den Kern des Darwinismus verstünde. Noch immer glaubt die Zunftethik, die ausser Stephen und Wundt noch völlig im Banne des Glücksutilitarismus steht, die Thatsachen der Entwicklungslehre träge ignorieren zu können. So ist es denn in Deutschland wie in England gewesen. Was drüben Huxley und Wallace, Spencer und Williams versucht haben — nämlich die Ethik mit der Evolutionstheorie überhaupt in Berührung zu bringen —, das haben in Deutschland ebenfalls Darwinisten gethan, Männer, die die neue Erkenntnis eher ergriffen als andere, und selbständige Arbeiter auf den Gebieten der Ontogenie und Phylogenie.

Wir sind da, das ist eine Thatsache; und wir sind im Laufe von Jahresmillionen geworden, das ist nicht weniger gewiss. „Es wohnt ein Trieb nach Glück, nach Kraftbethätigung, in unserem Geiste, der uns die Hand regen heisst, um unseren Hunger zu stillen und ein Weib zu erwerben, um dem Durst nach Liebe zu genügen, dem Drange, der dem Individuum Lust gewährt und rein persönlich scheint und der trotzdem die Gattung sichert und das Individuum sterben lässt." Und wie, wenn alles das, was uns kaum da und dort einmal deutlich ins Bewusstsein tritt, was uns zu selbstverständlich, zu gewöhnlich, scheint, wovon wir kaum sprechen, nun gar unser Kern, das Beste an uns wäre, wenn all die Phrasen vom Glück der Menschheit nur Wind wären, den wir uns vormachen?

Das Erbstück aus einer Periode des Geisteslebens, die das Dasein erklärungsbedürftig fand und der der erste beste Gedankenfetzen zur „Erklärung" gut genug war? Wir sind geworden; wir haben keinen Grund, anzunehmen, dass wir bereits der Endpunkt der Entwicklungskette sind, als deren Glied wir uns zu betrachten gelernt haben. Werden wir weiter! Suchen wir unser Dasein zu verstehen, statt es uns durch eine Formel zu „erklären"! Lernen wir die Bedingungen kennen, unter denen die Entstehung der Gattung Mensch möglich war, und versuchen wir, die Ursachen lebendig zu erhalten, die unsere Vorfahren zu uns umgemodelt haben! Dann wird sich ja finden, wozu sie uns weiter ummodeln werden. So bewusst mitzuwirken an dem weiteren Aufschwung menschlicher Entwicklung, in einem Handeln, das im Einklang steht mit den der Natur abgelauschten Gesetzen, das muss mit der Zeit in dem Bewusstsein des empfindenden Menschen ein Motiv schaffen, das dem Ausblick auf Engelsang und Schwefeldunst der alten mythologischen Religion tausendfach überlegen ist, zumal es in innigstem Einklang steht mit der Elternliebe, und in dem Gefühl der Verantwortlichkeit für die angeborene Gesundheit der Kinder, soweit sie in menschlicher Macht steht, seine sicherste und festeste Stütze findet. „Sollte es dem gebildeten Menschen der Gegenwart nicht eine gewisse Befriedigung gewähren, sein Handeln mit den Gesetzen der Natur in Einklang zu wissen, sollte er bei dem Bewusstsein davon nicht etwas von der Weihe einer natürlichen Religion fühlen, oder der natürlichen Religion schlechthin?"

Wie, wenn wir das Lebendighalten jener Ursachen, die unsere Vorfahren zu uns umgemodelt haben, die bewirkt haben, dass die Form des Lebens gestiegen und gestiegen ist, zum sittlichen Gebote erhöben? Wenn wir darin die „natürliche Ethik“ fänden?

„Wenn einmal der Mensch nach dem heutigen Stande unserer Kenntnis als nichts Anderes betrachtet werden darf, denn als das letzte und oberste Endprodukt jenes langsamen Entwicklungsprozesses, durch welchen unser Planet seinen natürlichen Lebensgang durchmisst, so ist es klar, dass vor uns noch ein weites Feld künftiger Entwicklung liegen muss, dessen Ende wir heute zwar noch nicht zu überschauen vermögen, dessen Thatsächlichkeit aber darum nicht weniger gewiss für uns ist. Dass die menschliche Gattung noch unendlicher Hebung fähig ist, das ist für den Entwicklungsmenschen, für den Anhänger der naturwissenschaftlichen Weltanschauung, ein sicheres Wissen. Sie muss gehoben werden, sobald sich genug Willen finden, die mit dazu wirken;

„Vor uns liegt Eden! Fortschritt heisst das neue,
Entwickelung das bessre Losungswort““.

Schon als Charles Darwin noch an seinem grundlegenden Werke über die Entstehung der Arten arbeitete, hatte Wilhelm Jordan einzelne Züge der Entwicklungslehre, die Lamarck noch nicht gekannt hatte, vorweg genommen. In seinem dreibändigen Mysterium „Demiurgos“ (1854) führt er aus, wie Kampf und Not die treibenden Faktoren der Entwicklung seien. Nehmt sie aus dem Dasein hinweg, und mit ihnen schwindet nicht nur aller Fortschritt, sondern augenblicklich beginnt auch der Entartungsrückgang. Unsere Enkel

„bringens bis zu Negerschädeln,
die ihren werden schon mit Schwänzen wedeln.“

Sein Held Alexander müht sich vergebens mit der Schaffung einer neuen Ethik, die sein Volk über andere emporheben soll. Über ein paar Allgemeinheiten kommt der Dichter noch nicht hinaus, obwohl er der asketischen Moral für immer Lebewohl gesagt hat:

„Nicht wie der Mönch, der sich zur Strafe geisselt,
Verfuhr ich, wenn ich Neigungen bezwang:
Nein, wie der Künstler, der aus Schönheitsdrang
Sein Marmorbild so rein als möglich meisselt."

Trotz all seiner Sprachpracht und seinem Anschauungsreichtum fehlt dem Demiurgos die Spitze, trotzdem klingt er unbefriedigt aus, weil der Dichter das grosse Wort noch nicht bieten kann, auf das das Gedicht Hoffnung erregt: das Evangelium einer neuen Sittenlehre.

Mit dem Jahre 1860 tritt Jordans Geistesleben in eine neue Phase ein. Das Ziel, auf das er suchend, tastend, danebentappend, losgesteuert war, legt ihm die „Entstehung der Arten" sonnenklar vor Augen. Jetzt festigt sich die Richtung seines Denkens, und seitdem ist sie niemals wieder von ihrem Kurs abgewichen. Die endgiltige Fassung seines Doppelepos „Die Nibelunge" ist bereits tief von der neuen Auffassung alles Werdens durchtränkt. Das Ideal, Grosses zu leisten, die eigene Tüchtigkeit dem Sohne zu vererben und durch Erziehung und Wahl einer geeigneten Mutter für seine Kinder den eigenen Enkeln zu sichern, das ist der Gedanke, von dem alle *grossen* Gestalten des Gedichtes beherrscht sind. Das ist der Inhalt des Brautgespräches zwischen Brunhild und Siegfried auf dem Hinderberge, das klingt durch die Beleuchtung des Verhältnisses zwischen Siegfried und Gunther, das beherrscht den alten Hildebrand und lässt ihn Siegfrieds Tochter Schwanhild seinem eigenen Sohne zuführen. Gegenüber der persönlichen Tüchtigkeit ist alle ererbte äussere Macht nur ein

Schattenspiel. Gunther rühmt zu Siegfried, wie stolz er selbst auf seine erlauchten Ahnen sein könne, und Siegfried erklärt ruhig, er fände es viel schöner, dass seine Ahnen auf ihn stolz sein könnten. Dass das Leben ein Kampf ist, steter, nimmer ermattender Wettbewerb um die Daseinsmittel, um das sichere Plätzchen im Naturhaushalt, ist diesen Recken selbstverständlich, und das zagenlose Aufnehmen dieses Kampfes, die gesunde Selbstbehauptung, die Lebensfreude, das Kraftbewusstsein und Weltbehagen —: das sind ihre Hauptzüge und zugleich diejenigen, deren unsere Zeit am meisten bedarf.

„Im Wirrwar der Not und des wütenden Neides,
Die das stete Gesetz, die gestaltende Seele
Und der ewige Stoff sind der irdischen Staubwelt,
Ein würdiges Wohlsein sich zu erwerben
In rüstiger Arbeit und rastlosem Ringen;
Der Gegenwart Fülle sich nicht zu vergiften,
Indem wir noch fordern in dunkler Ferne
Was über das Mass geht des menschlichen Loses:
Zum Besten des Daseins noch Bürgschaft der Dauer"

Dazu ferner:

Sich am Süssen des Daseins mit dankbarem Sinne
Zu laben in Lust, die Lasten und Schmerzen
Zu tragen mit Stolz; inmitten der Trübsal
Noch heiteren Geistes, nie ganz zu vergessen,
Dass auch kränkende Qualen Quellen der Kraft sind,
Und am Rand der Vernichtung noch ruhig geniessend
Das Leben zu lieben mit all seinem Leide. —

Welche Religion hat die Menschen bisher diese Kunst gelehrt?

Wilhelm Jordans schönstes und bedeutendstes Buch

sind seine „Andachten“ (1879). In ihnen steht seine Weltanschauung nicht nur auf ihrer Höhe, sondern in ihnen ist sie auch dichterisch am vollendetsten zum Ausdruck gebracht. Im Wesentlichen ist das Buch allerdings der Erkenntnisseite geweiht, den Fragen, wie die Welt auf der Höhe unserer heutigen Erkenntnis aussieht; aber auch die ethische Seite — die Frage, was wir thun sollen — kommt hier und da zuworte, besonders in den „Osterfragen“ gegen das Ende hin. Schon der Gedichtcyclus „Asträos“ ist ihr im Grunde gewidmet. Jordan knüpft sein naturwissenschaftliches Ideal an die alte, absterbende Religion. Es besteht darin, gute, schöne Menschen zu schaffen, und im alten Hellenentum findet er es wieder:

„Zur Kunst, die schöne, gute Menschen schafft,
Erweckt nur edler Kult die Gotteskraft.“

Das Zauberwort, das nach diesem Ideal hinführt, heisst: „Die Zucht“, — und im Preise der Liebe und Ehe kann der Dichter nicht müde werden. Vor allem hierin brauchen wir nach seiner Meinung Gesundung. Es gilt allerdings, den Geschlechtstrieb in die Schranken unserer Gesittung zu bannen. „Das geschieht aber nicht durch seine Verlästerung, sondern durch seine Heiligung innerhalb dieser Schranken, durch Verklärung der erspriesslichen Scham, die uns ihm gegenüber anerzogen ist, zur echten Keuschheit der Ehrfurcht vor dem Erhalter des Geschlechts. Es geschieht nicht durch zaghafte Schonung oder gar fernere Pflege der Vorstellungen, welche die Lust seiner Befriedigung auch im geweihten Dienste der Zucht mit einem Makel, mit einem Schattenrest von Sündhaftigkeit für das Gewissen, behaften, sondern durch offenen und entschiedenen Bruch mit dem Wahn, dessen lange Herrschaft die Lebensfreudigkeit bedenklich angewelkt hat: dem Wahn, dass es dem Menschen eigentlich zur Unehre gereiche, nicht anders zu entstehen als Pflanzen und Tiere.“ Die persönliche Geschlechtsliebe steht ihm auf erhabener Höhe, und für ihn unterliegt es keinem Zweifel, dass dem Grade der Zeugungswonne „der Grad der Vollkommenheit ihrer Frucht entspricht, und grosse Menschen nur grosse Liebe ins Dasein setzt.“

Als Darwinist vor Darwin gehört Jordan der älteren Schicht Darwinisten an, die noch unbedingt an eine Erblichkeit erworbener Eigenschaften glaubt. Er gewinnt aus dieser sogar ein neues ethisches Gebot:

Du kannst nicht schuldlos auf der Faulbank liegen,
Es macht ein Teilchen Menschenkraft versiegen.
Du kannst kaum Dir vergebens, ohne Lohn
Dich nie bemühn: Dein Ringen stärkt den Sohn.

Das schreibt Dir vor das Mass der Leibesfreuden:
Nicht fastend noch auch schlemmend zu vergeuden
Die Kraft ist Dir erlaubt, denn beides schwächt
Die Lebenslust dem kommenden Geschlecht.

Du, der durch Ahnenarbeit hört und sieht,
Bist ewgen Stoffs und uralt Glied vor Glied;
Denn Ahnenarbeit gab Dir jedes erblich,
Doch nicht umsonst: bezahl es: sei unsterblich!

Das Zukunftsideal, zu dem die Völker aller Zeiten sich erzogen haben, ist niedergelegt in ihren Göttervorstellungen:

Voll tiefsten Sinnes ist das Wort „erbauen“.
Was vor in ihrem Gott die Völker schauen

Ist Riss zum Bau, der leibhaft werden soll,
Ist Volkes-Bildform: diese wächst es voll . . . .

Und wachsen wie das Volk nach seinem Gotte,
Muss Gott mit ihm, damit es nicht verrotte.

Der Fortschritt des Menschen ist für Jordan ein doppelter. Vor allem gilt es, dass der Mensch besser werde, dass die Rasseneigenschaften sich steigern, dass die Gattung sich hebe. Daneben steht aber auch der Fortschritt der Kultur, jener Aufhäufungsprozess von Entdeckungen und Erfindungen, der das Geistes- und Kulturleben der Menschheit mit jedem Jahre mannigfacher differenziert. Auch von ihm denkt er nicht gering:

Wer Neues denkt, ein Wort dafür gestaltet,
Hat eine Windung mehr hineingefaltet
Ins Schädelmark, wenn seines Volkes Mund
Nachsprechen lernt den nachgedachten Fund.

Erzücht' ein Kraut, verbesser' ein Gerät,
Du hebst damit der Menschheit Majestät;
Um ein Geringes mehre, was wir haben,
Du hilfst sie steigern, göttlicher begaben.

Die Erlösung des Menschen aus der Naturgefangenschaft, den Fortschritt an Erkenntnis, Sittlichkeit und Tüchtigkeit, nennt er mit einer der christlichen Mythologie entlehnten Formel „die Erlösung Gottes auf Erden“:

Ja, Gott ward, die Welt vom Bösen
Loszuringen, Fleisch und Bein;
Doch der Mensch muss Gott erlösen
Und aus Neid und Not befrein.

Darwin beschränkte sich darauf, die menschliche Erkenntnis zu bereichern; Jordan geht bewusst dazu über, aus dieser Erkenntnis neue Normen für das sittliche Handeln zu gewinnen. Er selbst charakterisiert diesen Zug scharf, wenn er von Darwin sagt:

Wie — so lautet seine Frage, —
Stärken, steigern, Hunger, Tod?
Meine: Was erlöset weiter
Gott in uns aus Leid und Not?
So vom Baum des Lebens pflückten
Beide wir dieselbe Frucht.
Ihm des Wissens, mir der Weisheit
Allerhöchstes ist die Zucht.

Es ist nur selbstverständlich, dass auf dieser Grundlage Jordan von allen Seiten der modernen Gesellschaft die Familie und ihre Basis, die Ehe, am wichtigsten erscheint und in allen seinen erzählenden Dichtungen die erste Rolle spielt. Sie ist der Ausgangspunkt für seine sittliche Weltanschauung. Die unendliche Hebung der Gattung Mensch als letztes sittliches Zukunftsziel liegt zwar nicht ganz ausserhalb seines Gesichtskreises, aber sie ist auch nicht der bestimmende Kern seiner Ethik. In dem religiösen Reformroman „Die Sebalds" spielt die „neue Sittlichkeit" eine verhältnismässig untergeordnete Rolle, mindestens erst die zweite. Aber in dem ethischen Problemroman „Zwei Wiegen" steht sie allem voran. Das Evangelium der Lebensfreude steht dem Dunkel des Weltschmerzes gegenüber; die gesunde, starke Familie der Lelands derjenigen der Schöneborns mit ihrer erblichen Rückgratskrümmung; die Eiche der Ceder; die Lelandwiege der Schönebornwiege; die sittlichen Kraftideale der Gesunden den sittlichen Entsagungsidealen der Kranken; und der kunstvoll kombinierte Personenbestand des Romanes giebt dem Dichter reichlich Gelegenheit, seine darwinistische Ethik an Beispielen darzulegen. Seine eigentümliche Romantechnik, die er dem „Kunstgesetz der Rhapsodik“ entlehnt hat, das er bei Vater Homer entdeckt zu haben meint, lässt ihn dann das gleiche Thema in allerlei Rankenwerk variieren, um seine Auswüchse und Übertreibungen zu kennzeichnen und damit seine Schranken aufzuzeigen.

Diese beiden Romane sind bis jetzt in Deutschland die einzigen Dichtungen, die von der Pflicht gegen die eigenen Nachkommen und der Pflicht gegen die Menschen von morgen überhaupt zu weiteren Kreisen gesprochen haben, die die Ehe des erblich Kranken als Verbrechen hinzustellen sich nicht gescheut, und die Liebesheirat des Gesunden in der Blüte seiner Jahre als das Beste, was der Mensch der Menschheit schenken kann, verherrlicht haben. Trotzdem steht Jordans Dichtung noch nicht ganz auf dem Boden der lebenbejahenden Gattungsmoral, sondern asketische Gedanken nehmen in ihr noch einen breiten Raum ein. Nicht nur in dem Gehorsam, dem blinden Gehorsam der Kinder weisen Vätern gegenüber, die mit fast patriarchalischem Einflusse ausgerüstet sind; nicht nur in dem stummen Dienen und Dulden von Siegfrieds Tochter Schwanhild und in den Erwägungen, die beim Totengericht in ‚Hildebrands Heimkehr‘ für die „Sühnung“ der Schuld Kriemhildes massgebend sind: einzig dieser Gesichtspunkt ist es, der den Dichter die Zukunftshoffnungen Brunhilds, die sie im Brautgespräch mit Siegfried auf dem Hinderberge ausspricht, als frevelhaft erscheinen lässt. In ihrem Jubel, den furchtlosesten Gatten gefunden zu haben, schwärmt sie:

„Wir erzeugen in Züchten die Erben der Zukunft,
Das Mass der Menschheit mit unserer Minne
Steigernd und stärkend, dass demutsvoll staunend

Vor unseren Enkeln sich beuge der Erdkreis.
Sie sollen noch herrschen in wachsender Hoheit
Und edler Güte, wann die Götter vergangen.“

Mit diesem Wunsche, dem höchsten, den Menschen zu hegen und für dessen Erfüllung sie zu arbeiten vermögen, überschreitet Brunhild nach Jordans Meinung bereits die Grenzen, die dem Menschen gesteckt sind, und macht sich sträflichen Hochmutes schuldig. In seinen Lustspielen und den ‚Sebalds‘ tritt dieses Kompromiss zwischen Gattungsmoral und asketischer Moral noch auffälliger hervor, bis es in den ‚Zwei Wiegen‘ geradezu zu einem Schwanken des Standpunktes des Erzählers wird und so zu einem innern Zwiespalt der Anschauung in der Dichtung führt. —

* * *

Wo der Dichter Jordan mit beiden Händen ins volle Menschenleben hineingreift, da hält sich der Forscher Häckel mehr an die theoretische Seite. Aber die Reform der geltenden Ethik liegt ihm darum nicht weniger am Herzen.

„Die weitaus wichtigste und schwierigste Anforderung, welche die praktische Philosophie an die Entwicklungslehre stellt, scheint diejenige einer neuen Sittenlehre zu sein“, sagt Häckel in seinem Vortrag ‚Über die heutige Entwicklungslehre im Verhältnisse zur Gesammtwissenschaft‘ (1877). Aber hier steht auch er noch auf dem Boden Darwins und Spencers. „Unabhängig von jedem kirchlichen Bekenntnis lebt in der Brust jedes Menschen der Keim einer echten Naturreligion; sie ist mit den edelsten Seiten des Menschenwesens selbst untrennbar verknüpft.

Ihr höchstes Gebot ist die Liebe, die Einschränkung unseres natürlichen Egoismus zugunsten unserer Mitmenschen und zum Besten der menschlichen Gesellschaft, deren Glieder wir sind. Dieses natürliche Sittengesetz ist viel älter als alle Kirchenreligionen; es hat sich aus den sozialen Instinkten der Tiere entwickelt. Bei Tieren sehr verschiedener Klassen, vor allem bei Säugetieren, Vögeln und Insekten, treffen wir Anfänge desselben an. Nach den Gesetzen der Gesellung (Assoziation) und der Arbeitsteilung vereinigen sich hier viele Personen zu der höheren Gemeinschaft eines Stockes oder Staates. Das Bestehen desselben ist mit Notwendigkeit an die Wechselwirkung der Gemeindeglieder und an die Opfer geknüpft, welche dieselben aufkosten ihres Egoismus dem Ganzen bringen. Das Bewusstsein dieser Notwendigkeit, das Pflichtgefühl, ist nichts Anderes als ein sozialer Instinkt. Der Instinkt ist aber immer eine psychische Gewohnheit, welche ursprünglich durch Anpassung erworben, dann aber im Laufe der Generationen erblich geworden ist und zuletzt ‚angeboren' erscheint." Ferner: „Anknüpfend an diese Auffassung hat also die Ethik der Entwicklungslehre keine neuen Grundsätze aufzusuchen, sondern vielmehr die uralten Pflichtgebote auf ihre naturwissenschaftliche Basis zurückzuführen", und: „Weit entfernt also, in dem Einflusse der Entwicklungslehre auf unsere religiösen Überzeugungen eine Erschütterung aller geltenden Sittengesetze und eine verderbliche Emanzipation des Egoismus zu fürchten, hoffen wir davon vielmehr eine vernunftgemässe Begründung der Sittenlehre auf der unerschütterlichen Basis fester Naturgesetze".

Von unserem Kulturstandpunkte erscheint Häckel die christliche Sittenlehre weit vollkommener und reiner als diejenige aller anderen Religionen, und nach seiner

Meinung verdankt die heutige menschliche Kultur unzweifelhaft einen grossen Teil ihrer Vollkommenheit der Ausbreitung und Veredelung der christlichen Sittenlehre. Er ist noch überzeugt, dass die vernünftige Sittenlehre der monistischen Naturreligion „mit dem guten und wirklich wertvollen Teile der christlichen Ethik in keinem Widerspruch steht und, mit ihr vereinigt, auch fernerhin dem wahren Fortschritte der Menschheit dienen wird". —

Fünfzehn Jahre später, nach weiterer Beschäftigung mit der Entwicklungslehre für ein halbes Menschenalter, dachte Häckel anders. Da war ihm klar geworden, dass die geltende christlich-demokratische Moral mit ihrer Gleichmacherei sich mit dem obersten Prinzip aller organischen Aufwärtsentwicklung, der Auslese, nicht vereinen lasse, dass diese vielmehr das beste und das einzige Kampfmittel gegen jene Moral sei, die seit nahezu zwei tausend Jahren mit dem Anspruch der Alleingiltigkeit auftritt. In einem Streitaufsatz über „die Weltanschauung des neuen Kurses" *) schrieb er 1892: „Die wahren und wirklich brauchbaren Waffen im Kampfe gegen die Irrlehren der Sozial-Demokratie liefert nicht der christliche Glaube, sondern die vernünftige Wissenschaft, und vor allem ihr jüngstes und hoffnungsvollstes Kind, die moderne Entwicklungslehre. Wenn heute noch bisweilen Herr Bebel und andere Sozialisten-Führer ihre utopischen Theorien auf die Entwicklungslehre und speziell auf den Darwinismus gründen wollen, so beweisen sie damit nur, dass sie dessen Grundgedanken nicht kennen oder nicht verstehen. Denn der Darwinismus — die Selektionstheorie — erscheint im Lichte unbefangener Kritik als ein aristokratisches Prinzip; es beruht auf der ‚Aus-

*) Freie Bühne. März 1892.

lese der Besten'! Die Arbeitsteilung, auf welcher vorzugsweise die fortschreitende Entwicklung der organischen Welt beruht, bewirkt mit Notwendigkeit eine stets zunehmende ‚Divergenz des Charakters'. eine immer wachsende Ungleichheit der Individuen, ihrer Thätigkeit, ihrer Bildung, ihrer Lage. Je höher die menschliche Kultur aufsteigt, desto grösser müssen die Unterschiede und Abstufungen der verschiedenen Arbeiter-Klassen werden, die zu ihrer verwickelten Maschinerie zusammenwirken. — Der Kommunismus und die von der Sozial-Demokratie erstrebte Gleichheit der Existenz-Bedingungen und -Leistungen würde dagegen gleichbedeutend sein mit dem Rückfall in die Barbarei, in den tierischen Urzustand der rohen Naturvölker."

Hier spricht Häckel nur von Arbeiter-Klassen. Sie bedeuten ihm also die Gesammtheit des Volkes. Die Schmarotzer schliesst er aus; sie fallen für ihn selbstverständlich ausserbetracht. Auf schroffe Klassenunterschiede, ihre Zerklüftung der Bevölkerung in Herrschende und Beherrschte, Ausbeuter und Ausgebeutete, obere Zehntausend und elende Proleten, soll sich der Ausspruch also nicht beziehen, wie er missdeutet worden ist. Hat man doch gemeint, Häckel wolle damit eine Lanze für wirtschaftliche Ausbeutung brechen.

Wenn der Mensch sich erst in später Tertiärzeit aus pithecoiden Säugetieren entwickelt hat, so werden sich daraus für sein Handeln jedenfalls andere Folgerungen ergeben, als wenn ihn ein Gott fix und fertig auf unseren Planeten gesetzt hätte, damit er hier sein Examen für die Ewigkeit bestände.

„Alle Ethik", sagt Häckel, „sowohl die theoretische als die praktische Sittenlehre, steht als „Normwissenschaft" in unmittelbarem Zusammenhange mit der Weltanschauung und demnach auch mit der Religion" .... „Ebenso wie ich für die gesammte Wissenschaft die monistische Basis allein als vernünftige anerkenne, ebenso verlange ich dieselbe auch für die Ethik." An einer anderen Stelle sagt er von der Erkenntnis der Entwicklung: „Dieser glänzendste Sieg des erkennenden Verstandes über das blinde Vorurteil, der höchste Triumph, den der menschliche Geist erringen konnte, wird sicherlich mehr als alles Andere nicht allein zur geistigen Befreiung, sondern auch zur sittlichen Vervollkommnung der Menschheit beitragen."

Eine Ethik auf Grundlage der Entwicklungslehre muss naturgemäss zu allererst Sozialethik sein. Kennt doch die Naturwissenschaft kein isoliertes Individuum, sondern nur in Wechselbeziehung befindliche Glieder von Gattungen. Eine durchgeführte Scheidung zwischen Individualethik und Sozialethik ist freilich ein Unding. So lange man das Individuum der Gesellschaft gegenüberstellte, hatte sie ja ein gewisses Recht. Aber wie, seit man das Einzelwesen der Gattung gegenüberstellt? Sollte da sich jener Gegensatz nicht in Individualethik und Gattungsethik verwandeln? Und muss die Individualethik sich da nicht wieder auf der Gattungsethik aufbauen? Allerdings ist es nicht ausgemacht, ob die beste Entwicklung des Individuums auch dem Besten der Gesellschaft dient, aber dass sie dem Besten der Gattung dient, liegt schon darin verbürgt, dass sie die Durchschnittstüchtigkeit der Gattung hebt. Eine Ehe zwischen zwei starken, gesunden, begabten Menschen, die sich lieben, ist immer eine That im Dienste der Gattung, und niemand kann sich und den Seinen eine grössere Wohlthat erweisen als durch eine solche Ehe. Der Gattung aber gleichfalls nicht.

Häckel hat versucht, zu einer ideellen Sozialethik durch einen biologischen Vergleich Zugang zu gewinnen.

Die Arbeitsteilung nimmt in der Stammesgeschichte der Lebewesen, wie in jedem einzelnen Lebensprozess, eine derartig überragende Stelle ein, dass es überaus naheliegt, die in der Naturwissenschaft darüber gesammelten Beobachtungen auf den sozialen Organismus des Menschenstaates zu übertragen. Trotzdem besteht ein fundamentaler Unterschied: im Bienenstaat, im Ameisenstaat, in allen seinen Abstufungen vom Militärstaat der brasilianischen Eciton bis zum Sklavenstaat der blutroten und blonden Ameise, in der Siphonophore und dem Zellenstaat des menschlichen Organismus, haben wir es mit erblich verschiedenen Individuen zu thun, welche für eine besondere Funktion besondere Eignung besitzen und in deren Besorgung ihre Daseinspflicht erfüllen. Ohne das gleichzeitige Vorhandensein und Arbeiten der Luftblase, der Schwimmglocken, der Tastpolypen, der Fresspolypen, der Fortpflanzungspersonen, würde die Siphonophore selbst und ihr Stamm zugrunde gehen. Ebenso muss der Bienenstaat aussterben, sobald man ihm seine sechshundert Drohnen entzieht, und der Zellenstaat des Menschen, sobald man die Gehirnzellen ihrer Funktion enthebt. Häckel sagt, die sogenannten Gewebe entsprächen „den verschiedenen Ständen oder Korporationen des Staates, oder noch genauer den erblichen Kasten, wie wir sie im alten Egypten und noch heute in Indien antreffen“, die Gewebe seien „erbliche Zellenkasten im Kulturstaate des vielzelligen Organismus. Die Organe aber, die sich wieder aus verschiedenen Geweben zusammensetzen, sind den verschiedenen Ämtern und Instituten zu vergleichen. An der Spitze aller steht die mächtige Zentralregierung, das Nervenzentrum, das Gehirn.

Je vollkommener das höhere Tier entwickelt, je stärker die Zellenmonarchie zentralisiert ist, desto mächtiger ist das beherrschende Gehirn und desto grossartiger ist der elektrische Telegraphenapparat des Nervensystems zusammengesetzt, welcher das Gehirn mit seinen wichtigsten Regierungsbehörden, den Muskeln und Sinnesorganen, in Verbindung setzt". *) Das ist sicher ein Vergleich, der zum Verständnis des menschlichen Gesellschaftssystems ganz wesentlich beiträgt. Anders wird dies sofort, wenn man aus jenem Vergleiche umgekehrt Normen für die Gestaltung der menschlichen Gesellschaft ableiten oder auch nur einen bestehenden sozialen Zustand in ihr rechtfertigen will. Eine Drohne kann nie durch eigene Anstrengung zu einer Arbeitsbiene, ein Ameisensoldat nicht zur geflügelten Ameise und eine Magenzelle nicht zur Gehirnzelle werden, wenigstens nicht im Laufe einer individuellen Entwicklung. In der menschlichen Gesellschaft aber ist dem einzelnen Individuum keineswegs sein Platz im sozialen Ganzen in dieser naturnotwendigen Weise bestimmt. Derselbe Mensch kann als Arbeitsbiene, Ameisensoldat, Magenzelle und Gehirnzelle in der menschlichen Gesellschaft eine Stelle ausfüllen. Selbst in den Kasten des Ostens haben wir es mit blosser Menschensatzung — blossem Menschenvorurteil — zu thun, nicht mit unabänderlichen Naturthatsachen wie hinsichtlich der Flügelameisen und der Arbeitsameisen. Das Attribut der Naturnotwendigkeit fehlt absolut. Die Tötung aller Fürsten, aller Juristen, aller Rentiers, aller Handwerker, aller Ackerbauer, aller Fabrikarbeiter, würde die betreffende soziale Gemeinschaft keineswegs zum sicheren Untergang bringen. Im Gegenteil: sofort würden sich Tausende von Händen

---

*) Zellseelen und Seelenzellen. Gesammelte Vorträge. I. 1878 S. 157.

finden, die die Arbeit jener aufnähmen, so weit sie notwendig wäre. Namentlich zu der Stellung der Fürsten und Rentiers würde der Andrang überaus bedeutend sein, während die Arbeitsbienen ausserstande wären, die Drohnen zu ersetzen, und die Raubameisen sich ihre Arbeiter aus dunklen Stöcken stehlen müssten.

Leslie Stephen hat einmal treffend auf die Schiefheit dieses Bildes hingewiesen. Die Organe der Gesellschaft, führt er aus, unterscheiden sich nicht in derselben Weise von einander wie die physischen Organe. Dieselben Individuen können verschiedenen Gesellschaftsorganen angehören, gleichzeitig sowohl wie nacheinander. So entspricht eine Rasse, ein Volk auch nicht einem höheren Organismus, der ein von allen ähnlichen Ganzen getrenntes Ganze bildet, sondern einem niederen, der aus wechselseitig verbundenen Teilen besteht, die wieder ganz unabhängig von einander bei günstigen äusseren Bedingungen unendlicher Ausdehnung fähig sind, ohne dass darum der ganze Körper proportional zu wachsen brauchte. So gleicht eine Rasse mehr einem Stück Zellgewebe als einem Organismus.

Auf die soziale Gliederung der menschlichen Gesellschaft hat auch Häckel das aristokratische Prinzip der natürlichen Auslese noch nicht angewandt, zu einer Sozialaristokratie als Gesellschaftssystem ist auch er nicht gelangt, aber die Bedeutung der natürlichen Auslese für die menschliche Gesellschaft hat er an vielen Stellen seiner Werke ausdrücklich betont. Er hat auf die Unsittlichkeit des Cölibates hingewiesen und gezeigt, wie es eine schiefe Auslese schaffe. Er hat die Bedeutung der geschlechtlichen Auslese in der Menschenwelt vielfach hervorgehoben. „Indem der am höchsten veredelte Kulturmensch sich bei der Wahl der Lebensgefährtin Generationen hindurch von den Seelenvorzügen derselben leiten liess und diese auf die Nachkommen vererbte, half er mehr als durch vieles Andere die tiefe Kluft schaffen, welche ihn gegenwärtig von den rohesten Naturvölkern und unseren gemeinsamen tierischen Voreltern trennt". Er hat das Heiraten der erblich Angeseuchten wiederholt mit scharfen Worten verdammt und ist für die Gesundheit der kommenden Generation eingetreten. Namentlich in der „Natürlichen Schöpfungsgeschichte" findet sich eine ganze Reihe solcher grundlegender Aussprüche. Er hat auf die Bedeutung der Todesstrafe als soziales Ausscheidungsmittel der Schlechtesten hingewiesen und ist der absoluten, über das Ziel hinausschiessenden und damit die Rasse schädigenden Humanität mehr als einmal entgegengetreten. In Deutschland, wo man so leicht von einer „Entfesselung des Daseinskampfes", von einer „Vergewaltigung der Schwachen" und von „rücksichtsloser Selbstsucht" phantasiert, die mit Beseitigung der geltenden Pflastermoral hereinbrechen sollen, sind solche massvolle, entschiedene Worte von doppelter Bedeutung gewesen. So hat z. B. Georg von Gizycki in seiner „Moralphilosophie" (1889) an die soziale Auslese gedacht, aber nur, um den Thatbestand in ein paar krassen Übertreibungen zur Karrikatur zu verzerren und diese Karrikatur dann abzuthun mit einer — Profezeiung. Sollte eine Gesellschaft der Meinung werden, führt er aus, der Daseinskampf gestatte oder verlange ein rücksichtsloses Verfolgen der eigenen Interessen, eine Unterdrückung und Beraubung der Schwachen durch die Starken, eine Vernichtung des Leidens durch Vernichtung der leidenden Individuen, eine Ausrottung des Gewissens und der Naturstimme des Mitleides, das dagegen sich auflehnt; sollte die Selbstsucht gezüchtet und physische Stärke und raffinierte Schlauheit das höchste Ideal werden

— dann müsste das ein Volk naturgemäss zum Untergang führen.

Trotz der klaren Erkenntnis des aristokratischen Charakters der Entwicklungslehre hat Häckel 1893 in seiner Schrift über den „Monismus als Band zwischen Religion und Wissenschaft" an der Hochschätzung des christlichen Sittengesetzes festgehalten. Menschenliebe in dem naturgemässen Gleichgewicht zwischen Egoismus und Altruismus ist ihm das oberste Sittengesetz der vernünftigen Religion, wie er schon vordem*) bei denjenigen die vollkommenste Sittlichkeit gefunden hatte, „welche gut sind aus reiner Freude am Guten, welche ihre Glückseligkeit in einer tüchtigen und erspriesslichen Lebensarbeit suchen, in gleichem Masse bemüht um das Wohl des Ganzen, wie um ihr eigenes, in gesundem Gleichgewicht zwischen Altruismus und Egoismus!"

Kein Verständiger wird die Menschenliebe und Hilfsbereitschaft gegenüber dem Mitmenschen aufgeben und aufgehoben wissen wollen; aber dass wir die Menschenliebe soweit treiben sollen, dass wir dem erblich Kranken nicht nur mit unserer fortgeschrittenen Medizin das Leben erhalten, sondern ihm auch noch die Ehe gestatten, damit er seine Krankheit auf ein Dutzend Kinder vererben könne und die nächste Generation zwölfmal so viel zu „helfen" habe, das kann nur ein Narr verlangen oder jemand, der zu beschränkt ist, um die einfachsten Folgen menschlicher Handlungen übersehen zu können. Nicht absoluten Altruismus, sondern Gleichgewicht zwischen Egoismus und Altruismus, um diese bildlichen Ausdrücke zu gebrauchen, gilt es, und die Einsicht zu mehren, dass eine „altruistische" That ein Verbrechen an der Rasse sein kann.

* * *

*) Freie Bühne, März 1892.

Häckel hat niemals ein Buch über Ethik geschrieben. Trotz seiner erstaunlichen Vielseitigkeit hat er dieses Gebiet, abgesehen von gelegentlichen Äusserungen, unangebaut gelassen. Aber wo ihm solche entfallen sind, da tragen sie auch den Stempel eines Denkens, dem die Idee der Entwicklung auf jedem Gebiete zur selbstverständlichen Voraussetzung geworden sind. Aber der deutsche Stamm besitzt gleich dem englischen einen Mann, der sein ganzes Leben der Anbauung einer Entwicklungsethik, oder wie er sagt, darwinistischen Sittlichkeit gewidmet hat, obgleich er ebenso als Politiker thatkräftig im öffentlichen Leben gestanden hat, den Ritter Bartholomäus von Carneri, Mitglied des österreichischen Reichsrates.

Mit seinem grundlegenden Werke „Sittlichkeit und Darwinismus“ ist er 1871 auf den Plan getreten und hat seitdem über Gefühl, Bewusstsein und Willen, den Menschen als Selbstzweck, die Grundlegung der Ethik, Entwicklung und Glückseligkeit, über die Lebensführung des modernen Menschen und über Empfindung und Bewusstsein geschrieben. Schon vorher als Schriftsteller aufgetreten, hat er nahezu ein Vierteljahrhundert dem Gedanken einer Entwicklungsethik gewidmet. Keiner der anderen Männer, die sich auf diesem Gebiete versucht haben, hat eine solche Fülle von alten ethischen Gedanken darwinistisch umgeprägt, eine solche Fülle von einzelnen ethischen Sätzen aus dem Darwinismus gezogen und ihnen eine scharfe, schlagende Form gegeben. Keiner, auch Spencer nicht, hat wie er mehr als zwanzig Lebensjahre an die eine Aufgabe gewendet, eine Ethik zu schaffen, die mit der gesicherten naturwissenschaftlichen Erkenntnis im Einklang steht. Eine geschlossene Entwicklungsethik hat er freilich nicht geliefert. Das Prinzip der organischen Entwicklung, der Wettbewerb um die Daseinsmittel und die dadurch erfolgende Auslese, steht nicht leuchtend im Mittelpunkte. Neben ganzen Kapiteln voll neuer Sittlichkeit findet man bei ihm andere, die noch ganz unter dem Banne der Humanitätsideale stehen. Aus Spinoza nimmt er den Satz herüber: „Erkenntnis und Wille sind eins“ und stellt ihn an die Spitze seines Hauptwerkes.

Es ist nicht ohne Bedeutung, wenn gerade in unseren Tagen die Zurückführung der Sittlichkeit auf die Erkenntnis, die alte Lehre des Sokrates, wieder hervortritt, so oft sie auch schon widerlegt worden ist und sich selbst dadurch widerlegt, dass die Gebildetsten keineswegs mit den Sittlichsten identisch sind, dass der Gelehrtenstand sich keineswegs durch eine ausnahmsweise hohe Stellung in der Sittlichkeit auszeichnet. Die Ergebnisse der Naturforschung beginnen, Einfluss auf alle anderen Gebiete zu gewinnen. Die Technik der gesammten Arbeit haben sie bereits umgestaltet. Das Verkehrswesen und die ganze Form des Daseins für den Menschen ist eine andere geworden, und auf fast allen Feldern der Geisteswissenschaften beginnt der Entwicklungsgedanke, eine Umformung der bis heute üblichen Anschauungen und Begriffe vorzunehmen. Da ist es denn kein Wunder, wenn der Erkenntnisethiker die Bedeutung des Wissens für die Fortbildung der Ethik in der Gegenwart insofern überschätzt, als er Wissen und Sittlichkeit oder Intelligenz und Sittlichkeit für identisch erklärt und der bisherigen Sittlichkeit diesen Namen überhaupt abspricht oder ihr als „Moral“ eine tiefe Stellung unter seiner „Ethik“ anweist, ja mit der Gegenwart das Zeitalter der wirklichen Sittlichkeit erst begonnen wissen will. Das ist der Standpunkt, den Carneri in seinem Buche „Sittlichkeit und

Darwinismus“ einnimmt. Er ist sich klar darüber, dass die Gebote der Sittlichkeit mit den Ergebnissen der modernen Forschung übereinstimmen, dass ihre Voraussetzungen mit diesen zusammenfallen müssen, dass viele Gebote darum anders lauten müssen als ehedem, Pflichten erwachsen, wo man früher keine sah, und Rechte fallen, die man ehedem für ewig hielt, dass die ethischen Werte umgewertet werden müssen und die neue Weltanschauung tausend Handlungen andere Gefühlswerte zuweist als die ältere, dass eine Umwertung der primären Werturteile durch das sekundäre Werturteil hindurch Platz greifen muss. Aber alles das ist noch nicht klar durchgedacht. Carneri bleibt mitten auf dieser Bahn stehen. Bisher hat das unmittelbare Gefühlsurteil den Wert der menschlichen Handlungen bestimmt. Das soll nun auf hören, das Zweckurteil, die Überlegung, das Wissen, die Erkenntnis, soll nun an seine Stelle treten. Er vergisst dabei, dass ein Wissen immer nur zu einer Klugheitsberechnung genügt, aber zu dem sittlichen Urteil keineswegs ausreicht. Zu einem solchen ist das Zweckurteil, das sein „gut“ = „nützlich“ auf eine Schlusskette baut, erst geworden, wenn im menschlichen Bewusstsein die Schlusskette ausfällt und, mittels Abkürzung der Gedankenbahn, mit der Vorstellung sich gleich auch das Begleitgefühl einstellt, das bisher das Ergebnis der Schlusskette war.

„Unbewusste Sittlichkeit giebt es nicht, weil alle Sittlichkeit auf Erkenntnis beruht, und was dieser vorausgeht, etwas Instinktives ist.“ Auch Carneri verwechselt gleich dem Glücksutilitarismus unter Kants Einfluss die Thätigkeit des ethischen Gesetzgebers mit dem Handeln des Durchschnittsmenschen. Der sittliche Reformator gründet seine Gebote allerdings auf sittliche Ziele. Sind aber einmal neue sittliche Normen erreicht, so kommt es nicht mehr darauf an, ob die Befolgung ihrer Gebote auch in jedem Falle den Zweck erreiche, dem jene Normen entsprungen sind. Müsste doch ihre Übertretung in allen anderen Fällen eine bedenkliche Erschütterung der bindenden Kraft jenes Gebotes auch in den Fällen mit sich bringen, in denen jener Zweck erreichbar ist. Wenn es ein sittliches Gebot geworden wäre, den eigenen Körper so zu üben und zu nähren, dass eine möglichst kräftige Gesundheit auf den Sohn übertragen werden kann, so gälte dieses Gebot selbstverständlich auch für die Altersstufen, in denen unter normalen Verhältnissen keine Kinder mehr erzeugt werden.

Sein letztes Ziel fasst Carneri sehr unbestimmt. „Sobald das Allgemeine unsere Richtschnur ist", sagt er, „unterliegt es keinem Zweifel, dass wir für kommende Generationen zu sorgen haben. Abgesehen davon, dass wir betreffs der Erhaltung unseres Selbst und Hebung der Thätigkeit, zu welcher wir befähigt sind, aus einem zweckentsprechenden, den verschiedenen Altersstufen und Lebensstufen angepassten Ernährungssystem einen sehr erheblichen Nutzen ziehen, ist im Verein mit geistiger Fortbildung gerade dies die Art, in der wir auf die Entwicklung unserer Nachkommen einwirken können." Die in diesem Sinne doch nur hypothetische Vererbung erworbener Eigenschaften nimmt bei Carneri also die Stelle ein, die in der Natur der natürlichen und geschlechtlichen Auslese zukommt. Sein Standpunkt ist also dem eines Galton und Wallace sehr ähnlich. An einer anderen Stelle sagt Carneri: „Gilt dem Menschen das Allgemeine als das Wahre, so kann er den Zweck des Menschen nur in der Menschheit suchen; diesen Zweck aber erreicht er von selbst, sobald er zur Erkenntnis kommt, dass das Beste der Menschheit sein eigenes Bestes ist, und dass er folglich sein wahres Bestes suchend, das Beste der Menschheit findet.“ Kehrt man diesen Satz um, so kommt er der Wahrheit näher: Jeder Mensch sucht, auch ohne dass man es ihn lehrt, sein und seiner Kinder Wohl. Niemand kann seinen Kindern etwas Besseres geben als leibliche und geistige Tüchtigkeit. Indem jeder so sein und der Seinen Wohl sucht, wirkt er zugleich im Dienste der Menschheit, denn er hebt deren Durchschnittstüchtigkeit. Für Carneri ist das moderne Ideal die in der Weltgeschichte sich vollziehende Vervollkommnung des Menschen, der vollendete Mensch. Welche Eigenschaften aber sind das Merkmal des vollendeten Menschen? Je nach dem Entscheid, den wir hierüber treffen, wird die zukünftige Menschheitsentwicklung andere Züge zeigen. Wenn wir unseren Kindern tüchtige Mütter nehmen wollen, — welches sind die Merkmale der tüchtigen Mutter? Demut, Sanftmut, stilles Bescheiden, oder reger Geist, Thatkraft, kühner Sinn, Leibesstärke, Lebensfreudigkeit? So bestimmen unsere Ideale, indem sie unsere Zuchtwahl direkt beeinflussen, schliesslich doch die Menschheitszukunft. Ob diese aber eine Aufwärtsentwicklung darstellen wird, das hängt einzig und allein davon ab, ob unsere Ideale mit dem Naturwalten im Einklang stehen und mit ihm in gleicher Richtung wirken.

In mehr als einem Punkte tritt Carneri mit deutlichem Schritte aus dem demokratischen Denken der Zeit heraus, wenn auch nicht aus ihren humanen Anschauungen. Mit den Rousseauschen Menschenrechten hat ausser Huxley niemand so gründlich abgerechnet wie er in seinem Hauptwerk.*) „Eine mit der Lehre Darwins übereinstimmende Ethik“, sagt er, „kennt keine natürlichen oder

*) Sittlichkeit und Darwinismus. Drei Bücher Ethik. Wien 1871.

angeborenen Rechte und kann daher auch bei Volksstämmen nur von erworbenen Rechten sprechen. Die bereits erworbenen Rechte können eben so wieder verloren gehen." Und „wie die Bürgerrechte im Staate durch den einzelnen, so müssen die Menschenrechte in der Staatengesammtheit durch die Völker, durch die Menschheit, erworben werden". Carneri dehnt die Forderungen der Sittlichkeit auch auf die Neugestaltung der sozialen Verhältnisse aus. In seinem Buche „Der Mensch als Selbstzweck" (1877) kommt er zu dem Satze, es gelte, jede denkbare Anstrengung zu machen, jeden in die Lage zu bringen, sich selbst zu helfen. Eine ganze Reihe einzelner Folgerungen für die Weiterbildung der heutigen Ethik hat Carneri aus der Entwicklungslehre gezogen. Ganze Abschnitte seines besten Buches „Sittlichkeit und Darwinismus", namentlich die Kapitel über sittliche Freiheit, Ehe, Rechtsstaat, Ehre, Zweikampf sind wert, in das sittliche Bewusstsein der Zeit überzugehen.

* * *

Carneris Stärke besteht in der Ausbildung einzelner Punkte. Seine theoretische Ansicht über Sittlichkeit und seine Antwort auf die Frage nach den letzten sittlichen Zielen werden weniger befriedigen. Es ist um ihrer Wirkung willen zu bedauern, dass keine sieghaft leuchtende Idee im Mittelpunkte seiner schönen Bücher steht. Der Kessel, in dem die Sittlichkeit von morgen und übermorgen gebraut wird, brodelt zum Überschäumen voll. Eine ganze Menge siedender Wogen scheinen gleich hoch zu schlagen. Aber aus all den Theorien und Forderungen, den Idealen und Zielen, den sittlichen Zwecken und Problemen, scheint sich eins zu heben, dem die

Zukunftsethik zu dienen bestimmt ist, schon weil es eine Pflicht ist und kein Recht. Es ist die Pflicht gegen die nächste Generation und durch sie die Pflicht gegen alle Zukunft. „Du sollst Deinen Vater und Deine Mutter ehren, auf dass Dirs wohl gehe und Du lange lebest auf Erden" lehrt das alte mosaische Gebot nach egyptischem Vorbilde, und „Du sollst Dein Kind ehren, auf dass es tüchtig werde und seine Arbeit leiste im Leben", lehrt die Ethik auf naturwissenschaftlicher Grundlage. In seiner „Religion der Naturwissenschaft" predigt der greise *Leopold Besser* in Bonn im Gegensatz zu dem alten individualistischen Rechtsstandpunkt „die Pflicht der Eltern gegen das aus ihrer Ehegemeinschaft entstehende Individuum". Hier tritt die Idee der Erhaltung und Hebung der Art als Ideal der Zukunft hervor, wenn auch zunächst nur auf kleinem Gebiete. Besser führt den Gedanken noch nicht aus, aber er deutet ihn an mit ein paar nicht misszuverstehenden markigen Sätzen: „Hier bestehen klare, abgegrenzte, scharf umrissene Pflichten. Und stünde unsere Gesellschaftsordnung, unsere Gesetzgebung, unser ganzes Anschauen über unsere Herkunft, unsere Entstehung, auf biologischem Boden, so würde das Fundament aller sozialen Ordnung, der Grund- und Eckstein unserer menschlichen Gesellschaft nicht in dem Arbeits- oder Eigentums- oder Rechts-Begriff gesucht oder ausgesprochen sein, sondern es würde lauten: *die höchste und heiligste aller menschlichen Pflichten ist die der Eltern gegen ihre Nachkommen.*"

„In dieser ehelichen Gemeinschaft weiss die Biologie von keinem Herrschen und Dienen, von keiner Suprematie und keiner Inferiorität, sondern nur von einem gemeinschaftlichen Dienst an das neue Individuum." „Unsere

Zeit verlangts nach neuen sittlichen Normen, die keinerlei Streite ausgesetzt sind. Unsere Gesellschaft in ihrer sich rasch vollziehenden atomistischen Zersetzung und ihrer Nivellierung durch den sich so berechtigt glaubenden Individualismus ... bedarf sittlicher Grundlagen, über die Einigkeit herrscht. Über das ganze und volle Hingegebensein, das gänzliche Aufgehen der elterlichen Gemeinschaft an das neuentstehende Individuum*) ist aber Streit ausgeschlossen". Trotzdem ist das Kind selbst nicht der letzte Zweck, sondern es geht „der Individualismus in dieser Gemeinsamkeit, diesem sozialen Element, dieser Verbindung zweier Menschen zur Erhaltung der Art auf".

Von hier ist es nicht mehr weit bis zu dem neuen sittlichen Ideal der Hebung der Gattung. Wenigstens scheint heute der Weg nicht mehr lang, nachdem der Schritt gethan ist. Jordan und Besser suchen in der Elternliebe und der Sorge für die Nachkommen den Kern dieser neuen sittlichen Weltanschauung. Häckel betont diese Sorge gleichfalls, und Carneri will von der Rücksicht aufs Allgemeine zu ihr gelangen. Aber ehe geschichtlich der Schritt von ihr aus zur Gattungsethik gethan werden konnte, gab es noch ein Gespenst zu überwinden, das seit fast genau einem Jahrhundert unaufhörlich durch Westeuropa schreitet: die Angst vor Übervölkerung.

*) So soll es wohl heissen. Im Druck (Die Religion der Naturwissenschaft, Bonn 1890, S. 121/22) sind diese Ausdrücke umgestellt.

Humanität und Darwinismus.

Die gesammte praktische moderne Moral steht im Zeichen der Humanität. Mit dem achtzehnten Jahrhundert tritt in der Begründung der sittlichen Gebote für die mythologische Autorität die Rücksicht auf die Mitmenschen ein. An den Geboten selbst ändert sich dabei wenig oder nichts. Höchstens werden sie etwas weiter gefasst. Bis zum Anrücken des Darwinismus auf den Kampfplan behauptet die humane Moral allenthalben allein das Feld. Und es ist bezeichnend genug, dass gerade Männer, die sonst der kirchlichen Überlieferung schroff gegenüber treten, wie Feuerbach und Strauss, das Prinzip der Humanität vertreten, und mit einem leiseren oder stärkeren sozialistischen Anflug humane Forderungen stellen, die wesentlich weitergehen als die sittlichen Normen der Kirchenlehre. Den Kirchenfrommen aber, die von Materialismus gehört haben, will das durchaus nicht in den Kopf, und so werden jene Apostel der Humanität nicht selten gerade ihrer Moralität wegen verdächtigt. Derartige Angriffe dürfen den Geschichtsschreiber der modernen Ethik aber nicht beirren. In praktischen Fragen stehen Martensen und Büchner wesentlich auf demselben Boden, und das würde noch in höherem Grade der Fall sein, wenn der dänische Bischof nicht hie und da Bestehendem zuliebe von der geraden Linie des Folgerichtigen abwiche.

Ganz ähnlich ist es auf dem Gebiete des politischen Parteilebens. Hier gehört das Ideal der Humanität gerade den fortschrittlichen, den liberalen Parteien. Das politisch freisinnige Bürgertum führt es mit Vorliebe im Munde. Es wird einer der notwendigsten Bestandteile aller demokratischen Programme. Aus der gleichen Behandlung für alle folgert man auch milde Behandlung für den Verbrecher. In weiten Kreisen, ja gerade in den führenden Volksschichten, knüpft sich der Begriff des politischen Fortschrittes daran, und all den Utopisten, die den Blick über die Gegenwart hinauslenken und Zukunftsstaaten zeichnen, liefert dies Ideal die Grundzüge für ihre Phantasiebilder. Im Sozialismus und weiter in der sich aus dieser Bewegung am stärksten hervorhebenden deutschen Sozialdemokratie werden diese Phantasiebilder den Massen mundgerecht gemacht, und so geschieht schliesslich, was immer geschieht, wenn sich eine Zeit einer Idee ganz hingiebt: das humane Ideal gilt für das einzig mögliche sittliche Ideal überhaupt, alle Ethik für von vorn herein mit humaner Ethik identisch, und ein anderes ethisches Ideal predigen zu wollen als das humane, wird zur Ketzerei. Was die Nächstenmoral auf dem Gebiete des sittlichen Einzelhandelns ist, das wird die Humanitätsschwärmerei und der Kosmopolitismus auf dem Gebiete des politischen Lebens. Beide denken immer zuerst an andere und erst dann an sich selbst, und zwar beide aus dem unbewussten Gefühl der eigenen Schwäche, der Unfähigkeit, sich zu behaupten. In dem Weltbürgertum des Revolutionszeitalters erhält das humane Ideal einen guten Freund und getreuen Nachbar, in der obrigkeitlichen Armenpflege einen kränklichen Bruder, in den Friedensgesellschaften im letzten Viertel des neunzehnten Jahrhunderts ein nachgeborenes Kind. Eine juristische Reformströmung, die das

Verbrechen aus einem geistigen Mangel erklärt, wird durch dieses Ideal angeregt und durch den Eifer für dasselbe gestützt. Die Freidenkervereine, die mit den herrschenden Religionsgesellschaften nichts gemein haben wollen, heben die Humanität auf den Schild und verfechten sie oft in seltsam kleinlicher Weise. Von den Menschen erstreckt sich die Humanität bald auch auf die Tiere. In ihrem Zeichen blüht der Tierschutz empor. Das 'Non è christiano', mit dem der italienische Eseltreiber die grausamen Hiebe entschuldigt, die er seinem treuen Grautier angedeihen lässt, verliert seine Geltung. Zum Tierhospital gesellt sich in England ein Heim für obdachlose Katzen, und der Vegetarianismus predigt den humanen Grundsatz, dass es unmoralisch sei, Mitwesen aus der Gattung der Wirbeltiere zu verzehren. Eine Grenze für die Bethätigung der humanen Triebe ist vorderhand noch nicht abzusehen.

In der wissenschaftlichen englischen Ethik des letzten Menschenalters tritt der humane Zug, von dem sie theoretisch getragen ist, weniger hervor, weil in ihren Begründungen der Hauptnachdruck auf das Sozialevolutionistische gelegt wird. Aus dem Wachstum des sozialen Körpers werden die sittlichen Forderungen wenigstens scheinbar abgeleitet; in Wirklichkeit freilich entspringen sie ebensogut dem humanen Ideal, und jene Demonstrationen dienen, obgleich die Ethiker sich dessen selbst nicht bewusst sind, nur dazu, der naturwissenschaftlichen Bildung des Verfassers und Lesers Rechnung zu tragen. Während so in England zwei Thatsachengruppen lose nebeneinander gestellt werden, geraten in Deutschland die beiden Prinzipe, die in ihnen enthalten sind, in Gegensatz, und sehr bald wird ein Versuch gemacht, den Widerspruch zu lösen, der sich damit bietet. Humanität und Entwicklungslehre treten sich feindlich gegenüber, nicht nur in den Gruppen ihrer Anhänger, sondern auch in den Köpfen derselben Ethiker, und siegreich schlägt die Entwicklungslehre die Humanität Feld um Feld zurück.

C. Radenhausen und Ludwig Büchner sind die beiden ersten humanen deutschen Ethiker, welche darwinistische Elemente, ja darwinistische Gesichtspunkte, in ihre Ethik aufgenommen haben, und obwohl sie beide das erlösende Wort noch nicht gefunden und dem Darwinismus noch nicht auf der ganzen Linie die Humanität geopfert haben, gebührt ihnen doch eine ehrenvolle Stelle in der Geschichte der Entwicklungsethik. Ihre Lehre stellt, namentlich in ihrem theoretischen Teile, einen wesentlichen Fortschritt gegenüber der humanen Ethik dar, wie sie der philosophische Materialismus bis dahin ausgebildet hatte, und namentlich in einem Punkte haben sie bedeutsam neues geschaffen, das in der Weiterbildung der Entwicklungsethik über Nietzsche hinaus noch eine gewaltige Rolle spielen wird. Sie sind die beiden ersten deutschen Sozialtheoretiker, ja die ersten beiden Sozialtheoretiker überhaupt, die grundsätzlich den Malthusianismus überwunden haben, wenn auch mehr aus gesunder Abneigung gegen diese kranke Lehre, als aufgrund klarer theoretischer Einsicht.

Gerade der Malthusianismus, die Lehre von dem Segen der Kinderbeschränkung, aber ist das letzte, konsequenteste und reifste Produkt der Humanität. Er gebietet, nicht mehr zu lieben, damit andere lieben können, und lässt sich nur noch dadurch überbieten, dass man selbst nicht mehr isst, damit andere essen können. Mit dieser Überspannung des Bogens aber erklärt die humane Moral ihren Bankerott. Sie will für die Mitmenschen sorgen und schädigt die eigenen Nachkommen. Was der mittelalterliche Asket that, um ins Himmelreich zu kommen, nämlich die eigene Gesundheit zu untergraben — das thut der Malthusianist nicht nur mit sich selbst, sondern zugleich mit seinen Kindern, mit der ganzen folgenden Generation; wie er sagt, um des Glückes der Menschheit willen, in Wirklichkeit freilich meist, weil er nicht Lust hat, sich so anzustrengen, um für sechs Kinder Brot zu erwerben, und weil sein Weib die Schmerzen der Mutterschaft scheut.

Malthus' Lehre entsprang nicht humanen Erwägungen, auch nicht sozialpolitischen, sondern nationalökonomischen im alten Sinne, d. h. Erwägungen des Volksbesitzstandes. Seine Doktrin lief im Grunde darauf hinaus, dass ein Volk um so reicher sei, je mehr Güter auf jeden seiner Bürger kämen. Da er nun die vorhandenen oder möglichen Güter als in ihrer Menge fest begrenzt ansah, so musste er zu dem Schlusse kommen, dass man den Nationalreichtum am Besten durch Verringerung der Menschenzahl oder doch durch Verhinderung ihrer Vermehrung hebe. Jene Voraussetzung von der festen Begrenztheit der Gütermenge angenommen, ist dieser Schluss in gewissem Sinne richtig. Aber die Voraussetzung selbst ist falsch: jene Gütermenge ist nicht fest, sie wächst nicht nur mit der Volkszahl, sondern sie *wächst über sie hinaus*, in rascherer Progression als jene. Denn trotz der steigenden Volkszahl in den Kulturländern sind die als unbedingt nötig erachteten Annehmlichkeiten des Lebens in unausgesetztem Steigen begriffen. Kein Arbeiter möchte heute so leben, wie vor sechzig Jahren die besten seines Standes lebten. Die Arbeit, welche eine Generation leistet, wird also nicht nur nicht von ihr verbraucht, sondern der Überschuss ist auch noch gross genug, eine an Zahl stärkere neue Generation aufzuziehen; ja noch mehr: selbst dieser an Zahl stärkeren jüngeren Generation eine grössere Fülle von

Annehmlichkeiten des Lebens zu schaffen, als die ältere je zu geniessen hatte.

Von Malthus ging Darwin aus. War bis zu ihm das Überschiessen der Bevölkerung über den Nahrungsspielraum als ein unbedingtes Übel empfunden worden, so gab er dieser Anschauung einen Stoss. War es doch gerade diese Tendenz des fortwährenden Überschiessens, was unter den heutigen Umständen allein noch eine Auslese ermöglichte, wo die Erbgesetzgebung die natürliche und die geschlechtliche Auslese beide zum grossen Teil neutralisierte. Darwin selbst stand zu sehr im Banne human-christlicher Anschauungen, um nun die Volksvermehrung als einzigen Fortschrittshebel zu feiern, und auch Spencer hat sich an diesem Problem die Zähne ausgebissen. Auch er hielt „Übervölkerung“ für ein Übel, und zwar für das Übel, das der Herstellung allgemeinen Glückes am Ende der menschlichen Entwicklung allein im Wege stünde. Er wollte seine Bekämpfung zwar nicht zum obersten sittlichen Gebote machen wie Malthus, aber er hielt es doch für nötig, den Weg anzugeben, auf dem die Menschheit wahrscheinlich der Übervölkerung entgehen werde. Von ganz richtigen Thatsachen ausgehend und zu richtigen Folgerungen kommend, hat er wahrscheinlich einen wesentlichen Grund für die geringere Vermehrung der oberen Stände in jedem Volke aufgezeigt. Ob aber je ein Menschheitszustand erreicht werden wird, in dem alle Menschen durch zu starke geistige Thätigkeit sich in ihrer Fruchtbarkeit beeinträchtigen werden, ist doch sehr die Frage, und damit erhalten seine Ausführungen einen nur hypothetischen Wert. Ein ernster Forscher wie Huxley betrachtet die Bevölkerungsfrage geradezu als das grosse Problem der Zukunft und giebt seine Übervölkerungsfurcht deutlich zu erkennen. „Selbst wenn der bewohnbare Boden das Eigentum der ganzen Menschheit ist", *) sagt er, „so muss .... früher oder später die Vervielfältigung der Rasse ihre Zahl auf das Maximum bringen, das sein Ertrag ernähren kann. Und dann wird sich das interessante Problem der Kasuistik, an dem sich selbst die „absolute Sozialethik" die Zähne ausbeissen soll, aufdrängen. Sind wir, die wir eben noch existieren können, verpflichtet, neue Ankömmlinge zuzulassen, die einfach sich und uns dem Hungertode nahebringen müssen?... Die Bevölkerungsfrage ist das wirkliche Sphinxrätsel, für das noch kein politischer Ödipus bisher eine Lösung gefunden hat. Angesichts des Unheils der furchtbaren, ungeheuerlichen Übervermehrung der Menschen sinken alle anderen Rätsel zur völligen Bedeutungslosigkeit herab."

C. Radenhausen ist der erste Sozialethiker, der diese Betrachtungsweise — im dritten Bande seines vierbändigen Hauptwerkes „Isis, der Mensch und die Welt" — klar, ausführlich und bewusst bekämpft hat. Mit ihm tritt der wissenschaftliche Kampf gegen Malthus' Doktrin in die Welt, während bis dahin nur Bedenken vom Standpunkte der herkömmlichen Sittlichkeit gegen die Kinderbeschränkung erhoben worden waren. Radenhausen war kein Berufsethiker oder Nationalökonom, sondern ein einsamer Grübler, der als Ingenieur in Hamburg still und anspruchslos durchs Leben ging. Seine Bücher, deren jedes eine ganze Reihe Gebiete berührt, werden von den Fachwissenschaften jedenfalls noch geraume Zeit unbeachtet gelassen werden. Er hat sich durch seine pedantische Steifheit und Weitschweifigkeit, durch seine

*) The natural inequality of men. January 1890 Nineteenth Century. Deutsch mit kleinen Kürzungen als „Die Ungleichheit der Menschen". Zukunft 1894, No. 79 u. 80.

Hartnäckigkeit in der Verwendung einer Unmasse kulturhistorischen Materials, das zum Teil aus recht zweifelhaften Quellen stammt, aber fast in keinem Falle zur Stützung seiner eigenen Lehren dient, sondern nur die Veränderlichkeit menschlicher Anschauungen und Einrichtungen illustriert, dies allerdings gründlich, — selbst einen bedeutenden Erfolg verdorben. Seine Bücher kann man alle auf das Viertel zusammenstreichen, ohne dass ihnen dadurch ein einziger Gedanke verloren ginge. Dies darf seinen Ruhm als selbständiger Denker, als freier Vorkämpfer seiner gesunden Ideen und als rückhaltloser und scharfer Kritiker der bestehenden Gesellschaftseinrichtungen aber nicht herabmindern. Er besass in hohem Masse die Gabe des literarischen Ausdrucks, obgleich er seine eigene Grammatik und Rechtschreibung besitzt, aber ihm fehlte der ordnende Sinn, der sich nicht beruhigt, ehe er auch wirklich die treffendste Disposition gefunden hat. So war er zu unzähligen Wiederholungen genötigt, und in einer Art natürlicher Geschwätzigkeit, die ihm anhaftete, wiederholte er dann nicht nur kurz den leitenden Gedanken, sondern auch das Material. Das macht den letzten Teil jedes seiner Werke nahezu unleserlich, wenigstens für den Leser mit gutem Gedächtnis.

Radenhausens Ethik ist in ihrem innersten Kern humane Ethik. Die Welt ist seine Heimat; immer auf das Ganze richtet er seinen Blick. Gleichwohl ist sein Weltbürgertum nicht eigentlich ein blasses. Paul Ernst hat vor kurzem einmal gesagt:*) „Das Weltbürgertum ist eine gute Sache, wenn man an seine Mitweltbürger verkaufen will; wenn die Leute aber als Konkurrenten auftreten, besinnt sich der Mensch sofort auf seine nationalen Besonderheiten." Radenhausen steht mitten inne zwischen

*) Die Zukunft. III. No. 7, Russlands Industrie,

diesen beiden Extremen. Ihm ist ein ausgeprägter Individualismus eigen, der den Einzelmenschen als solchen wohl achtet, namentlich den Grossen, dem aber der einzelne doch nur Wert hat als Glied in dem unendlichen Netze der Menschheit, das sich über den Erdboden ausspannt. Dem Sozialismus wie dem Kommunismus imbesonderen steht er gleich fern. Er ist evolutionistischer Utilitarier, wenigstens seiner theoretischen Überzeugung nach. Er stellt die Stufenfolge auf: Schlauheit — Klugheit — Sittlichkeit. Sittlichkeit ist ihm die höchste Stufe der Klugheit, weil sie den höchsten Zwecken gewidmet ist. Er teilt den Irrtum Kants und des Glücksutilitarismus, der anstelle des sittlichen Gebots eine Wahrscheinlichkeitsberechnung setzt. Diese höchsten Zwecke bestehen aber in der Fortbildung der Menschheit. Die Schlauheit soll darin bestehen, dass der einzelne zum Vorteile seines Wesens die Fortbildung der Menschheit aufunkosten anderer Menschen fördert; die Klugheit darin, dass der einzelne zum Vorteile des eigenen Wesens die Fortbildung der Menschheit zu erreichen strebt durch fördernde Benutzung anderer Menschen; die höchste Stufe darin, dass er, abgesehen vom eigenen Vorteile, diesen Zweck durch Fortbildung in jeder Richtung erstrebt. Diese Stufe „offenbart sich in allen Bemühungen und Opfern für das Gemeinwohl und das Wohl der gesammten Menschheit. Sie stuft sich ab nach dem vergleichsweisen Werte des vorgesetzten Zweckes, der Stellung, welche dieser Zweck in der Heranbildung der Menschheit einnimmt, namentlich ob und wie sie diene der Fortbildung der Zahl oder der Fortbildung des Menschenwesens, zum Kampfe um das Dasein, zum Steigern des Genusses oder zum Heben der Bildung“.*) Als höchsten Satz

*) Isis IV. 172.

überhaupt stellt Radenhausen auf: „Wähle als höchstes Ziel die Fortbildung der Menschheit; wähle und verwende die Mittel dazu nach Massgabe ihrer Zweckmässigkeit.“ *) Eine ungebührliche Geltendmachung des Einzelwesens ist für ihn eine der stärksten Hemmungen der Fortbildung der Menschheit. **) Die altruistischen Triebe (die er irrtümlich nach der älteren Auffassung für sekundär hält) stehen ihm am höchsten.

Im Gegensatz zu Malthus gelangt er dazu, die Vermehrung der Menschheit an Zahl geradezu als eine sittliche Forderung eben so wie als deutlichstes Merkmal der Volksgesundheit hinzustellen. Die Entwicklungslehre giebt ihm noch ein anderes Ziel: die Hebung des Menschenwesens, vor allem durch sittliche Selbstzucht, geistige Leistungen und somit durch Mehrung des menschheitlichen Erbschatzes an geistigen Gütern und leiblichem Wohlsein. Die Hebung der Menschenzahl und des Menschenwesens wird zum A und zum Z seiner Lehre. Er wird nicht müde, dieses Ideal zu preisen und in allen tausend Weisen variiert vorzutragen. Fast in jedem Kapitel der zweiten Hälfte seines Hauptwerkes kehrt es wieder, bald deutlicher, bald weniger deutlich ausgesprochen, bald enger, bald weiter gefasst, immer aber in Sperrdruck, oft in Fettdruck.

„Es sind zwei Strömungen“, sagt er, „welche die Geschichte aller Zeiten und Völker durchziehen, nebeneinander wie durcheinander sich vorwärts drängend. An ihren vorüberziehenden Wellen lässt sich erkennen, dass sie unausgesetzt, wenn auch zeitweilig durch Stürme gehemmt oder gestört, in derselben Richtung hinfliessen, gerichtet auf Fortbildung der Menschenzahl und Fortbildung des Menschenwesens.“ „Es giebt“,

*) Isis IV. 191.

**) Isis IV. 218.

sagt er an anderer Stelle, „in der Menschheit keine Züchtung von Arten, dass man die günstigen Eigentümlichkeiten durch Auswahl der Eltern steigern könnte. Alle Versuche, die im Kastenwesen oder in den geschlossenen Verbänden der Fürsten und des Adels angestellt wurden, sind fehlgeschlagen; sie haben statt der Veredelung die fortschreitende Verkümmerung zur Folge gehabt. Der Verlauf der Fortbildung geht durch die ganze Menschheit, es müssen Millionen fortgebildet werden, um einzelne Hochbegabte zu erzielen, in deren Leben die Blüte der Menge sich entfaltet; die Millionen, in den verschiedensten Richtungen und Weisen vorwärts getrieben, enthalten die unbekannten Sprossen, aus denen das Höchste sich gestaltet.“ Daraus folgt unmittelbar, dass der einzelne nur in einer Richtung für die Gattung etwas leisten kann, indem er nämlich vermeidet, sich mit einem Unterdurchschnittsmenschen zu paaren. Alles künstliche Spekulieren, durch berechnete Kreuzung besonders ausgezeichnete Nachkommen zu schaffen, ist vom Übel. Dem einzelnen weist die Stimme der Natur, die Stimme seiner Neigung, schon allein den richtigen Weg. Der Leitstern für das Handeln, den ihm das Ideal der Hebung der menschlichen Gattung giebt, ist aber nur ein Warnungsstern, nicht ein Zielstern. Er kann ihm keinen Ersatz für die fehlende Neigung geben, er kann ihm nicht das für ihn passende Weib suchen, aber er kann ihm verbieten, in einem bestimmten Falle seiner Neigung zu folgen, er kann also das Geltungsgebiet der Neigung einschränken.

Für Radenhausen ist es eine sichere Thatsache, dass die Welt und die Menschheit ihren Gewinn nur mehren könne durch die Überschüsse, welche die Fortbildung übrig lässt nach Abrechnung der gleichzeitgen Rückbildung. Aus seiner Bildung erwächst nach seiner Überzeugung die Geltung eines Volkes in der Menschheit, aus seiner Arbeit sein Wohlstand und aus beiden sein Glück.

* * *

Noch schärfer als bei Radenhausen stehen sich bei Ludwig Büchner die beiden Grundsätze der Humanität und des Darwinismus gegenüber. In seiner ethischen Gefühlswelt steht der Verfasser von „Kraft und Stoff“ noch völlig auf dem Boden der Humanitätsmoral. Aber auf der anderen Seite kann er sich doch auch nicht der Bedeutung verschliessen, die der Darwinismus für das sittliche Leben und die Umgestaltung der Sittengebote haben muss. Schon in „Kraft und Stoff“ sagt er, es sei noch gar nicht abzusehen, „welche moralischen Konsequenzen eine auf den Bestand einer natürlichen Weltordnung gegründete Welt- und Lebensanschauung haben könne oder müsse“. Aber noch ist er der Meinung, eine naturgemässe Moral könne nur auf das Prinzip der Gegenseitigkeit gegründet werden. „Was Du nicht willst, dass man Dir thu, das füg' auch keinem andern zu“, „Und was Du willst, dass die Menschen Dir thun, das thue Du ihnen auch.“ Das ist seine Ethik in der Nussschale. Das grosse Moralprinzip der Zukunft liegt ihm daher in der Übereinstimmung der Interessen der einzelnen mit den Interessen der Gesammtheit.

Jene Übereinstimmung wird Moral und edle Gesinnung im Überfluss schaffen. Denn „das öffentliche Gewissen ist zugleich das Gewissen des einzelnen, und jenes öffentliche Gewissen kann nur Folge vernünftiger Staats- und Gesellschaftszustände und einer auf den

Grundsätzen allgemeiner gegenseitiger Menschenliebe aufgebauten Erziehung und Bildung aller sein". *)

Als Naturforscher steht Büchner dem Darwinismus von vornherein nahe, aber dennoch bedurfte es des Einflusses Radenhausens, um denselben auch auf Büchners ethische Überzeugung wirken zu lassen. Radenhausen hat in ihm einen warmen Verehrer gefunden. Seine Ethik, niedergeschrieben offenbar unter dem frischen Eindruck der Lektüre Radenhausens, steht in ihren praktischen Forderungen wie in den zwei Hauptausgangspunkten völlig auf dem Boden der „Isis". In seiner klaren, eindringlichen Weise führt Büchner sie unter steten Hinweisen auf diese vor. Nur steht er in seinen theoretischen Erwägungen noch mehr auf dem Boden der Humanitätsmoral und versucht, selbständig von den Thatsachen der Entwicklungslehre eine Brücke zu ihr hinüberzuschlagen. Mit einem grossen Aufwand an Begeisterung müht er sich aber doch vergebens. In der Hochhaltung der Volkszahl, in der Bekämpfung von Malthus, in der Achtung vor dem Wettbewerb und der Abweisung der Gleichmachung aller Besitzverhältnisse folgt er dem Hamburger Ingenieur vollständig. Mit ihm teilt er auch das Menschheitsideal und Menschlichkeitsideal. Mit Schärfe und Wärme verficht er den Gedanken, dass das grösste Gut eines Volkes seine Glieder sind, die Verkörperungen und Träger der Volkskraft, und schlagend führt er aus, dass, wenn das Volk ein wirklicher Organismus sein und wie ein solcher fungieren solle, die Arbeitserzeugnisse schliesslich immer wieder an den Magen, d. h. an die Gesammtheit, zurückfliessen müssen; anstatt der Antastung des Privateigentums will er eine Erbschafts-

---

*) Das künftige Leben und die moderne Wissenschaft, 1889, S. 148.

steuer, die den grössten Teil des Vermögens eines jeden beim Tode des Eigners der Gesammtheit wieder zufliessen lässt, damit es aufs neue seine Rückreise durch den Körper als Kräftestrom antreten könne.

Auch in seinem Verhältnis zum Egoismus folgt Büchner Radenhausens Bahnen. Ihm ist der Egoismus so wenig wie jenem etwas Verwerfliches; er weiss recht gut, dass dieser schliesslich die letzte und höchste Quelle unserer Handlungen ist, der schlechten wie der guten, und dass man ihn niemals wird ausrotten können. Aber wie Radenhausen meint er, man müsse ihn in neue Bahnen lenken, ihn vernünftig und menschlich machen, indem man seine Befriedigung in Übereinstimmung mit dem Wohle aller und mit den Interessen der Gesammtheit zu bringen und darin zu erhalten suche. In dieser Übereinstimmung liegt ihm auch jetzt noch das Moralprinzip der Zukunft.

Dass der Kampf des Menschen ums Dasein durch sein Bewusstsein weit leidensvoller als der des Tieres ist, darf uns nicht dazu verleiten wollen, ihn hinwegzuphilosophieren oder aufzuheben. Das letztere wird wahrscheinlich nie gelingen; aber gelänge es, dann müsste es den Untergang der Menschheit bedeuten. Büchners Sozialethik ist nur eine Anwendung humaner Gesichtspunkte auf das Soziale. Obgleich nicht völlig identisch mit der des Sozialismus, kommt sie ihm doch ziemlich nahe. Sie enthält viel Grosses und viel Feines, trifft oft das Zeitbewusstsein in seinem tiefsten Kern und entwickelt eine Fülle von äusserst beherzigenswerten Gedankenreihen, — aber die grosse Ethik der Entwicklungslehre — eine Entwicklungsethik ist sie nicht. Auch sie substituiert das humane Zukunftsideal ohne weiteres, statt aus dem Kerne der Evolutionstheorie ein neues Ideal abzuleiten. Sie bewegt sich naturgemäss in naturwissenschaftlicher Phraseologie, obgleich äusserst geschmackvoll, und auch sie wendet gleich Spencers Ethik eine ganze Reihe von naturwissenschaftlichen Mitteln an, — aber ihr sittliches Ideal ist das alte Ideal der Humanität, wenn auch erheblich vertieft. „Was Du willst, dass man Dir thue, das thue auch Anderen", ist ein ganz praktisches Moralprinzip. Nur ist es inhaltlos. Und für die Entwicklungsethik nicht hoch genug. Denn die künftigen Generationen, deren Wohl unser Handeln beeinflussen soll, können uns das Gleiche nicht thun.

Büchners Sätze sind dabei keineswegs aus der Erfahrung gewonnen, sondern sammt und sonders deduktiv aus Grundsätzen und allgemeinen Forderungen abgeleitet. Bezeichnend dafür ist die Eingangsbetrachtung zu dem ersten Kapitel „Der Staat": „Zweck des Staates ist Erzielung grösstmöglicher Wohlfahrt für alle. Da solche nur denkbar ist unter gleichzeitigem Vorhandensein grösstmöglicher Freiheit für alle, so müssen die freie Selbstbestimmung der Völker, sowie die Gleichberechtigung aller Staatsbürger oberstes Prinzip aller und jeder Staatenbildung der Zukunft sein. Dass mit dieser Forderung jedes monarchische oder hierarchische Prinzip von vornherein ausgeschlossen ist, versteht sich von selbst. Niemand soll in politischer Hinsicht des andern Diener, niemand des anderen Herr sein!"

In seinem Buche „Der Mensch und seine Stellung in Natur und Gesellschaft in Vergangenheit, Gegenwart und Zukunft" *) beantwortet Ludwig Büchner die drei inhaltsschweren Fragen: Woher kommen wir? Wer sind wir? Wohin gehen wir? Auf die ersten beiden Fragen giebt

*) Dritte Auflage, Leipzig, Thomas 1889.

der heutige Stand der Naturforschung eine derartig erschöpfende Auskunft, dass dem einzelnen Menschen für Privatmeinungen nur noch ein ganz verschwindend geringer Spielraum gelassen ist. Wer nicht deutlich zeigen will, dass sein Wissen hinter dem gesicherten Wissen der Gegenwart zurückgeblieben ist, darf jenen Spielraum nicht überschreiten. So lässt Büchner denn die Thatsachen allein ihre überzeugende Sprache reden und führt in lebendiger Darstellung die grossen Thatsachengruppen in mustergiltiger Ordnung mit überwältigender Ruhe vor. Wie der Mensch im rastlosen Wettbewerb um die Daseinsmittel sich vom Moner zum höchsten der Wirbeltiere aufgeschwungen und aus tierischer Wildheit heraus seine heutige Kultur erzeugt hat durch Ausscheidung alles Untauglichen und kraft der Macht, die angeborene Tüchtigkeit über die Untüchtigkeit verleiht — das ist das Thema der ersten beiden Teile. Von ihm aus gelangt Büchner zu der Frage: schlummern noch höhere oder vollkommenere Bildungen als wir selbst im Schosse der Zeit? Werden solche dereinst noch aus dem allgemeinen Entwicklungsprozess hervorgehen? Ingestalt höherer Rassen oder Zweige der grossen Menschheitsfamilie? „Fasst man die Frage“, sagt er, „bloss von dem Standpunkte der Entwicklungstheorie auf und nimmt diese in dem Sinne eines einmal vorhandenen und unumstösslichen Naturgesetzes“, so muss man sie zweifellos bejahen. An die Bildung besonderer neuer und höher befähigter Menschenrassen ist jedoch kaum zu denken. Die starke Mischung der Kulturvölker von heute, die Vernichtung der schwächeren und die stets zunehmende Vermehrung der stärkeren oder intelligenteren Rassen wird ernstlich kaum von jemand mehr bestritten. So ist es denn höchst wahrscheinlich, dass die Menschheit zu einer wirklichen

Einheit gelangen wird, wenn sie heute eine solche noch nicht besitzt. Die fortschreitende Entwicklung der Menschheit, des ganzen Menschengeschlechtes, ist darum nicht weniger sicher für uns. Sie wird eine gleichmässige Erwerbung des ganzen Geschlechtes bilden. Wie weit dieses selbst dabei sich fortentwickeln wird, möchte schwer im Voraus zu bestimmen sein. Doch wird die Höherbildung wohl mehr eine geistige als eine körperliche sein, „sie wird vor allem mit einer grösseren Ausbildung und Entwicklung der im Gehirn des Menschen schlummernden Anlagen und Fähigkeiten Hand in Hand gehen.“

Mit diesen Ausführungen zieht sich der Naturforscher, der rücksichtslos Thatsachen aufdeckt, ohne sich darum zu kümmern, ob sie gefallen oder weh thun, zurück, und nun ergreift der spekulative Humanist Büchner das Wort, nur hier und da in Nebenpunkten vom Naturforscher Büchner unterbrochen. Dass mit der Hege und Pflege der Kranken durch die christlich-humane Ethik ein neuer Faktor in die Menschheitsentwicklung eingetreten ist, ist nicht zu bestreiten, und dass wir alle bis zu einem gewissen Grade noch in ihrem Bann stehen, ebenfalls nicht. Kranke und Schwache, die vordem die Natur mit harter Hand ausschied, wurden jetzt erhalten, durften sich fortpflanzen und ihre Gebrechen auf zahlreiche Kinder vererben.

Man kann das auch anders ausdrücken und sagen, der zivilisierte Mensch habe „eine Menge von Einrichtungen geschaffen, welche dazu bestimmt oder geeignet sind, den einzelnen ‚wenigstens‘ vor den verderblichsten Folgen jenes Kampfes zu schützen und auch dem Schwächeren oder Verteidigungsloseren die Möglichkeit seines Daseins zu sichern“. Die „allgemeine Menschenliebe“ schleift die „Härten und Schrecknisse des Kampfes“ ab oder schützt doch den Unterliegenden vor dem mitleidlosen Zertretenwerden.

Ist es aber nicht doch vielleicht schmähliche Überhebung, zu sagen: „Dass die Thätigkeit des Menschen eine ganz neue Ordnung in die Welt des Lebendigen gebracht und an die Stelle der blinden Naturmacht zum Teil die vernünftige Selbstbestimmung gesetzt hat", dass damit das Triebgewicht der natürlichen Auslese ausgehängt ist und der Mensch in seinem gegenwärtigen Zustande nicht mehr als durch jenes Gesetz unbedingt bestimmt angesehen werden darf?

Die Dinge, welche das Schicksal der Menschheit nunmehr bestimmen, sind nach dem Humanisten Büchner ausser den gleichmachenden Tendenzen der Gegenwart die allgemeinen Grundsätze der Humanität und Gerechtigkeit, d. h. eben jene christlich-human-demokratischen Ideale. Nach ihnen muss die Menschheitsentwicklung zu einer grossen Familie als die „wünschenswerteste erscheinen". „Unterdrückungen niedrigstehender Rassen oder Völker durch höher stehende oder kraftvollere" können „dem Menschenfreund nur die unangenehmsten Empfindungen bereiten". „Auch würde eine solche Unterdrückung bei dem Bewusstsein, das die gegenwärtige Menschheit in sich trägt, doppelt grausam und beklagenswert erscheinen, wenn auch die Verdrängung des Niedrigen durch Höheres an sich als berechtigt anerkannt werden muss." Wenn man will, kann man sagen, dass auch damit an die Stelle der beinahe willenlosen Unterwerfung unter die Natur die Herrschaft über diese getreten ist, dass auch damit ein ganz neues, vorher nicht gekanntes Prinzip in die Welt seinen Einzug gehalten hat, ja der Mensch kann auch davon mit nicht geringem Stolze sagen, dass hiermit sein gegenwärtiges wie künftiges Geschick mehr oder weniger von der Natur unabhängig geworden, d. h. in seine eigene Hand gelegt ist. Ich fürchte nur, damit renommiert er. Und wenn dann der spekulative Humanist weiter sagt, das Wohl der menschlichen Gattung sei „gleichbedeutend mit der möglichsten Emanzipation von dem Einfluss jener Naturmächte, die den Menschen und die organische Welt einst in das Leben gerufen haben, und mit der Herrschaft über diese", — ist da nicht die Frage berechtigt, ob der Mensch sich durch diese „Herrschaft" nicht vielleicht wieder aus dem Dasein rufen wird? ob er damit nicht mindestens bereits die Bahn des physiologischen Niederganges seit ein paar hundert Jahren betreten hat? Es ist durchaus nicht so ausgemacht, dass der Trieb der menschlichen Natur nach Bewegung und Fortschritt ein so bedeutender ist, dass er auch unter den ungünstigsten Umständen sein Ziel erreicht.

Trotzdem erkennt Büchner den Nachteil, „dass die Wirkungen des Naturgesetzes durch den Willen und die Einrichtungen des Menschen mehr oder weniger beeinträchtigt sind und dass daher hier durchaus nicht immer der Beste, Kräftigste oder den Verhältnissen am meisten Angepasste die Aussicht hat, den Sieg über seine Mitbewerber davonzutragen", im gesellschaftlichen Kampf der Menschen bereitwillig an, will jene Hindernisse und Ungleichheiten beseitigt wissen und der Wirkung des Gesetzes der Auslese der Tüchtigsten einen grösseren Spielraum geben. Man sollte meinen, für den Naturforscher könne es hier keine grössere, keine erhebendere Aufgabe geben, als eine Untersuchung über die Punkte anzustellen, in denen unsere Gesellschaftsordnung reformiert werden muss, damit wieder der Beste, der Kräftigste, der den Verhältnissen am besten Angepasste, unter allen Umständen überlebe. Das hiesse dann wissentlich Gutes thun, während die Natur dies der Menschheit nur unwissentlich thut. Aber Büchner ist eben hier nur „Menschenfreund", und somit ist für ihn eine andere Untersuchung die grösste und erhebenste Aufgabe, nämlich über die Punkte, „in denen dem Menschen sein Kampf um das Dasein erleichtert und nutzbringender für ihn wie für die Gesammtheit gemacht werden kann". Denn, meint er, hierin könne der Mensch seine Herrschaft über das rohe Naturgesetz am deutlichsten zeigen und sich so am weitesten über seine niedrige Vergangenheit erheben. Als die notwendigen Ziele der Zukunft des Menschen und des Menschengeschlechtes erscheinen ihm somit die Überwindung der Naturmacht, die ihn ehemals beherrschte, und das Aufgeben eines Kampfes ums Dasein aus bloss persönlichen oder egoistischen Motiven. Seine Bestimmung kann er nur in Verbindung mit gleichartigen oder innerhalb der menschlichen Gesellschaft selbst erreichen. Das schmeckt bedenklich nach alter Metaphysik.

Büchner leugnet nicht, dass die „Grundsätze, auf denen die menschliche Gesellschaft auch gegenwärtig noch aufgebaut ist, noch ganz die alten oder ehemaligen des rohen Naturkampfes sind", dass auch heute der Stärkere, der Reichere, der gesellschaftlich höher Stehende, der Wissendere usw. eine fast unbestrittene Herrschaft über den Schwachen, Unwissenden, niedrig Stehenden ausübt. Aber er meint, das diene nicht ihrem Wohle, und es sei besser, „wenn alle mit vereinten Kräften und gegenseitiger Unterstützung nach demselben Ziele oder nach Befreiung von den Schranken der Naturmacht streben". Den wohlthätigen Wettbewerb will er allerdings beibehalten, aber in einer Form, in der er eben kein natürlicher Wettbewerb mehr ist. Denn nicht jedes einzelnen Glück soll dessen Ziel sein, sondern „die veredelte und eigentlich menschliche Form des Wettbewerbes für das allgemeine Beste“.

„Die höhere Versittlichung der einzelnen, aus denen sich die soziale Gruppe zusammensetzt, wird die Beschaffenheit dieser selbst erhöhen, und die Verbesserung der Gesammtheit wiederum versittlichend auf das Leben der Einzelwesen zurückwirken. Mit einem Wort: wir sind jetzt in der Lage, die menschliche Wohlfahrt als ein bewusstes Ziel und mit begründeter Aussicht auf Erfolg anzustreben. Wir kennen jetzt die Bahn, auf der es vorwärts zu schreiten gilt, wir wissen auch, wie die Menschen an Charakter und Begabung werden müssen, um der Gesellschaft Hilfe leisten zu können.“

Auf dieser Grundlage kommt Büchner zu dem kühnen Satze, im Laufe der Zeiten und durch den Fortschritt der Bildung sei „aus dem Kampfe um das Dasein, wie ihn uns die Tierheit und die rückständigen Stufen der Menschheitsentwicklung in ungemildeter Stärke zeigen, mehr ein Kampf für das Dasein und ein Wettbewerb der einzelnen wie der Völker um Erreichung der höheren und höchsten Güter der Erde geworden, wobei es weniger auf gegenseitige Unterdrückung, als mehr auf gegenseitige Überbietung und Übervorteilung abgesehen“ sei. Mit anderen Worten: „An die Stelle des Kampfes um das Dasein soll der Kampf für dasselbe, an die Stelle des Menschen soll die Menschheit, an die Stelle der gegenseitigen Befehdung soll die allgemeine Eintracht, an die Stelle des allgemeinen Hasses die allgemeine Liebe treten!“ Das soll das absolute Ideal menschlicher Entwicklung sein! Darin soll die Entfernung des Menschen von seiner tierischen Vergangenheit, von seiner Unterordnung unter die Naturmacht und deren unerbittliche Gesetze bestehen!

Aber es ist nur das humane Ideal! Und es führt zwar nicht zum Leben über den Naturgesetzen, wohl aber zum Niedergang, zur Vernichtung der Menschheit. — —

Auf einer ganz beträchtlich höheren Stufe erscheinen Büchners sozialethische Anschauungen in einer seiner letzten Schriften, in seinem „Darwinismus und Sozialismus". Die Parallele zwischen der Natur- und Menschenwelt wird weit tiefer gezogen und die sittlichen Forderungen werden klarer und bestimmter formuliert.*) Kühn spricht er es aus, die Naturwissenschaft dürfte heutzutage bestimmt sein, nicht bloss die geistige, sondern auch die soziale Befreiung der Menschheit zu bewirken, und erkennt damit eine rein evolutionistische Sozialethik an. Beherrscht in seinem Buche über den Menschen ihn die Humanitätsmoral noch zu zwei Dritteln, und bleibt dort der Entwicklungslehre nur eine untergeordnete Rolle, so ist hier das Verhältnis umgekehrt. Zu zwei Dritteln ist das Buch soziale Entwicklungsethik, und der Humanität bleibt nur noch ein bescheidenes Drittel. Allerdings nennt er den Kommunismus noch immer einen Idealzustand und schiebt seine augenblickliche Unmöglichkeit nur auf die Schwäche der menschlichen Natur, die durch lange Jahre des Egoismus und Individualismus zum Ertragen eines solchen unfähig geworden sei. Aber er giebt sich doch keiner Täuschung darüber hin, dass eine kommunistische Gesellschaftsverfassung erst möglich sein würde am Ende einer langjährigen Erziehung des menschlichen Geistes im Sinne des Altruismus und Kollektivismus oder der allgemeinen Bruder- und Menschenliebe, wie sie das humane Ideal lehrt. Aber damit schiebt er doch eben die Forderungen, die sein Ideal stellt, in weite Ferne. In den sozialen

*) Leipzig, Günther, 1893, Heft 19 der Ersten Folge „Darwinistische Schriften".

Reformvorschlägen, die er für heute macht, und in denen der Schwerpunkt der Schrift zu suchen ist, lässt er sie sogut wie ganz beiseite.

Die neugewonnene Einsicht in den Werdegang der organischen Welt und in die Entstehungsgeschichte der Menschheit insbesondere, lehrt Büchner, an die künftige menschliche Gesellschaft, an deren Heraufführung er mitarbeitet, wesentlich zwei Forderungen stellen, von denen die erste das Ur- und Grundhemmnis einer menschlichen Auslese unter den heutigen sozialen Verhältnissen heben, also dem Menschen eine Wohlthat erweisen will, die die Natur allen anderen Wesen leistet. Die zweite aber soll ein Hemmnis der Auslese in der Natur, im Menschenleben beseitigen, also für den Menschen mehr leisten, als die Natur für ihn leisten würde. Sie besteht darin, dass die Wirkungen unverschuldeter Unglücksfälle durch ein allgemeines zwangsmässiges Versicherungssystem aufgehoben werden. So fordert er einmal „Reform, d. h. allmähliche, gradeweise bis zur vielleicht gänzlichen Abschaffung sich steigernde Reform der Erbrechte“ und sodann „Umwandlung des Staates in eine allgemeine, solidarisch verbundene Versicherungsgesellschaft gegen Krankheit, Alter, Invalidität und Tod.“ Sicher kann nur die Aufhebung der Erblichkeit des Eigentums eine den natürlichen Anlagen der Menschen entsprechende soziale Auslese schaffen, und sicherlich hat ein ausgebildetes Versicherungswesen, das vor unverschuldetem Unglück schützt, eine kaum absehbare Bedeutung für die Auslese der Tüchtigsten. Das ist ein Punkt, in dem sich die Menschheit wirklich über die Natur erheben kann, dadurch, dass sie jene Wechselfälle, die in der Natur allüberall tüchtigste Existenzen zu Zeiten vernichten, aufhebt oder doch auf ein verschwindendes Mass einschränkt.

In der Tier- und Pflanzenwelt wird der Kampf ums Dasein von den einzelnen mit den im Ganzen gleichen Mitteln des Krieges oder der Flucht oder des Wettbewerbes geführt; dabei geniesst der einzelne keine Bevorzugung vor anderen durch den Schutz der Gesellschaft. Infolgedessen tragen in der Regel nur die Kräftigsten, Fähigsten, durch die eine oder andere Eigenheit Bevorzugten, den Sieg über ihre Genossen davon. In der heutigen menschlichen Gesellschaft siegt jedoch nicht immer der Beste, sondern der Reichste; nicht der Tüchtigste, sondern der Mächtigste; nicht der Fähigste oder Fleissigste, sondern der durch seine soziale Stellung Bevorzugte; d. h. schon ehe eine Generation geboren wird, sind ihre Verhältnisse im Wesentlichen geregelt, und wer ohne Reichtum und Rang zur Welt kommt, ist meist von vorn herein dazu verurteilt, seine Kräfte und sein Leben im Dienste und zum Vorteil derer aufzubrauchen, die im Besitze sind und denen dieser Besitz durch die Gesammtheit garantiert wird. Die reformatorische Losung kann also nur lauten: möglichste Ausgleichung der Mittel und Umstände, unter denen und mit denen gekämpft wird, d. h. Beseitigung jener Hemmnisse, die heute dem Tüchtigsten den Weg zum höchsten Lohn verlegen, der unnatürlichen Erbschafts- und Gesellschaftsschutz-Einrichtungen, die die natürliche Auslese der Tüchtigsten durchkreuzen. Es ist fast schade, dass Büchner das „Ersetzung der Naturmacht durch die Vernunftmacht“ nennt und davon spricht, an die Stelle des rohen Naturkampfes müsse ein gemeinschaftlicher, durch Vernunft und Gerechtigkeit geregelter sozialer Kampf um die Lebensbedingungen treten; an die Stelle des Einzelkampfes um das Dasein ein gemeinsamer Kampf aller für das Dasein. Das klingt sozialistisch, ist es aber nach den weiteren Erläuterungen, die Büchner giebt, nicht, oder doch nur in beschränktem Sinne. Jene Ausgleichung in den Mitteln, mit denen jeder einzelne seinen Kampf um das Dasein kämpft, soll sich vor allen Dingen auf die Besitzverhältnisse erstrecken. Das steht an erster Stelle. Erst dann folgt für Büchner die Forderung grösserer Solidarität.

Neben diese beiden direkt aus der Beobachtung der Naturverhältnisse vom Gesichtspunkte der aufsteigenden Entwicklung aus abgeleiteten Reformvorschläge stellt Büchner dann merkwürdiger Weise noch eine dritte Forderung, die mit der Entwicklungslehre nicht das mindeste zu thun hat, sondern auf dem Boden Rousseauscher Menschenrechtsschwärmerei gross geworden ist, die Bodenverstaatlichung, oder, wie er sagt, die „Abschaffung der sogenannten Bodenrente oder Zurückführung des von Natur- und Rechtswegen allen gehörigen Eigentums an Grund und Boden in den Besitz der Gesammtheit". Thomas Henry Huxley hat vor kurzem in zwei vorzüglichen kleinen Arbeiten über die „Natürliche Ungleichheit der Menschen" und über „Natürliche und politische Rechte"*) die Nichtigkeit dieses angeblichen Rechtsanspruches dargethan und zugleich die Unmöglichkeit nachgewiesen, zwischen dem Boden und seinen Produkten zu scheiden. Der Darwinismus kennt keine angeborenen Menschenrechte, sondern nur erworbene, und die moderne auf ihm aufgebaute Anschauung keine anderen erworbenen, als durch eigene Arbeit erworbene. Nach Büchner wird niemand auf die Frage, ob nicht jeder einzelne Mensch mit seiner Geburt und im Augenblicke derselben ein

*) The natural inequality of men. Nineteenth Century, Jan 1890, Collected Essays 1893 Vol I. Nr. VII, Deutsch mit kleinen Kürzungen in der „Zukunft" 1894. No. 79 u. 80; und Natural Rights and Political Rights. (1890) Collected Essays 1893 Vol I. No. VIII. Deutsch in der „Zukunft" 1895. No. 15 u. 16.

gleiches Anrecht auf den gesammten materiellen und geistigen Besitzstand der Menschheit, in specie seines Volkes und seiner Nation, mit zur Welt bringe, mit Nein antworten wollen. Das ist doch sehr die Frage. Jeder, der nicht mehr unter dem Aberglauben an derlei angeborene Menschenrechte steht, wird hier ein entschiedenes Nein zur Antwort haben und sich mit diesem Nein auf die Thatsachen der geschichtlichen Entwicklung berufen können, während das Ja sich lediglich auf phantastische Spekulation gründet.

Das neue Ideal.

In den Grundzügen der Entwicklung menschlicher Sitte und menschlicher Sittlichkeit stehen sich heute zwei grundverschiedene Auffassungen gegenüber, eine populäre und eine wissenschaftliche. Die populäre fusst wesentlich auf Rousseau und seinen Aufstellungen: ihrer Meinung nach waren die Menschen der Urzeit frei und ungebunden, und im primitiven Gemeinwesen herrschte die schrankenlose Willkür des Individuums. Mit zunehmender Kultur wächst auch die Anzahl der Schranken, die den einzelnen geistig umgeben und sein Handeln einengen. Der primitive Mensch mag ruhig töten; sobald es der Kulturmensch thut, wird ihm das Handwerk für immer gelegt und er in sicherem Gewahrsam unschädlich gemacht. Die Schranken und Fesseln der Kultur sind geradezu sprichwörtlich geworden. Wir streifen ihre Ketten ab und gehen in die Berge. Faust geht unter die Bauern am Ostertage und sagt: Hier bin ich Mensch, hier darf ichs sein. Wenn diese Auffassung der menschlichen Kulturentwicklung die richtige ist, dann hat alle Kultur die Tendenz, das Individuum einzuengen; dann gehen wir weiterer Einschränkung unserer Handelnsmöglichkeiten entgegen, und das Endziel aller menschlichen Gesellschaftsentwicklung muss der sozialistische Staat sein, in dem Handeln, Denken und Fühlen uniformiert sind, wo jedem einzelnen ein fest umrahmtes Feld für seine Wirksamkeit zugewiesen ist und wo jede Grenzüberschreitung ein Verbrechen bedeutet, das mit Zuchthaus geahndet wird. In dem Einschreiten gegen „unbillige Konkurrenz“ in Frankreich und neuerdings auch in Deutschland haben wir bereits einen derartigen Zug, der das Ausdehnen der eigenen Thätigkeits- und Erwerbssphäre zu einer Unthat stempelt, und in Grossbritannien in der fast ängstlichen Wahrung veralteter vested interests, in den Gewerkvereinen und im achtstündigen Arbeitstag mindestens etwas sehr Ähnliches. Wenn diese Auffassung richtig ist, dann gehen wir alle, mögen wir wollen oder nicht, dem kooperativen Sozialismus entgegen, dem absoluten Nivellieren, der geistigen Wüste. Zugleich auch der sogenannten Völkerverbrüderung, dem Weltfrieden, dem allgemeinen Hegelschen, Bebelschen und Bellamyschen Glücke.

Aber ist denn diese Auffassung richtig?

Wo immer wir auf primitive Gemeinwesen gestossen sind, sei es in Innerafrika oder in den Berichten alter griechischer und mongolischer Geschichtsschreiber, da haben wir keineswegs schrankenlose individuelle Willkür, keineswegs freie und ungebundene Menschen, gefunden, sondern ganz das Gegenteil: der Urmensch erscheint uns, wo wir ihn finden, ausnahmslos in Brauch und Herkommen, in Aberglauben und Wahn, oft der unsinnigsten Art verstrickt. Die Widersinnigkeit der Vorschriften, denen ganze Gemeinwesen unterworfen sind, übersteigt oft alles, was wir für möglich gehalten hätten. Mit dem Zunehmen der Kultur wird das anders; ganz langsam entwickelt sich vor unseren Augen das, was wir heute Logik nennen; ganz langsam tritt ein immer mehr sich schärfendes Einzeldenken anstelle des ererbten Wahnes, wenn auch zuerst immer nur in wenigen besonders begabten Individuen.

Der grösste moderne deutsche Geschichtsforscher unterscheidet geradezu ein symboliches, ein typisches, ein konventionelles und ein individuelles Geistesleben als verschiedene Epochen in der deutschen Geistesgeschichte seit der Urzeit. Die Gegenwart nennt er individualistisch. Damit wäre die Geschichte der Zivilisation die Geschichte der Beseitigung der Schranken viel mehr, als die Geschichte von ihrer Vermehrung.

Der Ausspruch „Bildung macht frei" kann auf Neuheit nicht mehr Anspruch erheben, und jedermann weiss, dass die Kultur frei macht, schon infolge des erst durch sie ermöglichten Verkehrs, der Menschen mit lokal verschiedener geistiger Umwelt in Berührung bringt. Wenn das noch eine Weile so fort geht, dann muss die Kulturmenschheit noch zu einer weit höheren Stufe von Denk- und Handelnsfreiheit gelangen, dann liegt vor uns eine unabsehbare Periode des unbegrenzten Individualismus mit seiner ungemessenen Arbeitsteilung und riesigen Differenzierung der einzelnen, die, wenn die Kultur nicht auf die gesammte Menschheit ausgedehnt würde, selbst zur Entstehung einer neuen Gattung innerhalb der heutigen Gattung Mensch führen könnte; dann stehen wir vor einer Zeit der weiteren Verschärfung der nationalen Gegensätze, d. h. einer weiteren Herausarbeitung der einzelnen Völkerpersönlichkeiten, dann wird im Volke der Individualismus und unter den Völkern der Nationalismus im weiteren die gewaltigste Rolle spielen; dann wird die Herrscherpersönlichkeit und das Herrschervolk den Gipfel der Menschheitsentwicklung darstellen, und vornehm, stark, gesund, denkscharf, starkwillig werden die Zukunftstugenden der Menschheit sein. Dies ist sicherlich die geschichtliche Entwicklung der Thatsachen, wie sie uns aufgrund des heute verfügbaren wissenschaftlichen Materials erscheint und erscheinen muss. Jene populäre Auffassungsweise gründet sich lediglich auf Spekulation, auf Folgerungen aus falschen Voraussetzungen, gar nicht auf wirkliche Geschichte. Reaktionäre haben für solche Züge, so lange sie nicht mit ihren Grundsätzen direkt in Widerstreit stehen, oft eine feinere Witterung als die Vorkämpfer neuer Ideen und Ideale. „Das moderne Zeitbewusstsein“, sagt Wolfgang Menzel einmal, natürlich noch etwas übertreibend, „ist eine Art von Trunkenheit, in welcher die Menschen sich von allen gewohnten Banden und Rücksichten frei fühlen und wähnen, mit dieser Freiheit eine neue Aera begonnen zu haben und dem letzten Ziele der Menschheit auf Erden, dem Ideale »Freiheit, Bildung und Wohlstand für Alle« nahe gekommen zu sein.“

In der urgeschichtlichen Forschung von heute ist denn auch nicht bloss der Contrat Social beiseite geschoben, sondern mit ihm auch alle jene Vorstellungen von Freiheit und Gleichheit, auf die er sich stützte. Man darf ruhig behaupten, dass es kein wissenschaftliches Werk mehr giebt, das jene Fiktion noch berücksichtigte. In den populären Vorstellungen über die Zukunftsentwicklung der Menschheit aber leben all diese Dinge noch fröhlich fort, ja erfreuen sich noch fast allgemeiner Achtung. Wenige Gebildete von heute werden auf die Frage, wie sie sich die sittliche Weiterentwicklung der Gegenwart denken, eine Antwort geben, die nicht auf jenen Phantasien ruht. Zu dem Glück und der „Menschlichkeit“, deren Wachstum gepriesen wird, gesellt sich immer noch der Friede als Dritter im Bunde des Idealzustandes.

Es giebt keine andere Macht, die dieses Gebäu von Wahnbildern zu zerstören vermöchte, als die Entwicklungslehre. Alle anderen Zeitideen sind irgendwie mit ihm verknüpft, irgendwie an ihm schuld. Und es ist nur selbstverständlich, dass gerade die Bekämpfung dieses Ideals im Mittelpunkt der Ideen des konsequentesten Entwicklungsethikers steht, den die Gegenwart hervorgebracht hat, Friedrich Nietzsches. Drei Bücher hat er ihr gewidmet, seine drei letzten vollendeten Werke: „Jenseits von Gut und Böse“, „Zur Genealogie der Moral“ und „Götzendämmerung“. In allen dreien tritt er als der Anwalt des Individualismus, als der Anwalt einer grösseren Freiheit des Handelns auf, als sie die sittliche Anschauung der Gegenwart gestattet. In dem Bestreben, die sehr bedingte Giltigkeit der ethischen Schranken von heute aufzuzeigen, richtet er seine ehernen Worte hier und da scheinbar gegen alle sittlichen Schranken überhaupt. Aber seine eigene positive Lehre, die er schon vordem in seinem schönsten Buche „Also sprach Zarathustra“ niedergelegt hatte, zeigt deutlich, dass jene zermalmenden Worte nicht so allgemein gemeint sein können, wie es dem wohl scheinen kann, der nur seine drei letzten Bücher kennt.

In mehr als einer Hinsicht eröffnet Nietzsche der Ethik, der wissenschaftlichen Forschung wie der lebendigen Sittlichkeit seiner Zeit, neue Ausblicke.

Dass es eine Wissenschaft der Moral schon gebe, erkennt er gar nicht an: was hier auf lange Zeit noch not thut, was vorläufig nach seiner Meinung allein recht hat, das ist „Sammlung des Materials, begriffliche Fassung und Zusammenordnung eines ungeheuren Reiches zarter Wertgefühle und Wertunterschiede, welche leben, wachsen, zeugen und zugrunde gehn“.*) Für die bisherige sogenannte „Begründung“ der Moral, — für jeden Philosophen der herrschenden Moral natürlich — durch aller-

*) Jenseits von Gut und Böse 186.

hand abstraktes Phantasieren, hat er nur Geringschätzung. In dem 186. Aphorismus von Jenseits von Gut und Böse legt er das ausführlich klar. Nietzsches bedeutendstes Verdienst auf dem Boden der wissenschaftlichen Ethik, d. h. der Ethik, so weit diese nur vorhandenes registriert und nicht neuschafft, ist die Entdeckung des Kennzuges für die Klassifikation der Moralsysteme. Noch Wundt hält nur zwei Einteilungsgründe für möglich, nämlich die sittlichen Motive und die sittlichen Zwecke. Nietzsche aber teilt sie ein nach dem Inhalt der sittlichen Normen, nach der Richtung der Moralgebote. Er unterscheidet als die beiden von Grund aus verschiedenen Arten der Moral Herrenmoral und Sklavenmoral. Die Herrenmoral kennzeichnet sich ihm durch den Gegensatz „Gut und Schlecht“, die Sklavenmoral durch den Gegensatz „Gut und Böse“. „Jenseits von Gut und Böse“ könnte ebensogut den Titel tragen „Jenseits der Sklavenmoral,“ und dieser Titel würde so wenig wie der, den Nietzsche dem Buche gegeben, bedeuten „Jenseits aller Moral“. Er erkennt vielmehr die Geltung der Herrenmoral ausdrücklich an und beugt sich vor deren sittlichen Normen „Gut und Schlecht“. Herrenmoral ist eine Moral, welche die positive Leistungsfähigkeit als den Gipfel der Tugend bezeichnet. Tapfer, mutig, arbeitsam, denkscharf, ausdauernd, zäh, selbstvertrauend, eroberungslustig, herrschfähig, gebieterisch, lebensfroh, daseinsdurstig, das sind ihre Tugenden; demütig, feig, unterwürfig, leistungsunfähig, verzagend, ohne Vertrauen auf eigene Kraft, das sind ihre Fehler. Es ist die Moral tüchtiger, vorwiegend kriegerischer Stämme, der geborenen Herren, der Menschen mit lebenbejahenden Instinkten. Sklavenmoral ist eine Moral, die gut heisst, was den Schwachen kein Leid zufügt:

gut wird ihr identisch mit demütig, leidend, krank, ungefährlich; aus dem Verzagtsein, dem Zittern und Beben, dem Leiden mit anderen (ohne zu helfen), dem Mitleiden, aus der Unfähigkeit zu bedeutender Leistung wie zu herzhaftem Genuss, aus der Mittelmässigkeit, macht sie Tugenden. Ihre Fehler aber nennt sie Laster, und böse ist ihr alles Grosse, Gewaltige, Furchteinflössende, Tapfere, Harte, Unerbittliche, Selbstgewisse, Siegesfreudige, Machtausübende. Eine Herrenmoral ist die Moral des alten Griechentums, d. h. seine lebendige Moral, nicht ganz und gar die Moral seiner Philosophen; und ebenso die Moral der Germanen vor ihrer Verchristlichung; Sklavenmoral ist die Moral des Buddhismus, des Christentums, der modernen Humanität. Jene bezeichnet aufsteigendes Leben, diese physiologischen Niedergang. Die ganze moderne christlich - demokratische Kultur ist damit eine Niedergangserscheinung. Moral ist identisch mit Wertungsweise von Handlungen und Gesinnungen, und es ist nur natürlich, dass der Gesunde und der Kranke mit derselben Handlung in ihrem Gefühl verschiedene Empfindungen verknüpfen. In vielen Zeiten hat nicht reine Herrenmoral und nicht reine Sklavenmoral geherrscht, sondern ein Gemisch aus beiden. Es wäre eine der interessantesten ethischen Untersuchungen, festzustellen, in welcher Weise und zu welcher Zeit die dem Deutschtum aufgepfropfte fremde orientalische Religion mit ihrer Sklavenmoral die einzelnen Herrenmoralwerte der Deutschen umgebildet und wieviel von ihnen sich noch bis in die Gegenwart gerettet hat. Denn in der Gegenwart überwiegt zwar die Sklavenmoral, aber ganz ohne Herrenmoralzüge ist sie nicht.

Nietzsche glaubt, dass es einst eine Zeit gegeben habe, in der man eine Handlung lediglich nach ihren Folgen beurteilte, und nennt diese Periode die vormoralische. Eine solche Periode ist allerdings nicht zu erweisen, aber die Fiktion von ihr ist ein gutes Hilfsmittel, sich die andere Periode lebendig vorzustellen, in der die Absicht, aus der heraus eine Handlung geschieht, das Kennzeichen ihres sittlichen Wertes wird. Diese Auffassung erreicht ihren Höhepunkt in der christlichen Epoche. Nietzsche stellt ihr eine dritte Auffassung entgegen, nach der eine Handlung an dem gemessen werden muss, was an ihr unabsichtlich ist, also an ihrer physiologischen Herkunft. Mit einem leisen Anklang an Spencer definiert er Moral als die Lehre von den Herrschaftsverhältnissen innerhalb eines Menschen, unter denen das Phänomen Leben entsteht.*)

Diese wertvolle ethische Entdeckung, welche zum ersten Male einen klaren Überblick über die ethischen Weltanschauungen aller Zeiten und Stämme gestattet, war nur möglich für einen Denker, der sich zunächst einmal auf den Boden der Biologie stellte und die herkömmliche Sittlichkeit nach ihrem Werte für das Aufsteigen und Niedersteigen der Stämme, nach ihrer Wirkung auf die Weltstellung eines Volkes, nach ihrer Bedeutung für die Entwicklung ganzer Rassen in der Menschheit fragte. Bei verschiedenen Moralen fiel die Antwort sehr verschieden aus, und so erhob sich der Zweifel: kann, was das Leben niederdrückt, gut sein? — Nein, gut ist, was das Leben steigert! Aber welcher Unterschied zwischen Nietzsche und Spencer! Auch Spencer will das Leben steigern; Steigerung des Lebens ist ihm sittliches Ziel. Aber was bedeutet Leben für Nietzsche? Er lässt uns darüber nicht im Zweifel: „Leben selbst ist wesent-

*) Jenseits von Gut und Böse 32 und 19.

lich Aneignung, Verletzung, Überwältigung des Fremden und Schwächeren, Unterdrückung, Härte, Aufzwingung eigner Formen, Einverleibung und mindestens, mildestens, Ausbeutung." *) . . . Spencer nahm den Begriff des Lebens her und brachte den anderen Begriff der Steigerung dazu. So wird ihm Steigerung des Lebens identisch mit dem intensiveren Fungieren der vorhandenen Lebensfunktionen. Nietzsche lenkt den Blick von vornherein auf das ganze grosse Feld der Entwicklung und nennt Steigerung des Lebens: Erweiterung, Bereicherung, Vermehrung der Lebensfunktionen, Gewinnung neuer Fähigkeiten, Erreichung neuer Mächtigkeiten, kurz die Erklimmung einer noch höheren Stufe der Entwicklung, als der Mensch bisher auf der Leiter des Lebens erstiegen hat. Ein physiologisch höheres Dasein der zukünftigen Menschheit wird sein letztes sittliches Ziel, sein sittliches Ideal, und damit zieht er die letzte ethische Konsequenz aus dem Darwinismus, damit erweitert er die theoretische Weltanschauung der Entwicklungslehre um eine ethische Welt. Ein seltsamer Zug in seinem Wesen, den er einer grossen Enttäuschung verdankte — der ihn in keiner Weise befriedigenden Lektüre der englischen Glücks- und Sozialutilitarier — lässt ihn das selbst niemals aussprechen, vielleicht sogar verkennen. Er ist sich nicht, mindestens nicht immer, bewusst, dass das Ideal, das sein Zarathustra predigt, unmittelbar aus der Entwicklungslehre gewonnen ist, und dass die sittlichen Gebote, die er giebt, wieder aus diesem Ideal abgeleitet sind; sondern er leitet seine neue Ethik in seinen drei letzten Schriften, namentlich in „Zur Genealogie der Moral", scheinbar aus etwas Anderem ab, nämlich aus unseren Instinkten. Ihre Findung durch

*) Jenseits von Gut und Böse 259.

ihn selbst schreibt er dem Grundwillen der Erkenntnis zu, und gerade aufgrund dieser Überzeugung erhofft er seiner Ethik eine grosse Zukunft. Das Emporwachsen und Ineinandergreifen seiner Gedanken in ihm stärkt in ihm die frohe Zuversichtlichkeit, dass sie von Anfang an in ihm nicht einzeln, nicht beliebig, nicht sporadisch entstanden sind, sondern „aus einer gemeinsamen Wurzel heraus, aus einem in der Tiefe gebietenden, immer bestimmter werdenden, immer Bestimmteres verlangenden Grundwillen der Erkenntnis." *)

Weder der Grundwille der Erkenntnis noch die menschlichen Instinkte sprechen mit solcher Klarheit — sonst hätte Nietzsches Entdeckung weit eher gemacht werden müssen. Nachdem aber durch die Entwicklungslehre seinem Scharfsinn das neue Ideal der Hebung der Gattung Mensch einmal gegeben war, mochte er es von seinen Herreninstinkten wohl bestätigt finden, und diese Bestätigung nachträglich als Quelle seines Ideals auffassen. Nicht „die Entwicklungslehre lehrt euch als neues sittliches Ideal den Übermenschen" predigt Zarathustra, sondern „der Übermensch" ist für Zarathustra-Nietzsche sein allerpersönlichstes Geschöpf und Eigentum. „Ich aber lehre euch den Übermenschen" ist der Kehrreim von Zarathustras Predigten. Allerdings wird das Sichbekennen zu dem Ideal der Entwicklungsethik dann auch ein Massstab, an dem wir die physiologische Veranlagung

---

*) Vorrede zu Zur Genealogie der Moral. 2. Er fügt dort weiter dazu: „So allein nämlich geziemt es sich bei einem Philosophen. Wir haben kein Recht darauf, irgend worin einzeln zu sein: wir dürfen weder einzeln irren, noch einzeln die Wahrheit treffen. Vielmehr mit der Notwendigkeit, mit der ein Baum seine Früchte trägt, wachsen aus uns unsere Gedanken, unsre Worte, unsre Jas und Neins und Wenns und Obs — verwandt und bezüglich allesammt unter einander und Zeugnisse Eines Willens, Einer Gesundheit, Eines Erdreichs, Einer Sonne."

des Menschen messen können. Freudige, begeisterte Zustimmung wird ihm nur der Gesunde widmen können, der zugleich ein Überdurchschnittsmensch ist. Aber darum entspringt das Ideal als letztes sittliches Ziel doch nicht den Instinkten des Gesunden.

Utilitarier war für Nietzsche eine Art Schimpfwort geworden. Gleich Wundt brauchte er das Wort im Sinne von „Glücksutilitarier." Es bezeichnete für ihn den Typus des Scheinphilosophierens, des scheinbaren Hervortaschenspielerns gegebener Resultate. Er selbst würde den Namen eines Utilitariers mit Entrüstung von sich gewiesen haben. Fasst man jedoch, wie man nun einmal muss, den Utilitarismus als das Merkmal aller modernen Ethik, und nennt jede Ethik so, die ihre Gebote aus einem gegebenen sittlichen Ziele gewinnt, dann wird man notwendigerweise zu dem Ergebnis kommen, dass Nietzsches Ethik evolutionistischer Utilitarismus ist, so gut wie Wundts Ethik ethisch-intellektueller Utilitarismus.

Nietzsche steht wie alle seine wissenschaftlichen Zeitgenossen jenseits einer mythologischen Begründung der Moral. Wenn er auf einen Menschen mit Gottglauben stösst, dann wundert er sich wie sein Zarathustra: „Sollte es denn möglich sein!" ruft er mit ihm aus, „dieser alte Heilige hat in seinem Walde noch nichts davon gehört, dass Gott tot ist!"*) — Zarathustra hat das schon früher gewusst. Der letzte Papst hat ihm dann noch Einzelheiten berichtet. Aber Götter sterben gewöhnlich nicht aus einem Grunde, sondern aus vielen Gründen. Am Mitleiden mit den Menschen soll er erstickt sein. Endlich hat Zarathustra den hässlichsten Menschen gefunden, der

*) Alle Anführungen aus Nietzsche, bei denen nicht ausdrücklich etwas Anderes bemerkt ist, stammen aus seinem Hauptwerk evolutionistischer Moral: Also sprach Zarathustra.

Gott ermordet hat, weil er ihn nicht als Zeugen seiner Hässlichkeit zu ertragen vermochte.

Wie Büchner in seiner Besprechung von Morisons „Service of man" Gottesdienst und Menschheitsdienst sich als Merkmale verschiedener Weltalter*) gegenüberstellt, so auch Nietzsche. Nur dass er mit dem Worte Menschheitsdienst eben nicht mehr den Begriff des humanen Ideals verbindet, sondern den seines rein evolutionistischen: „Ich beschwöre euch, meine Brüder, bleibt der Erde treu und glaubt denen nicht, welche euch von überirdischen Hoffnungen reden! Giftmischer sind es, ob sie es wissen oder nicht .... „Einst war der Frevel an Gott der grösste Frevel, aber Gott starb, und damit starben auch diese Frevelhaften. An der Erde zu freveln ist jetzt das Furchtbarste, und die Eingeweide des Unerforschlichen höher zu achten als den Sinn der Erde!" „Tot sind alle Götter: nun wollen wir, dass der Übermensch lebe." „Einst sagte man Gott, wenn man auf ferne Meere blickte; nun aber lehrte ich euch sagen: Übermensch." ...... „Könntet ihr einen Gott schaffen? — So schweigt mir doch von allen Göttern! Wohl aber könntet ihr den Übermenschen schaffen. Nicht ihr vielleicht selber, meine Brüder! Aber zu Vätern und Vorfahren könntet ihr euch umschaffen des Übermenschen: und dies sei euer bestes Schaffen!" —

Es ist der Hauptzug der modernen utilitaristischen Ethik seit Kant, dass sie, worauf schon mehr als einmal hingedeutet wurde, das Handeln des Durchschnittsmenschen mit der Thätigkeit des ethischen Gesetzgebers verwechselt: Nietzsche ist der erste Philosoph, der darüber hinaus ist. Er will nicht anstelle des bisherigen sittlichen Handelns

---

*) Gottesdienst oder Menschheitsdienst? Deutsche Revue 1889. Januar. S. 43.

aus Gewohnheit, aus Herkommen, gleich Kant und vielen anderen Utilitariern eine Zweckberechnung jedes einzelnen in jedem einzelnen Falle setzen, sondern er will für die Menschheit statt der alten neue ethische Gebote. Seine innerste Überzeugung ist, dass es eine ganze neue ethische Anschauungswelt aufzubauen gilt, und er erwartet, in besserer Kenntnis der Menschennatur als die meisten Utilitarier, diese Bauarbeit nicht von Millionen einzelnen, sondern von einem oder wenigen Philosophen. „Die eigentlichen Philosophen aber sind Befehlende und Gesetzgeber: sie sagen „so soll es sein“, sie bestimmen erst das Wohin? und Wozu? des Menschen.“ Damit tritt Nietzsche in einer Hinsicht aus der utilitaristischen Bewegung heraus. Worauf aber gründen nun diese künftigen Philosophen ihr „So soll es sein“? Er selbst sagt es an derselben Stelle*). „Sie verfügen dabei über die Vorarbeit aller philosophischen Arbeiter, aller Überwältiger der Vergangenheit.“ Sie greifen also ihre Gebote auch nicht aus der Luft, sondern sie gewinnen sie, indem sie aus allem, was bisher gedacht worden ist, die Summe ziehen. Und Nietzsche selbst, der der erste von ihnen ist, gewinnt seine Ethik, jene Grundzüge einer neuen ethischen Weltanschauung in allem Wesentlichen aus der Entwicklungslehre. Allerdings deduziert er sein Ideal an keiner Stelle aus der grössten wissenschaftlichen Erkenntnis des letzten Menschenalters. Aber, ob es ihm selbst ganz bewusst war oder nicht: hätte er dreissig Jahre früher gelebt, so hätte er nicht in dieser Weise dieses Ideal aufrichten können. Sein Ideal gehört seiner Zeit; nur war es ihm vergönnt, es zuerst in völliger Reinheit auszusprechen. Durch das Ideal aber bestimmen sich die sittlichen Ge-

*) Jenseits von Gut und Böse 211.

bote. Ihre Erfüllung besteht in lauter Handlungen, deren normaler Erfolg es ist, jenen vorgestellten Idealzustand heraufführen zu helfen. Hinsichtlich der Fassung dieser neuen Gebote hat Nietzsche manchen grossartigen Wink gegeben, wie jenen: „Bist du ein Mensch, der ein Kind sich wünschen darf? . . . .“ oder jenen anderen, indem er Stärke des Willens, Härte und Fähigkeit zu langen Entschliessungen als notwendige Eigenschaften des grossen Menschen bezeichnet.

Nietzsche ist evolutionistischer Utilitarier. Mit dem Glücksutilitarismus hat er gründlich abgerechnet. „Wohlbefinden, wie ihr es nennt“ — sagt er verächtlich*) „das ist ja kein Ziel, das scheint uns ein Ende!“ Und ein ander Mal: „Wahrlich, das schlaue Ich, das lieblose, das seinen Nutzen im Nutzen vieler will: das ist nicht der Herde Ursprung, sondern ihr Untergang.“ Und von den Utilitariern im Allgemeinen sagt er: „Und wiederum giebt es solche, die halten es für Tugend, zu sagen: „Tugend ist notwendig“; aber sie glauben im Grunde nur daran, dass Polizei notwendig ist“. Aber auch die andere Lehre vom „Glück der meisten“ muss überwunden werden, weil das Emporsteigen weniger über das Glück vieler geht.

Die Steigerung der Fähigkeiten der Gattung aber ist ein Ziel und kein Ende, und zu ihm führt nur die „Zucht des grossen Leidens.“ Es giebt eben „höhere Probleme als alle Lust- und Leid- und Mitleid-Probleme; und jede Philosophie, die nur auf diese hinausläuft, ist eine Naivität.“ Diese höheren Probleme aber sind die Züchtungsprobleme, und in ihnen handelt es sich um „die Züchtung einer neuen über Europa regierenden Kaste“**) denn nach seiner Meinung ist die Zeit gekommen, wo „Europa Eins werden

*) Jenseits von Gut und Böse 225.

**) ebenda 251.

will"*). Eine neue Art entsteht aber, „ein Typus wird fest und stark unter dem langen Kampfe mit wesentlich gleichen ungünstigen Bedingungen"**).

Nietzsches ethisches Ideal ist die Hervorbringung des Übermenschen, des Zarathustramenschen, des geborenen Herren, der durch eine physiologische Veranlagung jenseits von Gut und Böse steht und nur noch die Wahl zwischen Gut und Schlecht kennt. Natürlich handelt es sich dabei nicht, oder doch nicht notwendig, um die Entstehung einer neuen Art; denn sobald eine vorhandene Art ihren Daseinsbedingungen völlig angepasst ist, bewahrt sie ihre Merkmale, und sistiert ihre Tendenz, sich zu variieren, bis sich die Daseinsbedingungen wieder ändern.

Das Ideal ist die Triebkraft in Nietzsches Ethik, und zwar nicht mehr wie bei Wundt das Ideal der Schaffung immer reicherer und höherer geistiger Werte. Zum ersten Mal in der Geschichte der Ethik wird das letzte sittliche Ziel in die Menschheit der Zukunft hineinverlegt. Was die Forderung der Selbstvervollkommnung, die namentlich das achtzehnte Jahrhundert beherrschte, für den einzelnen war, das ist Nietzsches neues Ideal für die Menschheit. Den Lohn- und Zahlmeister hat er abgeschafft und er lehrt auch nicht einmal, Tugend sei ihr eigener Lohn. In solchen Vorstellungen sieht er geradezu das Verhängnis: „in den Grund der Dinge hat man Lohn und Strafe hineingelogen."

Mit Darwins Lehre, selbst mit deren Einzelheiten, war Nietzsche wohl vertraut; er hatte die Streitigkeiten der Wissenschaft über manchen Punkt verfolgt und sich eine eigene Meinung gebildet. Das lehren allerlei Anspielungen

*) Jenseits von Gut und Böse 256.

**) ebenda 262.

in seinen speziell der Ethik gewidmeten Werken. Rühmend hebt er von Paul Rée hervor, derselbe habe Darwin gekannt. Darwins Proanthropos ist ihm „die Darwinsche Bestie", wie er seinen eigenen wilden Herrenmenschen gern die „blonde Bestie" nennt. Er weiss genau, wie eine Art im Darwinschen Sinn entsteht, und auf dieses Wissen gründet er seine Theorie der Züchtung einer aristokratischen Rasse. „Umgekehrt weiss man aus den Erfahrungen der Züchter, dass Arten, denen eine überreichliche Ernährung und überhaupt ein Mehr von Schutz und Sorgfalt zuteil wird, alsbald in der stärksten Weise zur Variation des Typus neigen und reich an Wundern und Monstrositäten (auch an monströsen Lastern) sind." Wenn er später in der „Götzendämmerung", die schon Spuren geistigen Verfalls, streitsüchtiger Gereiztheit und allzu starker Selbstüberhebung aufweist, einen Aphorismus (14) „Antidarwin" überschreibt und mit nahem Anklang an Rolph den Satz verficht, der Fall, dass ein Individuum einen wirklichen Kampf um sein Dasein auszufechten habe, sei die Ausnahme, so beweist das sicher nichts gegen diesen Einfluss. Hier sagt er geradezu übertreibend: „Der Gesammt-Aspekt des Lebens ist nicht die Notlage, die Hungerlage, vielmehr der Reichtum, die Üppigkeit, selbst die absurde Verschwendung, — wo gekämpft wird, kämpft man um Macht. ... Man soll nicht Malthus mit der Natur verwechseln." Man könnte ihm hier seine eigenen Worte aus „Jenseits von Gut und Böse" entgegen halten, und folgern: also haben wir noch jetzt eine endlose Variation der Typen mit Wundern und Monstrositäten aller Art?

Insonderheit Rolphs „Biologische Probleme" haben Nietzsches Denken tief beeinflusst. Nach Rolph ist nicht der Kampf das Treibende der Entwicklung, sondern der Überfluss. Jede Gattung wächst, indem das Tier mehr

Nahrung aufnimmt, als es brauchte, um sich zu erhalten, und darum ein Mehr an Entwicklung leisten kann. Die Not und der Kampf halten dann nur Auslese unter den entstandenen Variationen. Nur durch reichlichere Nahrungsaufnahme, als zum Fristen des Lebens genug wäre, ist eine Variation einer Art möglich; jene reichlichere Nahrungsaufnahme aber kann nur dann erfolgen, wenn die Bedürfnisse des Individuums wesentlich über das hinausgehen, was zu des Lebens Nahrung und Notdurft gehört. Nach Darwin fordert die Zunahme des Wachstums Zunahme der Nahrung, nach Rolph bestimmt die Zunahme der Nahrung das Wachstum. Ihm ist der Kampf ums Dasein nicht ein Kampf um die Notdurft, die das Leben gerade noch erhält, sondern ein Kampf um die Vergrösserung der Nahrungsaufnahme, des Lebens; nicht ein Verteidigungskampf, sondern ein Angriffskampf, der nur unter gewissen Bedingungen die Form der Verteidigung annimmt.

Aber auch hier übt Nietzsche Kritik und übernimmt nicht blind Gegebenes. Vor allem hat er alles Teleologische auf dem Striche. So kann er die Physiologen warnen, den Selbsterhaltungstrieb als kardinalen Trieb eines organischen Wesens anzusetzen. Vor allem wolle etwas Lebendiges seine Kraft a u s l a s s e n — „Leben selbst ist Wille zur Macht" —: Die Selbsterhaltung ist nur eine der indirekten und häufigsten Folgen davon." Aus der einen Grundform des Willens zur Macht, als seine Ausgestaltung und Verzweigung, muss ihm unser ganzes Triebleben erklärbar sein. Was die Summe unseres Wesens uns zu thun gebietet, ist unsere Moral. Sind die Moralen doch nur „eine Zeichensprache der Affekte" *).

---

*) Jenseits von Gut und Böse 187.

Das gilt freilich nicht so ohne Weiteres von dem einzelnen, aber wohl von der Masse. Das Gesammtbewusstsein ist ja der Träger der Moral in Völkern, Rassen, Zeitaltern, Ständen, und das Gesammtbewusstsein, oder wie Nietzsche sagt, die Herde befiehlt seine sittlichen Gebote mit willkürlicher Tyrannei. Darin liegt seine Stärke und alle Grösse. Alles kommt darauf an, dass gehorcht werde und auf lange in derselben Richtung. Was der Inhalt des Moralgebotes ist, das ist eine andere Frage. Und dabei ist eins nicht zu vergessen: „Schaffende waren erst Völker und spät erst einzelne; wahrlich, der einzelne selber noch ist die jüngste Schöpfung. . . . Älter ist an der Herde die Lust, als die Lust am Ich: und so lange das gute Gewissen Herde heist, sagt uns das schlechte Gewissen: „Ich". „Das Du ist älter als das Ich; das Du ist heilig gesprochen, aber noch nicht das Ich: so drängt sich der Mensch hin zum Nächsten."

Der Gedanke, dass die Entwicklungslehre den Gegenwartsmenschen nicht nur eine theoretische Weltanschauung, sondern auch eine neue Ethik geben muss, taucht in Nietzsche früh genug auf. Schon die erste Schrift, die die Augen Deutschlands auf ihn richtete „David Strauss, der Bekenner und der Schriftsteller", enthält ihn im Keime. Hier wirft Nietzsche seinem Opfer vor, dass er sich mit Dingen wie Wundern und dem Papsttum herumschlage, statt die ethischen Folgerungen aus der Entwicklungslehre zu ziehen. Dann wird er 1884 weiterhin durch Rolphs „Biologische Probleme" darauf hingewiesen, dass es bei der Ethik auf die Beschaffenheit des Zieles ankomme, dass eine Handlung darum, weil sie zielgerecht sei, noch nicht den Namen sittlich verdiene. Es giebt viele Ziele, auch viele sogenannte sittliche. Aber darum ist vom Standpunkt des einen aus das andere doch ein unsittliches. Recht oder moralisch ist diejenige Lebensführung, die das Leben des Organismus zu dem reichsten unter den gegebenen Umständen möglichen macht. Den unvernünftigen Organismus zieht es unbewusst, dieses Maximum zu suchen, während das vernünftige Wesen es mittels Reflexion sucht. Der Trieb nach Glück schliesst demnach für das vernünftige Wesen den Trieb nach Sittlichkeit ein; Glück und Sittlichkeit sind identisch. Wie Rolph fasst Nietzsche die Moral als den Extrakt des ganzen Menschen, als die biologische Formel für ihn.

„Der höchste Mensch soll auf Erden auch der höchste Herr sein. Es giebt kein härteres Unglück in allem Menschen-Schicksale, als wenn die Mächtigen der Erde nicht auch die ersten Menschen sind. Da wird alles falsch und schief und ungeheuer.“ Aber es sind nicht die Menschen der grossen Sehnsucht, des grossen Ekels, des grossen Überdrusses, sondern „Höhere, Stärkere, Sieghaftere, Wohlgemutere, solche, die rechtwinklig gebaut sind, an Leib und Seele: lachende Löwen müssen kommen!“ Sie müssen erst kommen, sie sind noch nicht da. Die beiden Könige nicht, die den Esel treiben, nicht der Zauberer und nicht der letzte Papst, nicht der freiwillige Bettler, der Schatten und der Gewissenhafte des Geistes, nicht der traurige Wahrsager und nicht der hässlichste Mensch, der Mörder Gottes, sie alle sind nicht der höhere Mensch; sie sind nur Brücken, Stufen, über die hinweg jener zur Höhe steigt. Gelegentlich überschätzt er dann freilich auch die höheren Menschen. Ein Volk ist ihm*) schliesslich nur „der Umschweif der Natur, um zu sechs, sieben grossen Männern zu kommen“. Zu solchen Übertreibungen reizt ihn die demokratische Anschauung mit

*) Jenseits von Gut und Böse 126.

ihrer behaupteten Gleichheit aller, die der Anerkennung dieser physiologischen Rangordnung der Menschen im Wege steht.

„Der Pöbel blinzelt: „wir sind alle gleich". „Ihr höheren Menschen, — so blinzelt der Pöbel — es giebt keine höheren Menschen, wir sind alle gleich, Mensch ist Mensch, vor Gott — sind wir alle gleich!" Und Zarathustra bemerkt dazu: „Vor Gott! — Nun aber starb dieser Gott. Vor dem Pöbel aber wollen wir nicht gleich sein".

Aus den höheren Menschen von heute soll dereinst der Übermensch hervorgehen, die nächste Stufe in der Aufwärtsentwicklung der Lebewesen. Der Mensch ist geworden — werde er weiter: „Ich lehre euch den Übermenschen. Der Menssh ist etwas, das überwunden werden soll!" sind Zarathustras erste Worte zum Volke: „Alle Wesen bisher schufen etwas über sich hinaus: und ihr wollt die Ebbe dieser grossen Flut sein und lieber noch zum Tiere zurückgehen, als den Menschen überwinden? . . . Ihr habt den Weg vom Wurme zum Menschen gemacht, und vieles ist in euch noch Wurm . . . . . Der Übermensch ist der Sinn der Erde. Euer Wille sage: Der Übermensch sei der Sinn der Erde!" „Der Mensch ist ein Seil, geknüpft zwischen Tier und Übermensch", ... „Was gross ist am Menschen, das ist, dass er eine Brücke und kein Zweck ist." Den Bogen zu wölben hinüber nach dem Übermenschen, muss der Mensch selbst Schweres auf sich nehmen, selbst sich opfern. Zarathustra liebt die, die sich der Erde opfern, dass die Erde einst des Übermenschen werde. — Zu diesem Ziele soll der Mensch erkennen, arbeiten und erfinden. Wer zurückbleibt auf dieser Bahn, der ist verächtlich, und wenn alle Menschen schon Übermenschen geworden sind bis auf einen, den letzten Menschen, so ist dieser der Verächtlichste.

Sein Ideal zu preisen, findet Nietzsche nicht genug Worte. Jede seiner Gedankenketten fast klingt in es aus. „Eure Liebe zum Leben“, singt Zarathustra, „sei Liebe zu eurer höchsten Hoffnung: und eure höchste Hoffnung sei der höchste Gedanke des Lebens! Euren höchsten Gedanken aber sollt ihr euch von mir befehlen lassen — und er lautet: der Mensch ist etwas, das überwunden werden soll.“ — — Für seinen Freund kann sich niemand schön genug putzen, denn er soll ihm ein Pfeil und eine Sehnsucht nach dem Übermenschen sein. „Der Freund sei euch das Fest der Erde und ein Vorgefühl des Übermenschen.“ An was Nietzsche auch anknüpft, immer führt es ihn wieder zu seinem ethischen Zukunftsideal hin. „Höher als die Liebe zum Nächsten ist die Liebe zum Fernsten und Künftigen.“ „Die Zukunft und das Fernste sei dir die Ursache deines Heute.“

So bittet er seine Jünger, ihre Erkenntnis dem Sinn der Erde, dem Ziel der Erde, dem Übermenschen, dienen zu lassen. Aus den Einsamen von heute, die ausbiegen vom Herdenpfade, soll ein auserwähltes Volk erwachsen, und aus ihm der Übermensch. Ganze Hymnen stimmt er an auf diese Höhenentwicklung des Lebens: „In die Höhe will es sich bauen mit Pfeilern und Stufen, das Leben selber: in weite Fernen will es blicken und hinaus nach seligen Schönheiten, — darum braucht es Höhe! Und weil es Höhe braucht, braucht es Stufen und Widerspruch der Stufen und Steigenden! Steigen will das Leben und steigend sich überwinden.“ So ruft er, sich abwendend von der historischen Überbildung der Gegenwart, vertrieben aus Vater- und Mutterländern: „So liebe ich allein noch meiner K i n d e r L a n d, das unentdeckte im fernsten Meere: nach ihm heisse ich meine Segel suchen und suchen. An meinen Kindern will ich es gut machen, dass ich meiner Mutter Kind bin; und an aller Zukunft — diese Gegenwart!"

„Immer sollst du der Erste sein, und den andren vorragen; niemanden soll deine eifersüchtige Seele lieben, es sei denn den Freund" — dies machte einem Griechen die Seele zittern: dabei ging er den Pfad seiner Grösse."

„Oh meine Brüder, predigt Zarathustra, ich weihe und weise euch zu einem neuen Adel: ihr sollt mir Zeuger und Züchter werden und Säemänner der Zukunft, ... Nicht woher ihr kommt, mache euch fürderhin eure Ehre, sondern wohin ihr geht! Euer Wille und euer Fuss, der über euch selber hinaus will, — das mache euch eure neue Ehre! ... Nicht zurück soll euer Adel schauen, sondern hinaus! ... Eurer Kinder Land sollt ihr lieben: diese Liebe sei euer neuer Adel ..." „Was Vaterland! Dorthin will unser Steuer, wo unser Kinder-Land ist! Dort hinaus, stürmischer als das Meer, stürmt unsre grosse Sehnsucht!" — „Wer muss einst kommen und darf nicht vorübergehn?" fragt Zarathustra an anderer Stelle. „Unser grosser Hazar, das ist unser grosses fernes Menschen-Reich, das Zarathustra-Reich von tausend Jahren — —". Das ist das Erdenreich, das er will, nachdem er es aufgegeben hat, ins Himmelsreich zu wollen.

Die Heuchelei, die Zarathustra unter den Menschen am schlimmsten fand, ist, dass auch die, welche befehlen, die Tugenden derer heucheln, welche dienen. „Ich diene, du dienst, wir dienen" — so betet hier auch die Heuchelei der Herrschenden — und wehe, wenn der erste Herr nur der erste Diener ist." „Welches sind in der Welt die drei bestverfluchten Dinge?" fragt er weiter; und die Antwort ist, „Wollust, Herrschsucht, Selbstsucht." Er wertet sie auf seiner Wage: „Wollust: für die freien Herzen unschuldig und frei, das Gartenglück der Erde, aller Zukunft Dankesüberschwang an das Jetzt........ dem Löwenwilligen die grosse Herzensstärkung....... das grosse Gleichnisglück für höheres Glück und höchste Hoffnung.... — Herrschsucht: das Erdbeben, das alles Morsche und Höhlichste bricht und aufbricht; die rollende, grollende, strafende Zerbrecherin übertünchter Gräber.... die lockend auch zu Reinen und Einsamen und hinauf zu selbstgenugsamen Höhen steigt, glühend gleich der Liebe, welche purpurne Seligkeiten lockend am Erdenhimmel malt. — Selbstsucht, die heile, gesunde Selbstsucht, die aus mächtiger Seele quillt: — aus mächtiger Seele, zu welcher der hohe Leib gehört, der sieghafte, schöne, erquickliche, um den herum jedwedes Ding Spiegel wird........"

Ein Mensch, der von fremdem Mitleid lebt, ist kein Mensch mehr, in ihm ist der Wille zur Macht tot. Oder wenn es einen solchen Menschen gäbe, so würde in ihm der Wille zur Macht tot sein.

„Wo ich Lebendiges fand, da fand ich Willen zur Macht; und noch in dem Willen des Dienenden fand ich den Willen, Herr zu sein." „Dass dem Stärkeren diene das Schwächere, dazu überredet es sein Wille, der über noch Schwächeres Herr sein will; dieser Lust allein mag es nicht entraten. Und wie das Kleinere sich dem Grösseren hingiebt, dass es Lust und Macht am Kleinsten habe: also giebt sich auch das Grosse noch hin und setzt um der Macht willen — das Leben daran".

Die Macht des sittlichen Gebotes ist die grösste Macht auf Erden. Wenn möglich, stellt sie Nietzsche noch höher als Wundt: „Wahrlich, ein Ungetüm ist die Macht dieses Lobens und Tadelns. Sagt, wer bezwingt es mir, ihr Brüder? Sagt, wer wirft diesem Tier die Fessel über die tausend Nacken?"

In der Zeit der Demokratie und des Sozialismus mit ihrer nivellierenden Tendenz allem Grossen gegenüber ist eine Umkehr die höchste Zeit. Noch ist der Boden reich genug; aber es ist auch Zeit, dass der Mensch sich ein Ziel stecke und damit eine Hoffnung in seine Brust pflanze, die ihm aus dem Gleichheitswahn von heute hinaus führt, der da denkt: „Schuld ist alles grosse Dasein.“ Die alten Sittengebote mit ihrem „Du sollst“, das ist der grosse Drache. Jenen stolzen, selbstgewissen Willen will Nietzsche uns retten. „Es soll kein „Ich will“ mehr geben! Also spricht der Drache“.

Die nächste Stufe, die wir Menschen der Gegenwart, deren Geist zum beladenen Kamele geworden ist, zu ersteigen haben, stellt Nietzsche unter dem Bilde des Löwen dar, der die alten Fesseln zerreisst und sich zunächst frei macht vom alten Zwange: „Neue Werte schaffen — das vermag auch der Löwe noch nicht: aber Freiheit sich schaffen zu neuem Schaffen — das vermag die Macht des Löwen. Freiheit sich schaffen und ein heiliges Nein auch vor der Pflicht: dazu, meine Brüder, bedarf es des Löwen. Recht sich zu nehmen zu neuen Werten — das ist das furchtbarste Nehmen für einen tragsamen und ehrfürchtigen Geist“. Wenn die Fesseln der alten Gefühls- und Gedankenwelt zerbrochen sind, dann brauchts der schweifenden Bestie nicht länger; dann gilts ein Neubeginnen, eine erste Bewegung, ein heiliges Ja sagen. „Der Löwe wird zum Kinde“, sagt es Nietzsche, und das Kind erst, das ist das Bild für seinen Zukunftsmenschen, seinen Übermenschen. Nicht mehr das „Du sollst“ gilt ihm. „S e i n e n Willen will nun der Geist, s e i n e Welt gewinnt sich der Weltverlorene.“ Der neue Weg, den der Mensch zu gehen hat, das ist der Weg, den die Menschheit bisher blindlings gegangen, der Weg, der aufwärts auf der Stufenleiter der organischen Entwicklung geführt hat und auch noch weiter führen wird. Der gesunde Mensch braucht sich nur sich selbst zu überlassen, dann wird er schon recht gehen und direkt los auf das Ziel der Erde, den Übermenschen: „Redlicher redet und reiner der gesunde Leib, der vollkommene und rechtwinklige: und er redet vom Sinne der Erde. Er ist die grosse Vernunft des Menschen: „Die sagt nicht Ich, aber thut ich.“ Im Leibe des Menschen ist mehr Vernunft, als in seiner besten Weisheit.

Gegen den modernen demokratischen Staat zieht Nietzsche in bitteren Worten zufelde. In einer eigenen Rede „Vom neuen Götzen“ lässt er Zarathustra Hohn über Hohn auf ihn häufen. Aber das gilt dem modernen demokratischen Staat. Nicht der Gesammtheit, nicht dem Volke. Er weiss so gut wie Wundt, was das Volk für den einzelnen bedeutet und was es geschichtlich für ihn gewesen ist.

Aber die Menschen sind nicht gleich, und sollen es auch nicht werden! Was wäre denn sonst Zarathustras Liebe zum Übermenschen? „Auf tausend Brücken und Stegen sollen sie sich drängen zur Zukunft, und immer mehr Krieg und Ungleichheit soll zwischen sie gesetzt sein.“ Er hält Umschau und findet: „Tausend Ziele gab es bisher, denn tausend Völker gab es. Nur die Fessel der tausend Nacken fehlt noch, es fehlt das eine Ziel. Noch hat die Menschheit kein Ziel.“ Und so lange sie ein solches noch nicht besitzt, so lange ist sie selbst noch gar nicht vorhanden. Aber das ist nicht die grosse Frage: wie bleibt der Mensch erhalten? sondern: wie wird der Mensch von heute überwunden, wie wird er im Menschen von morgen auf eine höhere Stufe gehoben? Nur dass der Mensch in steter Aufwärtsentwicklung begriffen ist, dass er „ein Übergang ist und ein Untergang“, wie es Nietzsche ausdrückt, macht ihn liebensmöglich.

Eine Philosophie, die das Zukunftsziel der Menschheit in ihre Körper hinein verpflanzt, muss das Weib, die Mutter, als wichtigstes Mittel gebrauchen: Ein „Spielzeug sei euch das Weib, rein und fein dem Edelsteine gleich, bestrahlt von den Tugenden einer Welt, welche noch nicht da ist. Der Strahl eines Sternes glänze in eurer Liebe! Eure Hoffnung heisse: „möge ich den Übermenschen gebären!““

„Du bist jung und wünschest dir Kind und Ehe. Aber ich frage dich: bist du ein Mensch, der ein Kind sich wünschen *darf*? Bist du der Siegreiche, der Selbstbezwinger, der Gebieter der Sinne, der Herr deiner Tugenden? .... Ich will, dass dein Sieg und deine Freiheit sich nach einem Kinde sehne. Lebendige Denkmale sollst du bauen deinem Sieg und deiner Befreiung. Über dich sollst du hinaus bauen. Aber erst musst du mir selber gebaut sein rechtwinklig an Leib und Seele. Nicht nur fort sollst du dich pflanzen, sondern hinauf! Dazu helfe dir der Garten der Ehe! Einen höheren Leib sollst du schaffen, eine erste Bewegung, ein aus sich rollendes Rad, einen Schaffenden sollst du schaffen. Ehe: so heisse ich den Willen zu zweien, das Eine zu schaffen, das mehr ist als die es schufen. Ehrfurcht vor einander nenne ich Ehe als vor den Wollenden eines solchen Willens“ .... „Über euch hinaus sollt ihr einst lieben! So *lernt* erst lieben! Und darum musstet ihr den bitteren Kelch eurer Liebe trinken. Bitternis ist im Kelch auch der besten Liebe: so macht sie Sehnsucht zum Übermenschen, so macht sie Durst dir, dem Schaffenden! Durst dem Schaffenden, Pfeil und Sehnsucht dem Übermenschen: sprich, mein Bruder, ist das dein Wille zur Ehe? Heilig heisst mir solch ein Wille und solche Ehe“. —

Steht solch ein Abschnitt über die Ehe in der christlichen Bibel? — —

„Die Verantwortlichkeit der Familien für die Auswahl der Gatten“ erscheint Nietzsche als bestes Mittel, „um ein erreichtes Mass von Macht, Einfluss, Reichtum, auch physiologisch festzuhalten, um lange Aufgaben, um Instinkt-Solidarität zwischen Jahrhunderten vorzubereiten.“*) Er steht darin Wilhelm Jordan nahe, mit dessen „Nibelungen“ er gut bekannt war, wie mehr als eine Stelle seines Zarathustra zeigt. Weil jener Zug in der modernen Ehe zurücktritt, hat sie ihm ihren Sinn verloren, und gleich Jordan kann er in der persönlichen Geschlechtsliebe, die ja allerdings manchmal auf einen unwürdigen Gegenstand fällt, keinerlei Äquivalent für den Niedergang jener Familienverantwortlichkeit sehen. „Wenn die Gesellschaft selbst nicht als Ganzes für sich gutsagen kann bis in die fernsten Geschlechter hinaus, so hat die Ehe überhaupt keinen Sinn.“ Und doch wäre es auch von Nietzsches Standpunkte aus das Höhere, wenn statt der Familie der jugendliche Mensch selbst der Vertreter jenes Ideals würde und, auch wo er liebte, verzichtete, wenn das Mädchen seiner Liebe keine rechte Mutter für seine Kinder sein könnte, vor allem physiologisch. Dasselbe gilt auch vom Weibe.

Auch die sorgsamste Zuchtwahl der Besten aber vermag nichts, wenn sie nicht verbunden ist mit einer erbarmungslosen Ausscheidung der Schlechtesten. Darauf hat namentlich Alfred Russel Wallace hingewiesen. Und die Proklamierung der sozialen Ausscheidung muss deshalb einer der obersten Züge jeder Ethik sein, welche das Ziel, das die Entwicklungslehre aufgezeigt hat, zu ihrem Ideal erhebt. Diese Ausscheidung steht freilich in direktem

*) Götzendämmerung 39.

Widerspruche zu der herrschenden Mittleidsmoral, aber das darf an ihr nicht irre machen. Gehört diese Mitleidsmoral doch selbst zu der Klasse der Sklavenmoralen. Die Erkenntnis, dass die Bethätigung der Mitleidsmoral gegen die am niedrigsten stehenden Mitmenschen verschlechternd auf die Rasse wirkt, muss mit der Zeit über jenes Bedenken siegen. Einstweilen freilich wird die Entwicklungsethik gerade von diesem Punkte aus zum Schreckgespenst gemacht werden. Nietzsche macht sich darüber gar keine Illusionen. Zuerst ists auch für ihn eine Klage und ein Schmerz gewesen, sich sagen zu müssen, dass er mit seinen Mitmenschen nicht mehr dasselbe Gewissen habe. Dieser Schmerz ist noch das Erzeugnis des alten Gewissens. Das Frei von dem Alten ist noch keine Freiheit. Erst muss der Mensch einen neuen herrschenden Gedanken sich errungen haben und sich aufgeschwungen haben zum Frei zu etwas Neuem. Aber soweit ist die Gegenwart noch nicht. Nietzsche selbst weiss ganz genau, selbst die höchsten Menschen, denen sein Auge begegnete, würden seinen „Übermenschen“ Teufel heissen. Übrigens ist die Selbstlosigkeit einzelnen gegenüber doch nur so lange eine Tugend, als es noch Hilfsbedürftige giebt. Was ist nun mehr? Die Hilfsbedürftigen abschaffen? Oder den Hilfsbedürftigen beispringen und so das Elend in der Welt erhalten? In einer Generation, die keine Elenden mehr kennt, wird die Selbstlosigkeit einzelnen gegenüber eine ausgestorbene Tugend sein. Das Altertum hat sie nicht gekannt. Die buddhistisch-christliche Ethik hat erst die Elenden geschaffen, denen zu helfen sie als Menschenpflicht predigt. Sie hat die unglücklichen einzelnen Fälle, die wohl immer vorkommen werden, wenn auch nicht planmässig, so doch fahrlässig vermehrt und somit erst ein Arbeitsfeld für ihre neu erfundene Tugend bereitet.

Aus Liebe zu den kommenden Geschlechtern, weil es seine grosse Liebe zu den Fernsten also heischt, predigt Zarathustra: Schone deinen Nächsten nicht! Denn der Mensch von heute ist ja etwas, das überwunden werden muss. Wenn er aber überwunden werden soll, dann müssen die Schlechtesten, die Niedrigen, die Vielzuvielen geopfert werden. Viele Wege führen zum neuen Menschheitsideal, aber nur die gläubig fromme Arbeit von tausend Geschlechtern kann es erreichen. Nur ein Possenreisser kann denken, der Mensch von heute könne übersprungen werden. Er ist vielmehr ein unumgänglich notwendiges Glied in der Kette der Entwicklung, die Voraussetzung, ohne die es keine Menschheitszukunft giebt. Darum heisst es gegen die Unterdurchschnittsmenschen hart zu werden, und in ihnen noch sein eigenes Mitgefühl zu überwinden. Ja auch der Beste von heute ist noch etwas, das überwunden werden muss. Und wer nicht zum Vater von Zukunftsmenschen taugt? Auch für ihn giebt Nietzsche eine Massregel: „Und wen ihr nicht fliegen lehrt, den lehrt mir — schneller fallen! — Und zu ihnen gehören auch die „Guten", die den kreuzigen, der neue Werte auf neue Tafeln schreibt, die sich die Zukunft opfern, — die alle Menschen-Zukunft kreuzigen, und die darum immer der Anfang vom Ende sind. Denn „was in der Welt stiftete mehr Leid, als die Torheiten der Mitleidigen?" „Der Krieg und der Mut haben mehr grosse Dinge gethan als die Nächstenliebe. Nicht euer Mitleiden, sondern eure Tapferkeit rettete bisher die Verunglückten. Was ist gut? fragt ihr. Tapfer sein ist gut. Lasst die kleinen Mädchen reden: „gut sein ist, was hübsch zugleich und rührend ist"."

In seinen späteren Schriften spricht sich Nietzsche noch deutlicher aus. „Die Menschheit als Masse dem Gedeihen einer einzelnen stärkeren Species Mensch geopfert — das wäre ein Fortschritt.*) Der Weg, den der Mensch, die Menschheit zu gehen hat, ist nicht sein, ihr Weg zum Glück, sondern ihr Weg zur Macht, zur That, zum mächtigsten Thun.**)

Für die Gattung haben nicht alle Menschen gleichen Wert, das ist Nietzsches Fundamentalsatz; der Gesunde und Starke bedeutet in seinen Kindern eine Aufwärtsentwicklung, der Kranke und Schwache einen Niedergang. Es giebt also eine natürliche Rangordnung der Menschen hinsichtlich ihres physiologischen Wertes. Immer mehr tritt diese Idee gegen Ende von Nietzsches Leben in den Mittelpunkt seines Denkens, wenn er auch das Wort nicht braucht, das Zauberwort, mit dem die Entwicklungslehre allen Fortschritt begründet, das Wort: Auslese.

Die soziale Auslese wird den leitenden Gesichtspunkt für die ganze Sozialgesetzgebung der Zukunft abgeben. Sie ist für die Zukunftsentwicklung der Menschheit noch von grösserer Bedeutung als die geschlechtliche Auslese oder Zuchtwahl. Leider ist Nietzsche nicht mehr dazu gekommen, dieses Gebiet anzubauen, ja er hat nicht einmal die Anwendung seiner theoretisch ganz abgeklärten Anschauung über diesen Punkt, wie sie in den angeführten Stellen aus „Also sprach Zarathustra" vorliegt, auf die sozialen Verhältnisse der Gegenwart gefunden, während ihm sonst gerade auf diesem Felde Hunderte von glücklichen Griffen gelungen sind. Allerdings spricht er***) von „jenen langsam heraufkommenden Klassen und Ständen . . denen,

*) Zur Genealogie der Moral II, 12.

**) Ebenda III, 7.

***) Jenseits von Gut und Böse 61.

durch glückliche Ehesitten, die Kraft und Lust des Willens, der Wille zur Selbstbeherrschung, immer im Steigen ist". Aber sein Aphorismus „die Arbeiterfrage" — wahrscheinlich eine Aufzeichnung aus der Zeit vor der Zarathustraperiode, die nur dann in die Götzendämmerung*) aufgenommen wurde, — zeigt keinerlei Beeinflussung von solchen zukunftsmächtigen Ideen. Eben hat er — bei Gelegenheit der Ehe — von der grössten, der dauerhaftesten Organisationsform geredet, von der Gesellschaft als Ganzes, die für sich gutsagen kann bis in die fernsten Geschlechter hinaus; da fährt er fort: „die Dummheit, im Grunde die Instinkt-Entartung, welche heute die Ursache aller Dummheiten ist, liegt darin, dass es eine Arbeiterfrage giebt .... Ich sehe durchaus nicht ab, was man mit dem europäischen Arbeiter machen will, nachdem man erst eine Frage aus ihm gemacht hat. Er befindet sich viel zu gut, um nicht Schritt für Schritt mehr zu fragen, unbescheidener zu fragen .... Die Hoffnung ist vollkommen vorüber, dass hier sich eine bescheidene und selbstgenugsame Art Mensch, ein Typus Chinese zum Stande herausbilde. Und dies hätte Vernunft gehabt, dies wäre geradezu eine Notwendigkeit gewesen." Der europäische Arbeiter ist doch auch ein Machtfaktor. In seinen Reihen finden sich zahlreiche tüchtige Elemente, die den Drang in sich fühlen, zu Herrenstellungen und zu Herrenmenschen aufzusteigen. Wie kann ihnen Nietzsche das verargen? Nach der Brechung der Erbaristokratie und ihrer Herabdrückung zur Bedeutungslosigkeit sind die alten erblichen Standesvorrechte gefallen. Es bedarf nur noch der Aufhebung des Erbrechtes, um die Bahn freizumachen für jeden, der als Herrenmensch geboren wird.

---

*) als Aphorismus 40.

Aber Nietzsche kann sich nicht entschliessen, in der modernen demokratischen Bewegung die Macht zu sehen, die die alten Erbherren entthront und damit neuen Entwicklungsmöglichkeiten Raum geschaffen hat. Die ihm eingeborene Geringschätzung des demokratischen Zuges verhindert ihn daran. In der Vergangenheit erhielten die meisten darum eine bevorzugte Stellung im Volkshaushalt, weil sie die Söhne und Erben von Starken waren. Das ist der Sinn der Erbaristokratie. Es ist das geschichtliche Verdienst der demokratischen Bewegung, dieses durch die Formel „Gleichheit für alle" gebrochen zu haben. Denn im Grunde bedeutet diese Formel nur „Abschaffung aller erblichen Standesvorrechte". Eine Epoche allgemeiner Gleichheit, deren Kommen Nietzsche in trüben Stunden wohl fürchtete, kann schon darum der Kulturmenschheit heute nicht bevorstehen, weil die unendlichen Verschiedenheiten in der Begabung der Einzelmenschen, die immer noch in Zunahme begriffen sind, dem geradezu widersprechen. Anstelle der Söhne der Starken der Vergangenheit treten vielmehr die Starken von heute, die Starkgeborenen; anstelle der Erbaristokraten die Leistungsbesten, die Sozialaristokraten. Nietzsches Philosophie selbst ist die Schwelle dazu; sie besiegelt die theoretische Überwindung der Demokratie, die schon drohte, eine Macht zu bleiben, auch nachdem sie ihre geschichtliche Sendung zuende geführt hatte. Er selbst empfindet das wohl, wenn er die Gleichheitsmanie Rousseaus und der französischen Revolution ergänzt:*) „den Gleichen Gleiches, den Ungleichen Ungleiches — das wäre die wahre Rede der Gerechtigkeit: und, was daraus folgt, Ungleiches niemals gleich machen".

---

*) Götzendämmerung 48.

Der Sohn des Starken ist keineswegs notwendigerweise wieder ein Starker. Er kann es sein, ja es besteht für ihn eine unendlich höhere Wahrscheinlichkeit, es zu sein, als für den Sohn des Schwachen. Aber tausend Dinge vermögen auf seine Entwicklung im Mutterleibe einzuwirken, die ihm eine Überdurchschnittskraft an Geist und Körper und ein Herrengefühl dazu vorenthalten. Und die Häufung solcher Fälle ist es gewesen, was alle herrschenden Kasten von ehedem zum Untergange geführt hat, verbunden mit Inzucht, auch geistiger. Radenhausen hat auf diesen Punkt von allen Entwicklungsethikern am nachdrücklichsten hingewiesen. Und Alfred Russel Wallace hat gezeigt, wie jeder Züchtungsversuch des dauernden Erfolges verlustig gehen muss, der sich nicht auf die ganze Volksgemeinschaft bezieht. Bald hier, bald da blühen sie auf, die Starken am Geiste, die Besten der That, die Aristokraten der Leistung. Noch sind wir Menschen ausserstande, die Wege zu verfolgen, auf denen der Wind den Samen zu diesen seltenen Blumen verweht, und solange wir das sein werden, haben wir auch kein Recht, erbliche Kasten aufzurichten. Sie müssen der naturgegebenen Rangordnung der Menschen zuwiderlaufen. Diese Rangordnung aber könnten nur soziale Zustände ans Licht bringen, in denen jede erbliche Bevorzugung einzelner Familien durch erbliches Vermögen, erbliche Stellung u. s. w. aufgehoben wäre, und jeder sich durch eigene Kraft seinen Platz im Daseinskampfe zu sichern hätte.

Die alten Tafeln der Sittlichkeit sind zerbrochen, und die neuen sind erst halb beschrieben. Das weiss Nietzsche selbst nur allzugut. Darum sagt er auch bescheiden: „Das — ist nun mein Weg, — wo ist der eure?“ so antwortete ich denen, welche mich „nach dem Wege“ fragten. Den Weg — nämlich den giebt es nicht!“

Eins hat in Nietzsches Ethik nicht die rechte Stelle gefunden, ist nicht nach Gebühr gewürdigt worden: die Arbeit. Obgleich er ein ausserordentlich intensiver geistiger Arbeiter war, war es ihm doch immer eine Last, für die Erfordernisse des Berufes und Tages zu arbeiten. Die Jahre seiner Baseler Professur sind in dieser Hinsicht für ihn die schwersten Jahre seines Lebens gewesen. Er besass eine gewisse Geringschätzung für Arbeit, für die regelrechte Berufsarbeit mit ihren tausend kleinen Pflichten und Bürden, und vermochte daher der Bedeutung der Arbeitsleistung für die Weltstellung eines Volkes, des eigenen Volkes, nicht gerecht zu werden. Diese Geringschätzung der Arbeit hat auch in seinem Vornehmheitsideal der Arbeit, der Leistung nicht die gehörige Stelle gegeben. Das Leistungsfähige, Schöpferische, Ausdauernde, den äusseren Umständen den Erfolg Abringende, den Kernzug des Entdeckers, Erfinders, Reformators, Führers ganzer Völker, lässt er hinter dem Gebieterischen, Achtungeinflössenden, Herrenhaften zurücktreten. Seinem aristokratischen Ideal haftet noch ein Schatten von Feudalismus an, es ist nicht ein völlig leistungsaristokratisches.

Zur Wirtschaftslehre des Volksstandes, zum Haushaltungsplan mit den Volksgenossen, zur Bevölkerungspolitik grossen Stiles hat er darum seine Ethik noch nicht ausgebaut. Der Konkurrenzkampf, den Volk mit Volk, Stamm mit Stamm und Rasse mit Rasse auf der Erdoberfläche ficht, liegt ihm weniger am Herzen, so dass er statt an die Volkseinheiten, die Völkerpersönlichkeiten, die sich auf der Weltbühne gegenüberstehen, einzig an den Gegensatz zwischen Herrschenden und Beherrschten denkt. Hierher gehört auch sein Ideal „der Züchtung einer neuen über Europa regierenden Kaste“, die notwendig wird, seit „Europa Eins werden will“. Gleichwohl dämmert ihm der Gedanke, dass der Gegenwart grosse Rassenkämpfe und Rassenverschiebungen bevorstehen, das zeigen seine gelegentlichen Äusserungen über Russland, das zeigt auch das offene Wort: „die Zeit für kleine Politik ist vorbei, schon das nächste Jahrhundert bringt den Kampf um die Erdherrschaft, — den Zwang zur grossen Politik."

Gerade die grosse träge Masse eines jeden Volkes aber ist in jenen Verdrängungskämpfen, die sich über Jahrtausende und Jahrzehntausende hinziehen, das eigentliche Schwergewicht jeden Volkes, das einzige, was fremden Andrängern dauernd Widerstand zu leisten vermag. Sie saugt auf die Dauer mit Naturnotwendigkeit jede kleine herrschende Minderheit auf, mag sie einem noch so hochstehenden Stamme angehören. Hält sich jene Minderheit rein, so wird sie ein Opfer der Inzucht, mischt sie sich aber mit den Beherrschten, dann entscheidet einzig die Zahl der Zeugungen, an denen beide Parteien beteiligt sind, dem Kampf. So sind Goten, Langobarden und Burgunden, Vandilier und französische Normannen in wenigen Jahrhunderten von den Massen aufgesaugt worden, über die sie herrschten. Das sind auch physiologische Thatsachen, nur gehören sie nicht der Physiologie des einzelnen, sondern der Völkerphysiologie an. Wenn sich eine vornehme Minderheit ein Land erorbert, so kann sie das dauernd nur durch Ausrottung der eingeborenen Mehrheit behaupten. Und auch dann nur, wenn sie sich selbst so stark vermehrt, dass sie rasch eine Bevölkerungsspannung schafft, die der der angrenzenden Länder mindestens die Wage hält. Sonst wird fremde Einwanderung sie sofort wieder aus dem eben eroberten Gebiete hinauszuarbeiten beginnen.

Diese Betrachtungen führen bereits hinaus über die

Grenze von Nietzsches Gedankenwelt. Hier setzt die Nationalökonomie mit ihren ehernen Gesetzen ein; hier beginnt das Reich der Bevölkerungspolitik, das Reich der Mächte Arbeit und Zeugung, die zu allen Zeiten Geschichte gemacht haben. Um aber auf diese Gebiete jene neuerworbenen Kenntnisse anwenden zu können, dazu muss man mit seinem Empfinden auf dem Boden e i n e r Nationalität stehen. Nietzsche war seinem eigenen Volke halb entfremdet und konnte sich mit dem Aufblühen des politischen Interesses im neuen deutschen Reiche niemals befreunden. Nationale Politik hatte ihm etwas Engherziges. Nur an dem ihm unsympathischen England vermochte er sie aus ganzer Seele zu hassen. In diesem Sinne war er den Humanitätsideen noch nicht entwachsen: er glaubte noch der Menschheit direkt dienen zu können. Er dachte noch nicht daran, dass jeder Mensch zuerst einem Volke angehört und dass niemand der Menschheit besser dienen kann, als indem er seinem Volke dient. Wer im Dienst seines Volkes, seiner Rasse, dessen, deren Leistungsfähigkeit und Tüchtigkeit hebt, der hebt damit zugleich die Durchschnittsfähigkeit der Menschheit. So mündet aller Volksdienst doch schliesslich in Menschheitsdienst aus Aber rechter Menschheitsdienst ist nur möglich durch Volksdienst.

8 20

CPSIA information can be obtained at www.ICGtesting.com
Printed in the USA
LVOW05s1629010614

388115LV00018B/858/P

9 781144 441942